KB260128

2006년 5월 18일 오후 김재홍 의원이 김대중 전 대통령을 동교동 사저에서 만나 1시간 반 동안 단독 면담했다. 면담 내용은 당시 예정되어 있었던 김 전 대통령의 북한 방문과 국내 정세로서, 이 책의 부록에 실려있다.

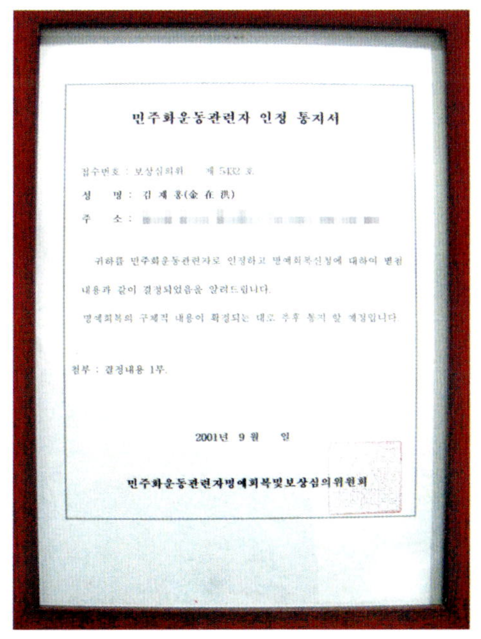

김재홍 의원은 1971년 10월 15일 박정희 정부가 위수령을 발동했을 당시 서울대학교 문리대 대의원회 의장으로 캠퍼스에서 체포당했으며, 1980년 동아일보 기자로 5·18 광주 시민 항쟁을 제대로 보도하기 위한 자유 언론 운동을 벌이다 강제 해직당했다. 두 가지 역정이 김대중 정부에 와서 비로소 명예 회복되었다.

김재홍 의원이 남북 교류 민족 사업에 열정을 쏟다가 타계한 정몽헌 현대아산 회장의 3주기 추모 행사에 참석하기 위해 2006년 8월 4~6일까지 3일 동안 금강산을 방문했다. 오른쪽 네 번째부터 왼쪽으로 김재홍 의원, 한완상 대한적십자사 총재, 현정은 현대그룹 회장, 도올 김용옥 교수.

김재홍 의원이 2005년 9월 국회 문화관광위원회가 정한 '한복의 날' 행사에서 동료 의원들에 둘러싸여 환담하고 있다. 왼쪽부터 김원기 국회의장, 이미경, 천영세, 김재홍, 김재윤, 박찬숙, 정병국 의원.

1993년 1월 10일, 김재홍 의원(당시 동아일보 사회부 기자, 왼쪽에서 세 번째)이 1992년도 관훈 언론상을 수상한 뒤 김영삼 대통령 당선자 등과 환담하고 있다. 수상 공적은 군부와 권력의 유착 관계에 대한 심층 보도.

IP-TV와 무선 인터넷 등 하루가 다르게 발전하는 뉴미디어 시대에 방송과 통신 서비스의 융합 입법안을 마련하기 위한 정책 토론회(2005년 8월 22일)에서 국회정치커뮤니케이션 연구회 회장인 김재홍 의원이 인사말을 하고 있다. 국회정치커뮤니케이션 연구회는 여야 의원 60여 명이 회원인 국회 등록 단체다.

김재홍 의원은 동아일보 정치부 차장 때인 1995~1996년 미국 하버드 대학교의 국제 중견 언론인 유학 과정인 니만펠로십을 이수, 국제 정치와 새 시대 언론의 발전 방향에 관해 전문성을 쌓았다.

우리시대의
정치와 언론

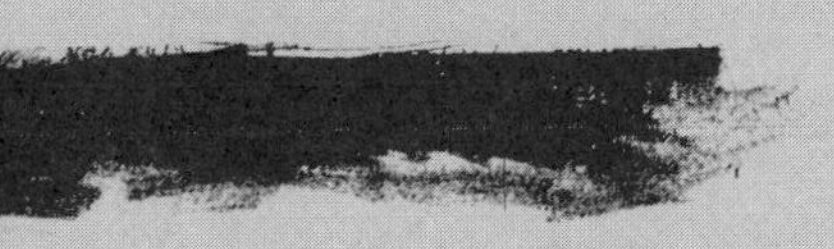

국회의원
경기대 교수 **김재홍 지음**

국립중앙도서관 출판시도서목록(CIP)

우리 시대의 정치와 언론 / 지은이: 김재홍.
-- 파주 : 한울, 2007
 p. ; cm

ISBN 978-89-460-3672-7 03340

340.911-KDC4
320.9519-DDC21   CIP2007000353

일상에서의 행복 찾기를 위하여

아내에게 편지를 썼습니다. 제가 다니는 교회의 '아버지 학교' 과제를 핑계로 케케묵은 권위주의와 체면을 접고 아내에게 보내는 편지를 작성했습니다. 아마도 결혼 후 처음 쓴 것 같습니다. 아내는 저에게 더러 편지 대화를 시도하기도 했습니다. 그런데 제가 답장을 쓰지 않았습니다. 말이 꼭 필요하냐, 그저 마음을 헤아려보면 알 일이 아니냐면서 대화를 거부한 가정생활이었습니다. 그것도 이심전심이라는 미덕을 내세우면서 말이지요. 밖에서 치열하게 부딪치면서 일한 뒤 피곤한 몸으로 집에 돌아가는 대부분의 한국 가장들에게 '군말을 안 하는 군자의 도'는 얼마나 좋은 도피 수단이었습니까? 저도 그 허울 좋은 군자의 보호막 뒤에 숨어서 지내온 셈입니다.

그러나 저의 과묵은 곰곰이 생각해 보면 사유가 있는 것 같습니다. 너무도 억울한 일들을 많이 당해온 사람들이 흔히 갖는 실어증이랄까 시니컬리즘 같은 증세입니다. 제가 살아온 길을 돌이켜 보면 정말이지 저의 노력, 저의 진심을 인정받지 못한 채 소외당해 왔습니다. 나름대로 바르고 정의롭게 살겠다는 철학을 실천하려고 진력했는데, 그것이 더욱 억압받는 죄가 되곤 했습니다. 1970~1980년대 이른바 사회적 주류와 정치권력으로부터 받는 탄압이었습니다.

그런 억울한 일이 총체적으로 집중된 사건이 바로 아내와의 결혼 때 닥쳤습니다. 저의 어쭙잖은 인생철학으로 보아도 결혼식은 양가의 가족과 친구들의 축복을 받으며 원만하고 행복한 분위기 속에서 치러져야 했습니다. 그러나 그 꿈은 손에 잡히지 않은 채 무지개처럼 잠시 떴다가 사라졌습니다. 처가 쪽이 우리의 결혼을 완강하게 반대했기 때문입니다. 반대의 차원을 넘어 결혼을 저지하려 했습니다.

처음엔 저도 처가 쪽의 반대 이유를 이해했습니다. 제 자신의 '신원 조회' 사항을 생각해 보면 당연한 것이었지요. 우선 당시 저는 강제 해직 기자로 실직자였습니다. 1980년 동아일보 3년차 기자이던 때 자유 언론 선언과 광주 시민 항쟁 보도 운동을 벌이다가 신군부에 의해 언론계에서 축출된 것입니다. 그 후 모교인 서울대 정치학과의 박사과정에 시험 쳐 들어갔지만 학생 신분에 불과했습니다. 학교에서 대학 신문사 편집국장 자리를 주고 월급도 상당 수준 받았지만 그것이 안정적인 직업은 아니었습니다.

그때 그래도 낭만적이던 후배들이 노총각을 장가보내자며 저에게 대학원생인 아내를 소개시켜 주었습니다. 서울 토박이로 같은 대학 후배인 아내는 처음엔 장난기가 좀 보였습니다. 시골티가 몸에 배긴 했지만 명색이 7년이나 선배인 저를 놀리려 들었습니다. 우리는 곧 매우 뜨거운 열애에 빠져들었습니다. 불문학도인 아내는 프랑스에 유학을 가야 한다고 했습니다. 저는 불어를 한마디도 몰랐지만 "새로 불어 공부를 해서라도 함께 갈 용의가 있다"라고 했습니다.

저의 신원 조회엔 또 학생운동으로 제적당하고 강제 입영한 전력도 따라다녔습니다. 1971년 10월 15일 박정희 정권이 위수령을 발동했을 때 저는 서울대 문리대 대의원 의장으로 대학 캠퍼스에서 체포당했습니다.

학생 간부 때 저는 대학을 보호하는 방어벽 노릇도 했었습니다. 총장실 점거나 시험 거부 같은 것에 반대하면서 "우리의 상대는 외부의 독재 정권"이라는 점을 분명히 했습니다. 그러나 대학에 군대가 진주하는 상황에서 학교가 저를 보호하기는 불가능했습니다. 저는 경찰에서 일주일, 중앙정보부에서 2박 3일간 고문 조사를 받은 뒤 군대로 끌려갔습니다. 신성한 국방 의무를 그렇게 벌 받는 식으로 치른 것입니다. 군대 생활이 하도 고달파서 일요일만이라도 함께 끌려온 친구들을 만나기 위해 저는 군인 교회반에 줄을 섰습니다. 고등학교 1, 2학년 때 전북 익산의 신광교회를 다니다가 대학 진학 후 그만 신앙생활을 놓쳐버린 저는 그 군인 교회에서 세례를 받았습니다. 강원도 화천군의 그 군인 교회엔 우리를 감시하는 보안대원들도 바쁘게 드나들었지요.

그러니까 저는 대학 때 학생운동으로 제적생이었고 졸업 후 당시엔 1등 신문사에 들어갔지만 자유 언론 운동을 하다가 쫓겨난 강제 해직 기자였습니다. 신원 불량자 누범인 셈이었습니다. 더구나 한반도의 서남부 지역, 전라도가 고향인 사람으로서는 더 이상 헤어날 수 없는 족쇄를 찼다고 할 수밖에 없었습니다. 5공 정권의 서슬이 시퍼렇던 당시, 그런 사람이 양지 아래서 살아가기는 틀렸다고 생각하는 것은 당연했습니다.

아내는 결혼식 일주일 전에 집안의 금족령을 뚫고 가출을 단행했습니다. 자취하는 친구 집에 숨어있다가 결혼식을 올린 것이 1984년 6월 16일이었습니다. 양가 중 한쪽에서는 아무도 오지 않았을 뿐 아니라 결혼식장 파괴 위협 때문에 친구들과 동아일보 후배 기자들이 경비를 서야 하는 상황이었습니다. 그때 저는 외아들의 그런 결혼을 흔쾌히 받아들여주신 아버지와 어머니께 마음속 깊이 감사했습니다. "그래, 건강하고 능력 있는 젊은 놈은 맨몸으로 결혼하는 거다"라고 하신 부모님이 무한히 자랑스러웠습니다.

결혼 후 저는 아내에게 다짐을 받았습니다. "내가 동의할 때까지 친정 쪽과 화해하거나 왕래해선 절대 안 된다"라고 말입니다. 아내는 그것 때문에 눈물의 신혼 생활을 보내야 했습니다. 첫아이가 태어날 때 장모님이 오겠다고 했지만 저는 한마디로 거절했습니다. 3년 뒤 둘째 아이를 출산할 때도 저는 처가 쪽을 받아들일 수가 없었습니다. 냉혈한이 돼버린 내 자신을 보면서 스스로 놀랐지만 달리 마음을 돌이킬 수가 없었습니다. 아내는 그때 가슴이 멍들었을 것입니다. 내가 결혼 때 그랬던 만큼이나 한이 맺혔으리라 짐작합니다. 둘째가 태어나고 1년 후 저는 아내와 아이들을 데리고 처가에 처음으로 세배를 갔습니다. 결혼 후 4년 만이었습니다.

그러나 그런 신혼 생활 속에서 우리는 행복을 말하기 어려웠고 아내의 가슴에 회한의 상처도 깊어졌던 것 같습니다. 저에겐 매우 좋은 기회이던 하버드 대학 유학 생활도 서로 한풀이라도 하듯 다투는 시간이 많았습니다. 아내가 셋째 아이를 가졌을 때 저는 모든 것을 다해주겠노라고 약속했음에도 제대로 이행하지 못했고 아내도 제게 공격적이었습니다.

모든 책임은 저에게 있다고 해야 할 것입니다.. 용서와 화해, 그리고 사랑이란 말을 할 줄 몰랐던 제가 죄인입니다. 저는 아내가 40여 권에 이르는 프랑스 문학작품들을 번역 출판하는 동안 그럴 듯한 출판기념 회 한 번 해주지 못했습니다. 아니, 아내가 번역한 소설책을 한 권도 제대로 다 읽어보지 못했습니다. 그의 인생에 반려자가 아니었던 셈이 지요.

요즘 '아버지 학교'에 다니면서 포옹을 하자 아내는 좋아하는 눈치 입니다. 아이들과도 포옹하는 저를 보면서 무언가 신기한 변화를 대하 는 표정입니다. 사랑이라는 말이 있고 포옹이라는 행동이 있는 줄 알지만 제 자신이 그것을 실천하면서 정서적으로 새로운 느낌을 진하 게 받습니다. 그런 아내와 제 자신을 바라보는 마음이 얼마나 뿌듯한 지요. 이제는 아내의 소박한 희망, 일상의 행복 찾기에 전폭적으로 함께할 때가 된 것 같습니다. 그렇게 하겠습니다.

국민 여러분께도 그렇게 하겠습니다. 일상의 행복 찾기를 위한 정치 에 나서겠습니다. 그것이 곧 민생 정치인 것입니다. 이 책에 묶인 글들은 그러한 정치를 추구하는 마음으로 써내려간 것들입니다. 저에 게 전환의 계기가 되고 또 우리나라의 정치 문화가 새로운 꽃망울을 맺기를 바라며 두 손을 정성스레 모아봅니다. 그리고는 "나라의 융성 과 가정의 행복과 자기 자신의 발전을 위하여 우리 모두 나가자!"라고 소리 높여 외쳐봅니다.

2007년 7월

국회의원 김재홍

한국현대사의 뒤안길

박정희와 김대중

박정희 기념관 지원은 역사의 아이러니

일본의 권위 있는 시사 월간지 ≪문예춘추≫ 2001년 10월호는 박정희 정권이 1973년 10월 다나카 가쿠에이(田中角榮) 당시 일본 총리에게 거액의 뇌물을 주었다고 폭로해 주목을 끌고 있다. 다나카의 측근 정치인이던 기무라 히로야스(木村博保)는 이 월간지에 실린 기고문에서 이병희 당시 무임소장관이 찾아와 다나카에게 박 대통령의 친서와 함께 4억 엔 정도로 추산되는 돈 뭉치를 전했다고 밝혔다. 1973년 8월 도쿄에서 김대중(DJ) 납치 사건이 터진 후 일본 정부의 불쾌감을 달래기 위한 공작이 있었으리라는 추측을 사실로 입증할 만한 증언인 셈이다.

DJ 납치 사건을 중앙정보부가 자행했다는 것은 이제 거의 자타가 공인하는 사실이다. 그런 불법행위가 일본 영토 내에서 발생했기 때문에 일본 정부에게 진상을 가려낼 권한과 책임이 함께 있었다. 일본으로서는 남의 나라 정보기관에 의해 주권 침해를 당한 꼴이었다. 또 이웃 나라 야당 정치인이 납치당한 인권 유린 사건에 대해 진상을 규명하는 것은 국제사회의 일원으로서 체통을 지키기 위해서도 중요한 일이었다. 그런데도 납치의 주범과 배후가 누구며 범죄 목적은 무엇이었는지가 제대로 밝혀지지 않은 채 공식적으로는 아직도 영구 미제로 남아있다.

이병희 씨는 김종필(JP) 자민련 명예총재와 육사 8기 동기생으로 JP가 중앙정보부를 창설할 때부터 함께 일했으며 사건 당시는 JP가 총리인 내각의 각료였다. 그가 건넨 뭉칫돈 속에는 오히라(大平) 당시 외상의 몫도 있었다고 한다. 일본 측의 엄정한 수사를 막는 한편 중앙 정보부의 불법과 무례에 기분이 상한 데 대한 '위자료' 성격의 돈을 일본 정계의 실력자들에게 뿌린 것이다. 그러니까 이번 기무라의 증언은 사건의 진상을 규명할 중요한 단초를 제공한 셈이다.

정보 공작 정치가 횡행하던 시절 피랍 사건의 피해자인 DJ는 오늘날 선거를 통해 정권 교체를 이룩한 대통령이지만 자신을 핍박한 정권의 후계 세력인 JP와 손잡고 있다. 그뿐만 아니라 자신의 민주화 동지들이 그렇게도 반대하는 박정희 기념관 건립에 국민 혈세를 배정해 가며 적극 나서는 것 또한 역사의 아이러니를 실감하게 한다.

≪동아일보≫, 2001년 1월 12일

박정희와 김재규

박정희 기념관을 바라보는 두 세력의 시각 차이

2000년 10월 25일 오후 서울 종로 5가 기독교회관, '10·26 재평가와 김재규 장군 명예회복추진위원회 결성대회'라는 플래카드가 걸렸다. 이곳에서 열리는 행사는 민주화나 사회정의 등 지향점이 언제나 동질적이다. 김재규 전 중앙정보부장이 밝힌 10·26의 동기 중 가장 명쾌한 것이 거사 후 한 달 반여 만에 토로한 군사 법정에서의 최후진술이다. 그는 최후진술에서 거사 동기에 대해 "첫째 자유민주주의를 회복하고, 둘째 이 나라 국민의 더 많은 희생을 막기 위한 것"이라고 밝혔다.

10·26 재평가 얘기가 나온 지는 오래됐지만 김재규 전 중앙정보부장의 명예 회복을 벌이는 단체가 공개적으로 조직된 것은 처음인 듯하다. 주최 측은 결성 선언문에서 김재규를 처형했던 전두환, 노태우 전 대통령 등 신군부의 핵심이 사법적 단죄를 받았다는 사실에서 10·26의 역사가 재조명돼야 한다고 밝혔다. 선언문은 "박정희 추종 세력들이 박정희 기념관을 건립하겠다고 하고 김대중 대통령은 국가 예산으로 이를 지원하겠다고 하니 역사를 두려워할 줄 모르는 반민족적 처사"라고 비판했다.

다른 한편, 26일 오전 서울 동작동 국립묘지에서는 박정희 전 대통령의 21주기 추모식이 열렸다. 이 행사에는 김종필 자민련 명예총재와 백남억 민족중흥회장 등 공화당 정권 당시의 고위 인사들이 참석했다. 전날 기독교회관에 모인 인사들과는 너무나 대조적인 길을 걸은 사람들이다. 김 명예총재는 이 자리에서 "박정희 기념관 건립이 정식으로 시작되게 된 것을 기쁘게 생각한다"라고 했다.

그러나 지난주엔 강만길 고려대 교수 등 대학교수 649명이 박정희 기념관 건립 반대 서명에 참여해 "정부는 반민주 세력과 화해하기 위한 기념사업을 당장 중단하라"라고 촉구하고 "김 대통령은 그 기념사업위의 명예위원장 직을 사퇴하라"라고 요구하기도 했다. 이돈명 변호사는 박정희 기념관 추진을 보고 김재규 장군의 명예 회복 운동을 하지 않을 수 없었다고 말했다. 반독재 민주화 세력을 기반으로 집권한 김 대통령이 이들과 반대편에 서있는 오늘의 현실을 어떻게 보아야 할까.

≪동아일보≫, 2000년 10월 27일

녹슨 영웅주의

영웅 예찬은 일종의 군중심리

200여 년 전 지중해 해전에서 격침당한 나폴레옹의 군함들이 발굴됐다는 보도다. 당시 해전 당사국인 영국과 프랑스 사람들은 흥분에 들떠있다고 한다. 화제는 되겠지만 그것이 그렇게 가슴 뛸 일인지, 동양의 한쪽에서는 이해하기 어렵다. 이들의 열광은 세계 제국 건설을 꿈꾸던 나폴레옹 보나파르트와 그의 정복욕을 좌절시킨 영국 넬슨 제독에 대한 추앙에서 비롯된 것이다. 영웅에 대한 예찬은 일종의 군중심리 같은 것이다.

영웅은 대부분 정치가나 군인 중에서 나왔다. 영웅주의를 뜻하는 시저리즘이나 보나파르티즘이 전제주의, 군사주의의 의미로 함께 쓰이는 것도 그래서일 것이다. 역사의 흐름을 바꿀 만한 족적이란 정치나 전쟁으로 만들어지기 때문이다.

대표적인 영웅주의 역사철학자가 헤겔이다. 그는 말을 타고 독일에 나타난 나폴레옹에게서 세계정신을 보았다고 했다. '마상(馬上)의 세계정신'이란 군인 출신 영웅에 대한 찬미였다. 헤겔 이후의 영웅 예찬론자인 영국 역사가 토머스 칼라일은 종교까지도 반대했다. 그는 기독교가 허약하고 죄 많은 사람들에게 너무 많은 가치를 두고 있다고 생각했다. 그런 영웅 사관에 대해 미국의 현대 역사가 시드니 후크는 "오로지 성공만 거둔다면 전제적 행동까지도 성스럽게 찬미될 수 있다는 허구"라며 통렬히 비판했다. 영웅 사관은 대중민주주의가 자리 잡으면서 녹슨 군함처럼 퇴색했다.

지금까지도 논란이 일고 있는 박정희 전 대통령 예찬도 영웅 사관의 소산이다. 1960~1970년대 우리의 경제성장이 그가 아니었다면 불가능했을 것이라는 둔사(遁辭)가 그 핵심이다. 박 전 대통령의 공적도 긍정적 평가를 할 만한 부분이 있겠지만 기본적으로 한강의 기적은 자유민주주의와 자본주의에 의한 번영을 열망했던 한국 국민의 투지가 일궈낸 역사였다. 어떤 정치가의 리더십도 대중의 피땀보다 더 높이 평가될 수는 없다.

≪동아일보≫, 1999년 7월 1일

쿠데타와 문민 통제

쿠데타 출신 정객들의 활갯짓을 보며

5월 16일 아침 생각나는 것은 우리 정치사에 오랫동안 멍에와도 같이 얹혀져 있던 군의 정치 개입이다. 5·16 쿠데타 이후 군 출신 정치인들의 활갯짓이 삼십 수년간 이어졌다. 그렇다 해서 묵묵히 일해 온 다수 직업군인들까지 싸잡아서 타기할 일은 결코 아니다. 소수의 정치군인들이 문제였다. 그 정치군인들이 군 집단을 나쁘게 이용해서 순수한 직업군인들까지 욕되게 했다.

군사 쿠데타로 정권을 세운 박정희 전 대통령은 5·16 이후에도 18년의 집권 기간 중 평균 4년에 한 번씩은 계엄령과 위수령을 발동했다. 1964년 대일(對日) 굴욕 외교 반대 시위에 대한 6·3 계엄령, 1971년 대학 교련 반대 운동에 대한 10·15 위수령, 1972년 10·17 유신 쿠데타, 그리고 1979년 10월 부산·마산 시민 항쟁에 대한 계엄령이 그것이다. 이 부마 계엄령 아래서 그는 10·26으로 생을 마감했다. 그러나 1980년 5·17 내란 이후 그가 키워놓은 신군부에 의한 제2기 군정이 이어졌다.

군대식 권위주의 정권은 다수 민의보다도 소수 집권자의 의사에 따르기 때문에 다른 나라와의 관계에서도 극단적이기 쉽다. 시민혁명으로 절대군주제가 사라진 18세기 말에 전쟁이 없어지리라고 생각한 것도 탈권위주의에 대한 기대에서였다. 칸트는 "다수 국민의 의사로 정책을 결정하는 공화제 국가들은 서로 전쟁을 하지 않는다"라고 했다. 그러나 공화제 국가들도 제대로 민주주의를 시행하지 않으면 전쟁을 도발하곤 했다. 변질된 공화제인 나치즘이나 파시즘이 제2차 세계대전의 주범이었던 것이 그 예이다.

정치학자들은 민주주의의 구체적 지표 중 하나로 정부의 탈군사화를 든다. 군부에 대한 문민 통제도 같은 맥락이다. 김영삼 정부는 자신들의 가장 큰 치적으로 정치군인 숙정에 의해 문민 통제의 주춧돌을 세웠다는 점을 든다. 중국도 장쩌민(江澤民) 같은 지도자가 민간 출신이지만 군부를 잘 통제하고 있다. 다른 동북아 국가들의 군에 대한 문민 통제 여부도 이 지역 안보에 중요한 변수라는 점에서 관심사가 아닐 수 없다.

≪동아일보≫, 2000년 5월 16일

전태일과 조영래

'한강의 기적' 막후의 살신성인

1970년 11월 13일 서울 청계천 피복 노동자들의 노동 인권 개선을 요구하며 분신한 전태일 열사 30주기를 앞두고 그에 대한 추모 운동이 확산되고 있다. 그날 그가 절규하던 현장에는 '영원한 노동자의 벗'이라는 내용의 동판이 설치됐다. 전태일 열사 30주기 추모 사업회는 이어 평화시장 일대를 '전태일 거리'로 명명하고 기념 조형물 형태의 표석을 세워달라고 서울시에 촉구할 계획이다.

전태일이 남긴 육필 메모 중에 '존경하는 대통령 각하'라는 것이 있다. 박정희 대통령에게 보내려다 불발에 그친 탄원서다. "90% 이상이 평균 18세의 여성입니다. 어떻게 여자에게 하루 15시간의 작업을 강요한단 말입니까. …… 40%를 차지하는 보조공(시다)은 평균 15세의 어린이들로서……" 박 대통령의 장기 독재와 인권 탄압보다도 경제성장을 공적으로 더 앞세우는 사람들이 있지만 '한강의 기적'은 이렇게 여공과 미성년자들까지 흘린 피땀 위에 이뤄졌다는 증언이다.

전태일이 사거한 후 그의 족적을 기록으로 남기기 위해 혼신의 힘을 기울인 사람이 인권 변호사 조영래였다. 조영래는 1965년 서울대 전체 수석 입학자였으나 독재와 사회 비리를 외면할 수 없어 공부에 전념하지 못하고 학생운동에 뛰어든다. 그는 1971년 10월 대학가 위수령 때 사법시험에 합격한 예비 법관 신분으로 구속돼 옥고를 치렀고, 1974년 민청학련의 배후 인물로 지명수배를 받자 6년간이나 숨어 살았다. 그 어려운 도피 생활 중에 그가 써낸 책이 『전태일 평전』이다.

이 책에서 조영래는 "전태일은 자유, 정의, 평화와 통일의 새 역사를 창조해 가는 모든 이들의 가슴 속에 살아있다"라고 썼다. 조영래는 10·26으로 박 대통령이 사망하자 1980년 '서울의 봄' 때 수배가 해제돼 비로소 사랑하는 여인과 결혼식을 올릴 수 있었다. 그러나 그는 민주화의 꽃이 활짝 피는 것을 보지 못한 채 1990년 12월, 43세의 아까운 나이로 타계했다. 서울 상암동에 박정희 기념관을 세우는 문제를 놓고 여러 말이 있다. 전태일과 조영래 기념관을 세우자는 얘기가 나오면 사람들은 뭐라고 할까.

≪동아일보≫, 2000년 11월 8일

71동지회와 한국 정치

조영래, 제정구, 최재현…… 정의의 사표는 먼저 가고

30년 전 오늘, 박정희 정권의 위수령 발동으로 구금된 나는 중앙정보부의 어느 조사실에서 취조를 받고 있었다. 그들은 나의 돈줄을 캤다. 내가 쓴 돈이라고 해봤자 서울대 문리대 대의원회가 발행하던 학생 신문 ≪의단(議壇)≫에 들어간 경비로서 그다지 큰 액수도 아니었다. 나는 당시 대의원회 의장이어서 학생 신문의 공개된 발행인 겸 편집위원이었고, 다른 편집위원 명단은 비밀이었다. 이것을 공안 당국은 지하신문이라고 했다.

3선 개헌 이후 유신 체제로 가는 길목에서 독재 권력은 점점 더 노골화해 가는데도 기성 언론들은 할 말을 제대로 못하고 있었다. 그래서 대학가에 자유 언론을 희구하는 학생 지하신문이 유행했다. 서울법대에 ≪자유의 종≫, 연세대에 ≪내나라≫, 고려대에 ≪한맥≫, 이화여대에 ≪새얼≫ 등 14개 학생 신문이 순수한 열정을 불태우다가 그해 위수령으로 폐간당했다.

1971년 10월 15일 대통령 박정희는 당시 가장 비타협적인 저항 세력이던 전국 주요 대학의 학생 운동권을 평정하기 위해 위수령을 내렸다. 서울의 대학가에는 박정희의 친위 장교로 키워진 비밀 사조직인 하나회 소속 지휘관들이 군대를 이끌고 진주했다. 서울대 본부와 문리대, 법대 등이 있던 동숭동에는 김복동 대령, 서울대 상대와 고려대가 있는 종암동에는 전두환 대령이 자신의 부대를 끌고 와 각 대학을 점령했다. 연세대와 서강대, 이화여대 등 대학들이 밀집해 있던 신촌 지역에도 하나회 장교들이 많이 소속된 특전사 부대가 포진했다. 박 정권은 그런 방식으로 전국 주요 대학에 군대를 투입해 학생 간부 수백 명을 붙잡아, 그중 150여 명을 제적시킨 뒤 강제로 군에 입영시켰다.

그해 위수령으로 제적당한 학생 간부들이 결성한 71동지회가 30돌을 맞은 2001년 10월 15일, 그 기념행사장에서는 오늘의 퇴행적 한국 정치와 실종된 사회·경제적 정의에 대해 공분의 목소리가 높았다. 파당적 정쟁 때문에 난장판이 된 국회를 보면서 너무도 일찍 타계한 71동지회원 제정구 의원의 발자취를 배우라는 질타가 터졌다. 당이나 지역보다는 항상 보편적 국민 이익의 편에 섰던 그였다. 또 해외 골프 여행을 수시로 나가는 부유층이 수두룩한데 다른 한쪽에서 영세 서민들은 생활고에 눈물짓는 세태 앞에선 사회정의 실천에 몸을 바친 71동지회원 조영래 인권 변호사와 최재현 전 서강대 교수의 탄식이 들려옴을 느낀다.

사회정의를 세우기 위한 재벌 개혁과 한반도 평화를 목표로 한 대북 정책을 사회주의니 좌파적이니 공격하는 걸 보면 바로 유신 권력자들의 이념 왜곡이 떠오른다. 그들은 자유를 억압하는 유신 체제를 한국적 민주주의라는 해괴한 논리로 정당화하려 했다. 오늘날 사회·경제 분야의 개혁 정책을 두고 색깔 시비를 거는 보수 세력의 논리는 한국적 민주주의와 똑같은 발상의 '한국적 사회주의'라고나 해야 할 것이다. 그렇게 색깔론을 제기하는 정치인들인 한나라당 안의 '보수 의원 모임'의 정체가 대부분 5, 6공 시절 민정당에서 정치 활동을 시작했다는 점에서도 군사정권의 이념 왜곡과 동일한 맥락이라고 할 수밖에 없다.

김대중-이회창 회담이 중도 노선으로 국정 협력 관계를 형성하는 기미가 보이자 이들 보수 의원 모임은 재 뿌리기 작전에 나섰다. 대통령 사퇴나 친북 정권 발언은 축적된 합리적 관습과 불문율이 지배해야 하는 의회정치에 대한 반역 행위와 다를 바 없다. 해방 직후 좌우합작 위원회의 경험에서 보듯이 그때는 경직된 좌우익 이데올로기가 중도 노선을 파괴했다면 지금은 지역 할거주의가 그것을 실효화하고 있다. 민족, 국민 통합, 사회정의란 말들이 퇴색하고, 지역 정서, 자유방임, 무한 경쟁만이 판치는 오늘의 우리 공동체가 바로 반성과 개혁은 항시적으로 있어야 할 영구 과제임을 증명하는 모델이다. 그런데도 시대적 과제를 앞장서 해결해 갈 만한 정의의 사표들은 어째서 남보다 먼저 세상을 뜨는지, 더욱 안타까운 인간사다.

《한겨레》, 2001년 10월 18일

'박정희 신드롬'을 해부한다

≪인물과 사상≫, 1999년 3월호에 실린
강준만 교수의 글로
김재홍의 『박정희의 유산』을 인용하며 소개하고 있다.

　　≪인물과 사상≫은 늘 우리 언로(言路)에 관심을 기울인다. 출판 시장을 보자. 박정희를 미화하는 책들의 종수와 판매량이 압도적으로 많다. 언론 시장 구조를 그대로 반영하고 있는 것이다. 매우 미약한 존재이지만 ≪인물과 사상≫은 그 힘의 관계에 조그마한 변화를 주고 싶다. 그래서 조선일보의 '박정희 미화'에 대한 일종의 '해독제'에 해당하는 책을 하나 소개하고 싶다. …… 김재홍 동아일보 논설위원이 쓴 『박정희의 유산』(푸른숲, 355쪽, 1만 3,000원)이라는 책을 추천하련다. …… 이 책엔 김일성, 김정일, 황장엽에 관한 글 등 여러 종류의 글이 섞여있긴 하지만, 제법 술술 읽힐 만하게 씌어졌고 '박정희 신드롬'의 허구를 지적하는 대목들이 꽤 설득력 있다는 데에 높은 점수를 줘야 할 것이다. 김재홍 논설위원의 결론은 '머리말'에서 다음과 같이 제시되고 있다. "박정희 권력은 개발독재로 경제성장을 이루었다지만 나쁜 유산을 더 많이 남겼다는 것이 나의 관점이다. 무엇보다도 국가 정보기관의 정치 공작, 정치 군벌과 지역 차별, 왜곡된 언론 구조, 북한과의 극단적 대결 구조가 박정희 권력에서 자라났다. 이 책은 그 실상을 경험적으로 제시하기 위해 쓰여진 것이다."

『박정희의 유산』(푸른숲, 1998)

…… (중략) ……

김재홍 논설위원은 직업이 언론인이라 그런지 박정희 추모의 붐에 대한 책임을 일반 대중에게도 묻고 싶은 모양이다. 그는 박정희 체제가 심어놓은 우리의 신민(臣民) 문화를 다음과 같이 지적한다. 나는 너무 답답해서 하는 말로 이해하련다. "어렵게 문민 시대를 연 국민이 웬 군인 독재자 예찬인가. …… 집권 세력의 공작이 있었다손 쳐도 군부독재 체제를 지지한 책임은 상당 부분 다수 국민에게 돌아간다는 것이 당시 내 생각이었다. 그로부터 25년이 지난 지금 똑같은 국민 정서를 대하면서 나는 정치 문화의 불변성을 실감한다. 쉽게 변하지 않는 것이 사람들의 습속이고 문화다. 유신 체제 같은 것이 박정희 추종자들의 말대로 정녕 한국인의 체질에 맞는 한국적 민주주의일지도 모른다. 많은 여론조사 결과가 한국인들이 그것을 원하고 있음을 보여주었다. 정신문명의 풍요로움보다 물질의 가치를 절대적 우위에 두고 자유를 팔아 질서를 사며 합리적 과정보다 독선적 결단을 더 평가하는 것이 개발독재 아래 신민(臣民) 문화의 특징이다. 끝없는 개발독재를 요구하는 한국의 정치 문화에서 나는 정치적 마조히즘 냄새를 맡으며 허무주의에 사로잡히고 만다.”

…… (중략) ……

대중은 늘 ‘현재적 동물’이고 언로(言路)의 포로가 아니더냐. 이걸 실감 나게 해주는 게 김재홍 논설위원이 하버드 대의 니만펠로십을 받아 미국에서 연구하면서 접한 미국인들의 박정희에 대한 호의적 평가에 대한 분석이다. 이 분석에 앞서 김 논설위원이 박정희 시대에 대해 많은 사람들이 갖고 있는 오해에 대해 반론을 펴는 걸 먼저 들어보자. “미국에서 전두환·노태우 씨의 구속에 관한 여러 사람들의 반응을 듣다가 세 가지 점에서 크게 놀랐다. 첫째는 박정희 시대엔 권력 남용과 독직 부패가 적었다고 미화하면서, 전·노 체제를 그 이전의 군인 정치 체제와 영 다르게 보려는 경향이다. …… 한국인들이 가난을 벗기 위해 각자 얼마나 피땀 어린 고생을 감수했는지는 정치학이나 경제학·사회학적인 연구 대상에 들지 못하고 있다. 지금도 오로지 위대한 지도자의 결단과 정책 수행만이 한국 경제 성장의 견인차였던 것처럼 운위되는 현실을 보면 당시의 3선 개헌 논리가 되살아난 듯한 느낌이다. …… 박정희 시대는 처음부터 부패와 공작 정치로 시작했다고 해도 과언이 아니다. 계엄령으로 정치 활동을 전면 동결시켜 놓은 가운데 자신들만이 비밀리에 정당을 조직했다. 이것이 공화당 사전 조직 비리다. 4대 부패 사건은 일본의 새나라자동차 수입 이권, 파친코 수입 이권, 증권시장의 주가조작, 워커힐호텔 건설 이권 등을 쿠데타 세력이 챙긴 것으로 당시엔 희대의 권력 부패 사건이었다. …… 박 대통령 살해 사건을 수사하기 위해 청와대를 수색한 보안사 요원들이 청와대의 철제 금고에서 발견한 돈의 액수가 9억여 원이었다. 지금의 화폐가치로 치면 수백억 원대가 된다. 전 씨는 법정 진술에서 수천억 원대의 비자금을 축재한 경위와 관련, "관행에 따른 것이었다"라고 말했다. 그 관행이란 박정희 체제 때부터 내려온 권력자들의 행태였다는 뜻일 것이다. 군인 정치인들의 부패상은 전·노 씨 때 갑자기 생긴 일이 아니며 박정희 시대에 이미 만연돼 있었다. …… 무엇보다도 32년간의 군인 정치 체제는 저항, 불복종, 그리고 분열적인 정치 문화를 남겼다. 이는 민주화와 국가 발전에 필수적인 통합과 협력의 토양을 말살했으며 이것을 극복하는 것이 앞으로 한국민의 역사적 과제가 될 것이다."

5·18 공동체 정신

국난 위기 속에도 자율과 질서 지켜져

"5·18 광주 시민 항쟁은 기층 민중과 노동자계급이 주도한 민중 항쟁이라기보다는 국가의 원초적 폭력을 거부하는 초계급적 시민 항쟁이다." 5·18 기념재단이 주최하고 동아일보가 후원한 5·18 국제학술심포지엄에서 광주 시민 항쟁은 이렇게 정리됐다. 세계적 사회학자인 프랑스 사회과학원 교수 알랭 투렌과 노르웨이 대학 교수 요한 갈퉁은 5·18 정신의 세계화를 역설했다. 국가 폭력의 거부, 시민 공동체의 자치 경험, 그리고 '외로운 도시 속의 의로운 행동'의 세계사적 계승 발전을 주장했다.

1980년의 광주는 4단계의 압축된 역사를 경험한다. 5·17 이전 학생 시위와 경찰 진압이 첫 단계였다. 2단계는 하나회 그룹의 신군부가 계엄의 전국적 확대 조치와 함께 살상 진압을 자행한 18일부터의 사흘간이다. 3단계는 바로 5·18 광주 시민 항쟁의 핵심인 '시민 공동체 자치 기간'이다. 22일부터 전남도청이 무력 점령되는 27일까지 광주는 의로운 시민 공동체였다.

공권력 공백 상태에서도 약탈, 방화나 외국인 공격이 없었다. 그런 5·18은 세계 언론에 생생하게 보도됐고 지구촌의 아낌없는 지지를 받았다. 외곽 봉쇄로 고립된 '공동체'는 생필품 부족이라는 절체절명의 위기를 맞았다. 그러나 매점 매석이 없었고 식료품 판매도 자율과 질서가 지켜졌다. 최근 인도네시아의 화교 습격이나 미국 로스앤젤레스 폭동 때 한국인 점포 약탈과는 대조적이었다.

5·18 기념일 이틀 전, 시위에 나선 민주노총의 '질서 유지단'을 보면서 역사 발전을 실감한다. 5·18 시민의식이 그 세계화의 점화로 보상받듯이 평화 시위의 요구도 더욱 경청될 것이다. 5·18 광주 시민 항쟁은 그 진상 규명이 미흡하지만 극단적 위기 속의 자율 의지가 핵심 가치로 정제(精製)됐다. 갈등 해결의 주체는 정치 세력이기보다 광범한 시민사회라는 것이 투렌의 말이다.

≪동아일보≫, 1998년 5월 17일

화해의 미학

정치 보복이나 응징 침공은 안 돼

화해란 갈등과 적대감을 전제로 존재하는 용어다. 어떻게 싸웠느냐가 그 후 화해 과정에도 영향을 미친다. 국가 간에는 휴전협정 과정에서 진정한 화해 없이도 공존이 가능하다. 6·25 이후의 한국·미국과 북한·중국이 그랬다. 국가 간에는 경계선이 있어서 국제법적 합의 문서만 만들어내면 된다. 그러나 같은 국민으로 감정의 응어리를 안고 있으면서 진정한 화해 없이 살아가기는 어렵다.

5·18 광주 시민 항쟁의 사망자 유가족과 부상자들이 당시 진압 부대인 3공수여단을 방문해 화해 행사를 가졌다. 5·18 피해자들이 진압 부대를 방문한 것은 처음이라고 한다. 이들이 그동안 정부 청사나 국회의사당 앞에서 시위 농성을 한 일은 많았다. 진압 부대는 위에서 시키는 대로 했을 뿐이라는 생각에서였을 것이다. 그러나 상층부의 명령뿐만 아니라 현장에서 군부대가 벌인 과잉 진압도 문제였다.

서울에 주둔하는 3공수는 시위 진압 부대 중 최정예로서, 시민 저항이 심각해진 1980년 5월 20일 아침 광주에 투입됐다. 먼저 도착한 7공수, 11공수와 20사단 병력이 제대로 손을 쓰지 못하고 있던 때였다. 그날부터 광주에서는 시민과 진압 부대 사이에 대격전이 벌어진다.

최초의 총성이 20일 밤 11시경 광주신역에서 터졌다. 27일 새벽 전남
도청의 시민 항쟁 본부를 공격한 선봉도 3공수 특공조가 맡았다.

광주 시민에게 3공수는 그래서 '유명한' 부대다. 5·18 피해자들이
그 부대에 화해의 손을 내민 것은 신선한 충격이다. 부모 형제에게
발포한 부대와 악수하기란 말처럼 쉽지 않다. 킹 목사의 1964년 노벨
평화상 수상 연설 중 "갈등 해결에서 보복과 침략을 거부하는 방법을
발전시키자"라고 한 대목이 되새겨진다. 광주 피해자들의 진압 부대
방문이 화해의 미학을 확산시키는 계기가 되기를 기원한다.

≪동아일보≫, 1999년 3월 2일

전두환 사랑? 대도(大盜) 미화보다 더 병적

전두환 씨는 명백한 내란 집단의 수괴

요즘 시중 일각에 전두환 씨 얘기가 심심찮게 나돈다고 한다. MBC 드라마 <제5공화국>에 등장하는 전두환 소장이 멋있는 사람으로 보인다는 것이다. 그래서 '전사모(전두환 전 대통령을 사랑하는 사람들의 모임)'까지 결성됐다니 한심한 노릇이다. 이는 드라마가 갖는 극적 요소와 방송 전파의 영향력 때문일 것이다. 새삼 미디어의 사회적 책임을 생각하게 한다.

언젠가 붙잡히지 않고 기록적으로 여러 번 도둑질을 해온 범죄자를 미디어들이 '대도'라고 표현한 적이 있었다. 보통 도둑은 할 수 없는 신출귀몰한 기술로 도둑질을 했다고 해서 대도라고 했고 시중 일각에서 화제가 됐다. 한편 엉뚱한 사람들은 그 대도를 미화했다. 범죄인인데도 대중적인 호기심과 인기의 대상으로 삼았다. 그야말로 대중사회의 병적 현상이 아닐 수 없는 것이다.

전두환 씨는 대법원 확정판결에 의한 내란 집단의 수괴

전두환 소장은 1979년 12·12 군사 반란과 1980년 5·18 광주 시민 항쟁 살상 진압을 통해 정권을 찬탈한 내란의 수괴다. 이는 1997년 대법원이 내린 최종 확정판결의 내용이다. 당시 그는 무기징역형을 선고받았고 거기다 부정 축재로 2,000여억 원의 추징금까지 부과받았다. 그 후 김대중 정부가 이른바 국민 통합과 화해를 내세우면서 그를 공범들과 함께 사면했다.

전두환 씨 사면을 김대중 정부의 최대 실정으로 치부하는 사람들이 많다. 그것은 용서와 화해라기보다는 상대의 조직폭력 집단과 같은 응집력과 지역주의에 굴복한 결과이기 때문이다.

전두환 씨는 석방됐지만 부정 축재한 돈을 갚아야 한다. 그런데도 돈이 없다며 버티고 있어서 검찰은 근근이 은닉 재산을 찾아내야 하는 상황이다. 전두환 씨는 자기 재산이 29만 원밖에 안 된다면서도 골프 등 나들이 행사 때면 수십 명의 부하들을 대동하고 빅 이벤트를 꾸민다. 국민들이 울화통 터지는 아이러니가 바로 이것이다. 아마도 그들의 '5공 정권' 방식으로 처리했다면 벌써 여러 번 붙잡혀가 두들겨 맞거나 녹화 사업장에서 기합받기에 정신없었을 터다.

살상과 언론 탄압의 야만과 광기를 동경하는 저주받을 병

대법원 판결은 그대로 실정법과 같은 효력을 갖는다. 이에 따르면 전두환 소장은 분명 국가권력을 훔친 도둑이라 해야 할 것이다. 마치 '대도'를 호기심의 대상으로 삼는 것처럼 그런 범죄자를 영웅처럼 여긴다면 대중사회의 병적 현상이 아니고 무엇이겠는가. 살상 진압과 언론 공작을 위한 기자 강제 해직과 '땡전(全) 뉴스'에 대한 동경이라니, 병이라도 참으로 저주받아야 할 병이다.

'박정희 향수'도 문제지만 아직 그에 대해서는 객관적으로 단죄할 법적 판결이 없다. 향후 과거사법에 따라 여러 인권 탄압과 의혹 사건들을 규명하고 나면 어떻게 될지는 알 수 없는 일이다. 그러나 전두환 소장에 대해서는 분명한 법적 판결이 나와 있다. 전두환 정권에 참여한 사람들은 그 근거가 된 「5·18 특별법」이 소급입법이어서 위헌적이라는 궤변을 늘어놓는다.

'소급입법'이란 행위 당시의 법률로는 범죄가 되지 않는 일에 대해 나중에 새로운 법을 만들어서 범죄로 규정하는 것을 말한다. 그러나 12·12와 5·17은 그 당시 실정법으로 분명한 범법 행위였다. 다만 모든 범죄는 그 행위가 끝난 후 일정한 시간 내에 처벌해야 하는 시효가 있기 때문에 이른바 시효에 관한 논쟁이 일었던 것은 사실이다. 그것은 내란 행위가 끝난 시점이 언제인지, 그리고 그것을 고발하고 수사할 수 있었던 자유화의 시기가 언제부터인지에 관한 논란이었다. 이것을 5공 측에서 소급입법 문제로 강변하지만 그것은 가당찮은 둔사에 지나지 않는다.

전두환 씨 개인에 대한 미화에 이어 5공 정권에 대한 재평가 시도 또한 심각한 문제다. 첫째는 전두환 소장에 의해 5공 정권이 수립되지 않았다면 큰 혼란이 일어났을 것이고 따라서 그런 행동들이 불가피했다는 역사 날조다.

시민 시위 현장에 무자비한 특수부대 투입해 혼란 조장

이는 5·17 비상계엄 확대 조치 이후의 상황을 분석해 보면 애들도 속여먹을 수 없는 유치한 날조다. 5·18 광주 시민 항쟁이 불붙자 내란 집단은 진압 부대로 공수특전단을 투입했다. 공수부대는 적지에 투입되어 거의 초인간적인 전투를 수행하기 위해 훈련된 특수부대다. 시민 시위를 진압하라고 그런 사나운 부대를 보낸 것이 과연 정상적인 판단으로 가능한가. 불붙은 시위대를 일부러 살상, 과잉 진압해서 기름을 부으려는 저의였다. 사회적 혼란과 국가 위기를 조장해서 군부의 강권 통치자가 나서야 한다는 여론을 조작하기 위한 음모였다. 그런 여론 조작을 위해서 양심적 언론인들을 대량 해직시키는 탄압을 자행한 것이다.

내란의 전주곡이던 12·12를 보아도 정치장교들의 비밀 사조직인 하나회가 군권을 장악하기 위한 군사 반란이었다. 당시 계엄령 상황에서 국가 수뇌부는 대통령, 국방장관, 계엄사령관으로 구성됐다. 그 아래에 보안사령부를 중심으로 한 합동수사본부가 있었다. 그런데 합수부가 직속상관인 정승화 계엄사령관을 조사한다면서 총격 납치했다. 직속상관이 의혹이 있어서 수사해야 한다면 그 차상급자인 국방 장관과 대통령에게 보고해야 한다. 더구나 계엄 상황에서 계엄사령관을 통수부에 보고하지 않은 채 강제 납치한 것은 국헌 문란 행위에 해당하는 것이다.

12·12는 정치적·군사적 차원 넘어선 반인륜적 반란

그날 하극상에 의한 군사 반란은 계엄사령관 납치로 그친 것이 아니다. 전두환 소장의 지령을 받은 박희도 준장은 자기 휘하의 1공수여단을 불법 동원해 국방부와 육군본부를 총격해서 강제 점령했다. 또 3공수여단장 최세창 준장은 자신의 직속상관인 특전사령관 정병주 소장을 체포하라고 명령했다. 적군을 향한 것에 못지않은 총격이 가해졌다. 정 소장은 총상을 입었고 그 부관 김오랑 소령은 병원에 실려 가다가 사망했다. 또 수도경비사령부에서 그 헌병 장교들이 직속상관인 사령관 장태완 소장을 역시 총으로 위협해 체포했다. 여기서 육군본부 작전참모부장 하소곤 소장이 총격을 받아 반신불수의 몸이 됐다.

군사 반란 과정에서 가해자는 모두 비밀 사조직인 하나회의 장교들이었고 피해자는 정규 지휘 계통의 직속상관들이었다. 그래서 12·12는 정치적이고 군사적인 차원을 넘어서는 반인륜적 반란이다. 보안사를 중심으로 한 하나회 집단이 무자비한 총격으로 정규 지휘 계통을 짓밟고 군권을 탈취한 후 정권 찬탈을 위한 내란이 본격화된 것이다. 그래도 5공 정권이 경제성장 10%에 단임 약속을 지킨 것은 공적이라고 강변한다. 마치 도둑이 그래도 몽땅 다 훔쳐가지 않고 조금 남겨놓았으니 용서해 주어야 한다는 얘기나 똑같다.

가해자와 피해자 아닌 내란과 정통성의 구도

전두환 소장의 범죄행위를 언필칭 카리스마라는 말로 미화시키기도 한다. 하지만 그것은 유교 문화권의 봉건적 의리를 이용한 조폭 두목의 카리스마와 다를 바 없다.

대통령 아닌 대통령으로서 전두환 씨는 부패 정치와 금권정치로 이 땅의 정치 문화를 타락시키고 정경유착을 악화시켰다. 또 그는 지역주의에 기생한 봉건영주 같은 통치술을 구사했다. 5공 정권에 관한 한 가해자와 피해자, 또는 여당과 야당으로서 관점이 다르다는 논리가 존재할 수 없다. 국가와 국민, 역사에 대한 내란이 일어났고 그것을 저지하려는 정통성이 있었을 뿐이다.

≪오마이뉴스≫, 2005년 6월 7일

한국 군사 권위주의 체제가 남긴 유산
군사정권의 역사와 신민형 정치 문화

1. 군사정권의 역사

한국에서 군인들이 정치에 개입한 역사는 1961년 5월 16일 박정희 소장과 김종필 예비역 중령이 주도한 쿠데타로부터 본격적으로 시작된다. 그 이전에 이승만 초대 대통령도 군을 정치에 이용했지만 당시 군은 문민 통제를 받았다는 점에서 쿠데타를 일으킨 정치군인과 달랐다. 1952년 7월 이승만이 자신의 대통령 재선을 용이하게 하기 위해 직선제 개헌을 강행하면서 앞에 내세운 계엄사령관 원용덕은 한국 정치군인의 효시였지만 자신의 독자적인 정치적 야망과 목표를 세우지 못했다.

박정희 소장은 두 번의 쿠데타를 감행했다. 첫째가 1961년의 5·16 쿠데타, 둘째는 1972년 10월 17일 계엄령으로 국회와 야당 언론의 제 기능을 정지시킨 채 헌법을 새로이 제정한 유신 체제 선포 쿠데타였다. 그는 헌법을 세 번 고쳤으며, 자신이 대통령 후보로 세 번 연속 출마할 수 있도록 한 3선 개헌(1969)의 경우 군대 대신 중앙정보부와 군 보안사령부를 앞세워 여야 의원들을 위협하고 회유하는 정치 공작 방법을 썼다.

그는 또 집권 기간 동안 네 번에 걸쳐 군부대를 동원해 계엄령이나 위수령으로 정치적 반대 세력을 제압했다. 첫 번째로 일본과의 굴욕적 국교정상화 외교 협상에 항거해 반정권 투쟁에 나선 야당과 대학생을 진압·체포하기 위한 1964년 6·3 계엄령이다. 두 번째는 정권 집단의 부정부패와 중앙정보부의 횡포, 대학에 강제로 시행한 군사 교련 등의 철폐를 요구하며 반정부 투쟁을 벌이는 대학생들을 체포하기 위한 1971년 10월 15일 위수령이다. 세 번째는 1972년 10월 17일 자신의 1인 장기 집권을 위한 유신헌법 선포 쿠데타 시 국회의사당에 탱크를 앞세워 군 병력을 진주시킨 일이다. 네 번째는 유신헌법 철폐를 요구하고 김영삼 야당 총재의 국회의원 제명에 항의한 부산·마산 시민 항쟁에 대한 계엄령이었다.

박정희 사망 후 실권자로 등장한 전두환 보안사령관 역시 두 번의 쿠데타를 일으켜 정권을 장악했다. 한 번은 군부 실권을 장악하기 위해 상관들에게 발포하고 군 내 반대 세력을 체포한 1979년 12·12 군사 반란 쿠데타였다. 두 번째는 1980년 5월 17일 군이 통치권을 장악하기 위해 전국에 계엄령을 확대하고 그에 항거하는 광주 시민을 살상 진압한 것이다. 이 두 번째 쿠데타는 1996년 법원에 의해 국가 내란으로 판결을 받았으며 그 수괴 전두환 씨는 무기징역에 처해졌으나 후에 사면으로 석방됐다. 전 씨와 그의 동료로 후임 대통령에 올랐던 노태우 씨는 그 내란죄 판결 이후 전직 대통령의 자격이 박탈돼 법적으로 보장된 비서관과 경호원 지원도 받지 못했다.

전두환은 임기 10개월을 남겨둔 1987년 4월 13일, 박정희 체제로부

터 물려받은 대통령 간접선거제를 중심으로 한 권위주의 헌법의 수호
를 선언했다. 그것은 대통령을 직접 선출하겠다는 국민적 요구를 탄압
하는 신호탄이었다. 그러자 전국적으로 헌법 개정 운동이 번졌으며,
시위 사건을 수사하는 경찰이 한 서울대 학생을 고문 치사해 놓고
이를 은폐, 축소하려던 음모가 폭로됐다. 이에 1987년 6월 10일 서울을
비롯해 전국적인 국민 항거 시위가 터졌다. 이에 대통령 전두환 씨와
당시 집권당 대표위원인 노태우 씨는 군을 동원해 시위를 진압하거나
시위 군중의 요구를 들어주는 두 가지 방안 중 하나를 선택해야 했다.
그러나 이들에게도 1980년 5·18 광주 시민 항쟁 유혈 진압은 악몽이었
다. 또다시 발포를 감행하여 시민 항쟁을 강경 진압할 경우 1980년
당시보다 더 강한 항거와 그에 따라 더 심각한 유혈 사태를 각오해야
했다. 결국 그들도 그런 천추의 죄과를 또다시 저지를 결정은 내리지
못했다. 결코 지울 수 없는 역사적 교훈 때문에 군인 권력자들도 6·29
선언이라는 타협안을 발표하기에 이른 것이다.

6·29 선언은 정치 개혁이 아니다. 그것은 국민 항거에 부딪힌 군인
권력자들이 타협적으로 내놓을 수밖에 없었던 정치적 유화책(political
appeasement)이었다. 그런 의미에서 노태우 정권은 민주화나 개혁을
추진한 것이 아니라 그때까지 잠재해 온 국민 저항을 임기 5년 동안에
걸쳐 겨우 누그러뜨린 완충 작업을 한 것에 불과했다. 그것이 없었다
면 시민사회와 군 간의 대결과 파탄은 1980년 5월 광주 시민 항쟁
진압 때보다 더 심각했을 것이다.

2. 정치 야망을 가진 군인들의 사조직: 하나회

박정희 이후 전두환과 노태우까지 군사 권위주의 체제가 32년간이나 존속될 수 있었던 것은 군부 내 권력 집단의 응집력이 그만큼 단단했기 때문이었다. 그 응집력은 지연, 학연, 의식 등 여러 측면에서 매우 동질적인 장교들에 의해 결성된 비밀 사조직인 '하나회'에 뿌리를 두고 있었다. 하나회는 박정희가 군사 통치 기구 수반인 국가재건최고회의 의장을 맡고 있던 1963년, 박정희의 고향인 경상도 지방 출신 장교들이 결성한 사조직이다. 그들은 학연에서도 한국의 육군사관학교가 4년제 정규 과정을 도입한 후 입학한 세대로 동창이었다. 의식 면에서는 군사혁명 방식으로 국가를 부강하게 만들어야 한다는 극우적 정치 이념을 신봉했다. 그들은 박정희가 쿠데타를 일으킨 1961년, 대위로서 쿠데타 지지 운동에 앞장선 전력이 있다. 하나회를 조직하고 그 보스로서 행세한 사람이 전두환과 노태우였다.

이후 박정희는 전두환과 노태우를 수도경비사령부와 청와대 경호실에 근무하게 하면서 친위 장교로 키웠으며 하나회를 배후에서 지원했다. 최고 권력자가 직접 만나고 격려하는 장교들이 군 내에서 가장 강력한 권력 집단으로 자리 잡는 것은 당연한 결과다. 이들은 주로 군 인사권을 행사하는 육군본부와 정보 수사권을 장악하는 보안사령부에 배치받았다. 군사정권 시절 보안사령부는 그 사령관이 대통령과 독대(獨對)하면서 어떤 분야든 제한받지 않고 정보 보고를 하며 국내 정치 문제에 대한 건의도 하는 핵심 부서였다. 중앙정보부와 경쟁하는 권력 기구인 보안사를 장악한 하나회는 군의 테두리를 벗어나 정치,

사회 등 모든 분야에서 막강한 권력을 쥐고 있었다.

　대통령 박정희가 갑자기 사망한 1979년 10·26 이후, 권력 공백 상태에서 정국을 주도할 수 있는 조직과 정보력을 가진 집단은 보안사뿐이었다. 평상시엔 중앙정보부가 우위에 있었지만 당시 중앙정보부는 그 책임자가 대통령을 살해한 '반역 집단'으로 몰려있었다. 계엄령 아래서 국가 수사 기구를 총괄하게 돼있는 보안사령부가 권력을 장악한 것은 당시 상황에서 당연한 귀결이었다. 따라서 보안사를 장악하고 있던 하나회 집단이 정권을 장악하게 된 것이다.

3. 군사정권식 개발독재의 공과: 경제성장의 주역인가

　한국의 군사정권에 대해 경제개발을 치적으로 들면서 긍정적으로 평가하려는 경향이 특히 외국 학자들 사이에 강하다. 국내에서도 일부 보수 우파 지식인과 영남 지역 주민들의 경우 그런 입장이며 여기에 '박정희 향수병'의 배경이 깔려있다.

　어느 나라나 군사정권이 긍정적으로 평가받는 부분이 있다면 그것은 경제성장의 추진력일 것이다. 개발독재 방식이라고 해도 가난의 고통에서 벗어나는 것을 최고 가치로 여기는 일반 대중에게는 경제성장 의지가 어필했다. 가난한 민주정치보다도 경제적 여유가 보장된 독재가 더 좋다는 생각인 것이다. 서구학자 중엔 그것을 특히 아시아적 가치 중 하나라고 지적하는 사람이 있지만 선진국에서도 빈민층의 경우 비슷한 생각을 할 가능성이 크다.

그러나 한국 경제성장의 원인이 군사 권위주의 체제의 강력한 리더
십이나 근대화 의지라고 꼽기에는 무리가 있다. 한국 경제성장의 배경
에 대해서는 개발독재 이외에도 6·25 전쟁 이후 미국의 경제원조나
일제 식민지 시대 건설된 전기, 철도, 도로, 항만 같은 인프라가 큰
힘이 됐다고 보는 학자들도 있다. 이는 모두 잘못된 가설이다. 만일
미국의 경제원조가 원동력이었다면 한국의 경제성장은 박정희 시대
보다는 이승만 정권 때 더 크게 이루어졌을 것이다. 또 일본이 남겨놓
은 인프라 덕이라면 그것이 집중돼 있었던 북한이 한국보다 훨씬
더 경제발전을 이루었어야 옳다.

한국의 경제성장은 군사정권의 리더십이나 외국의 지원보다도 한
국민의 대중적 투지가 가장 큰 원동력이었다. 한국민이 일제 식민
통치 종식 후 15년 이상 서구 자유민주주의와 자본주의를 교육받은
시점인 1960년대 중반부터 경제성장이 시작됐다는 사실에 주목해야
할 것이다. 특히 해방 후 신교육을 받고 1960년대 중반에 20대 중
반~30대가 된 사회 기간 계층이 서구 자본주의에 의한 경제 번영을
꿈으로 간직하고 있었다. 바로 그 시점에 박정희 소장이 쿠데타를
일으켜 가난 추방과 조국 근대화 기치를 내걸어 국민 대중의 꿈에
영합한 것이라고 보아야 한다.

1970년대 한국의 경제 기적은 군사 권위주의 체제의 개발독재 덕분
이 아니라, 서구식 교육을 받으며 성장한 청장년 세대가 산업과 수출
전쟁에서 선봉이 되어 피땀을 흘린 결과이다. 어떤 정치가의 리더십도
국민 대중의 피땀보다 더 중요한 역할을 한 것으로 평가할 수 없다.

4. 민군 관계 파탄의 직접 원인: 시민을 겨눈 발포

북한과 대치하고 있는 한국에서 군은 국민의 신뢰와 사랑을 받기에 매우 유리한 상황이다. 그럼에도 불구하고 상당한 기간 동안 일반 국민이 군을 경계하고 매도하게 된 이유는 말할 것도 없이 군이 본분을 망각한 채 정치에 관여했기 때문이다. 또 군이 정치에 관여한 방식도 최악의 방향으로 타락의 길을 걸었다. 초기엔 가난 추방이라는 좋은 명분을 내세운 무혈 쿠데타였다. 박정희 소장의 1961년 5·16 쿠데타가 그랬다. 그러다가 군부 내 주도권 장악을 위해 상관과 동료에 대한 살상 행동을 자행한 쿠데타가 일어났다. 1979년 12·12 군사반란이 그것이다. 이는 일련의 반인륜적 하극상이었다. 이에 대해 반감을 안 가질 국민은 없었다.

그러나 군의 정치 개입 방식 중 용서할 수 없는 최악의 범죄는 시민에 대해 총부리를 겨누는 일이다. 후진국 군사정권의 등장과 권력 유지 과정에는 대개 국민 대중에 대한 살상 진압 행위가 공통적으로 나타난다. 한국에서는 1980년 5·17 내란이 그것이다. 당시 정국을 주도하던 보안사와 하나회는 광주 시민 항쟁 현장에 진압군으로 공수특전부대를 투입했다. 이들 공수부대는 북한 후방에 침투해 파괴, 암살, 교란 등 가장 잔인하고 호전적인 임무를 수행하는 군인들이다. 이들은 광주에서 마치 적군에게 하는 것처럼 시위 군중을 향해 발포하고 잔혹하게 진압했다. 한국의 민군 관계가 파탄에 이른 것은 이 사건이 결정적이었다. 국민의 아들로 구성된 군대가 그 모집단(母集團)인 국민에게 발포할 수 있었던 것은 다음의 두 가지 이유에서였다. 하나는 공수부대가 병역의무 기간만 복무하는 장병이 아니라 모두 장기 복무자로 구성됐다는 사실이고, 다른 하나는 그 지휘관들이 광주 이외의 지역 출신이었다는 점이다.

민군 관계를 악화시킨 또 하나의 요인은 군의 부패와 비리 사건들이다. 1993년 1년 동안 김영삼 정부가 파헤친 국방 예산 운용상의 비리는 그동안 군사기밀이라는 구실 아래 국민 앞에 공개되지 않았다. 율곡사업 비리라는 이 사건들은 정부 총예산의 23% 이상을 사용하는 국방비가 얼마나 군 실력자들에 의해 자의적으로 손실돼 왔는가를 알려주었다. 군의 부패상에 일반 국민은 경악했으며 군을 매도했다.

5. 군사 권위주의의 정치 문화적 유산

한국에서 군의 정치 개입은 시민사회에 비해 군 장교들의 지적 능력과 책임 의식, 그리고 조직력이 상대적으로 높았기 때문에 비롯됐다고 여겨진다. 현대적 교육 수준, 국가 공동체에 대한 책임 의식, 자긍심, 동료들 간의 응집력 면에서 정규 육군사관학교 출신 장교들이 다른 명문 대학 졸업생들보다 우위에 있었던 것이 해방 후 1960년대 초까지의 상황이었다. 일본 식민 통치 시대 일본 육사를 졸업한 박정희 소장도 사회계층적으로 마찬가지 위치였다. 그러나 늦어도 1970년대 이후엔 성숙한 시민사회가 군부보다 우위에 올라선 것으로 보아야 할 것이다. 군사정권에 대한 시민 항거들이 그것을 입증한다.

1950년대 후반 육군사관학교에서 일한 한 미군 군사 고문관은 당시

생도들이 고급장교가 되면 한국 사회를 장악할 것이라고 예상했다. 군부가 왜 문민정부에 반란을 일으키는가의 의문보다도 거꾸로 어떻게 그때까지 복종해 왔는지가 놀라운 일이라고 해야 할 것이다. 이는 군부 정치 연구의 지평을 넓힌 새뮤얼 파이너가 『마상(馬上)의 인물 (The Man on Horseback)』(1975)에서 갈파한 내용이다. 또 1960년대 후진국들에서는 군부 쿠데타가 크게 유행하고 있었다. 박정희 소장의 쿠데타도 그런 후진국 현상 중 하나였으며, 그에 영향을 받았다.

그러나 그들이 과연 최소한의 혁명적 이상과 정의감을 가졌는지는 의문이다. 쿠데타 직후 중앙정보부를 조직한 것이나 일반 정치인들에게 정치 활동을 금지시킨 가운데 자신들의 정당으로 공화당을 비밀리에 사전 조직한 불공정 게임, 정치자금을 조달하기 위해 저지른 슬롯머신 사업의 허가 이권 개입, 증권시장 조작 등 이른바 4대 의혹 사건을 보더라도 그렇다.

군사정권이 안정기에 들어간 1960년대 후반 이후 한국 정치는 중앙정보부, 보안사령부, 대통령 경호실이 좌지우지했다. 대통령 외에 공식적인 국가권력 구조의 5대 기둥은 국무총리, 집권당 대표위원, 국회의장, 대통령 비서실장, 중앙정보부장이었다. 그러나 대부분 군 출신이었던 중앙정보부장이 나머지 4인의 고용된 민간 정치인을 항상 조정하고 통제했다. 그리고 국정의 중요한 문제일수록 그런 공식적 권력 구조보다는 막후의 군 출신 실세들이 결정했다. 그 과정이 바로 중앙정보부, 보안사령부, 경호실 등의 공작 정치였다. 장기간의 군사정권이 남긴 폐해 중 첫 번째가 바로 이러한 공작 정치 관행이다. 두 번째로는 군사정권의 핵심 권력자들이 특정 지역(경상도) 출신의 동향인이어서 지역 편중 인물 등용과 지역개발 정책을 구조화했다. 한국 현대 정치사에서 가장 고치기 어려운 고질병인 지역감정을 만들어놓은 장본인이 바로 이들 군인 정치인이다.

셋째, 사회계층적으로 군인이며 학연으로 육군사관학교 출신이라는 매우 동질적인 소수 세력이 각 분야에서 지배권을 행사하는 소수 지배 체제(oligarchy)를 뿌리 내렸다.

넷째, 군사정권은 특히 언론에 대해 적대적이어서 비판적 언론인을 강제 해직시키고 언론 통제를 자행했다. 군사정권이 종식된 뒤에야 언론 자유가 정상화됐다.

다섯째, 경제정책도 민간 기업이나 전문가 중심의 자율성을 존중하는 것이 아니라 정부가 주도했다. 내자 동원, 은행 여신과 외자 배분을 모두 정부가 결정하는 전형적인 관치 경제였다.

6. 신민형 정치 문화와 시민운동의 중요성

32년간의 군사정권 체제가 한국 사회에 가져다준 가장 중대한 유산은 권위주의에 굴종하고 냉소적인 '신민형 정치 문화'라고 할 수 있을 것이다. 아직도 그 후유증은 심각하다. 권위주의형 지도자와 일사불란한 정치 질서를 갈구하는 신드롬이 나타나는 것이 그것이다. 박정희 향수도 바로 신민 문화의 소산이다. 일제 식민 통치 36년과 박정희로부터 비롯된 군정 체제 32년을 거치면서 권위주의에 굴종하는 신민 문화가 고질화된 것이 우리의 현대 정치사였다. 그와 함께 많은 기대를 모았던 이른바 문민정치가 허상으로 드러나자 그에 대한 복고 반동의 심리가 박정희 체제에 대한 우민적 향수로 이어진 것은 가슴 아픈 일이 아닐 수 없다.

대중적으로는 신민 문화가 지배적이었지만, 다른 한편 언론, 대학, 종교, 노조 등의 중간 집단은 정부 불신, 저항, 불복종, 그리고 분열적인 정치 문화에 젖었다. 정치 문화의 이런 이중구조 때문에 민주화와 국가 발전에 필수적 요소인 협력과 통합의 토양이 말살됐다. 이런 군사정권의 나쁜 유산을 극복하는 노력이 앞으로 한국민의 역사적 과제가 될 것이다.

그런 역사적 과제를 성취하기 위해서는 사회 변혁 운동 중에서도 박정희 정권 때부터 젊은 지식인으로서 민주화와 민족문제 해결을 위해 헌신한 학생운동의 정신이 연면히 계승돼야 할 것이다. 한국의 현대 정치사에서 3선 개헌 이후 민주와 반민주의 흐름을 정리해 보면 3선 개헌과 박정희 장기 집권 계획에 항거한 1969~1971년의 학생운동을 시발로 하여 1974년 민주청년학생총연맹, 1975년 이후 대통령 긴급 조치 반대 운동, 1980년 서울의 봄 당시 대학가 민주화 운동과 언론 자유 운동, 1980년 5·18 광주 시민 항쟁, 1987년 6월 시민 항쟁이 각기 시대 상황에 따라 반독재 민주화 운동으로 분출돼 왔다고 할 수 있다.

김영삼 정부로 이른바 문민화를 거쳤고 김대중 정부로 여야 간 정권 교체를 이루는 등 민주화가 진전됐지만 오랜 군사정권이 남긴 수구적 사회 지배 세력은 아직도 실질적으로 청산되지 못하고 곳곳에 할거하고 있는 형국이다. 민주화로 인해 정권 교체는 이루어졌지만 사회 지배 세력의 교체는 아직 요원한 실정이다. 따라서 이를 계속

추진해 갈 주체로서 시민운동이 과거 대학생과 재야 지식인층이 주도
해 온 역사적 민주화 운동의 정신을 이어가야 하는 것은 시대적 소명
이라 하겠다.

세종연구소·미국 데모크라시 재단 주최,

데모크라시 포럼 제1차 국제회의 주제 발표 논문.

1999년 7월 15일, 서울

진실과 화해

자식 잃은 어머니들의 저항 의지

독재 정권 시대의 의문사들을 규명하기 위한 법정 기구가 활동을 본격화한다니 또다시 역사의 의미를 되새기게 한다. 좀 뒤늦은 감이 있지만 그나마 전국민족민주유가족협의회(유가협)의 끈질긴 투쟁으로 국회에서 특별법이 겨우 통과돼서 가능하게 됐다. 유가협은 우리나라 민주화 단체 가운데 가장 비타협적인 목소리를 내왔다. 그것은 독재 권력에 의해 자식을 잃은 어머니들에게서 나오는 강인한 저항 의지였다.

유가협은 어머니들이 주도해 왔다. 어머니의 논리는 좌고우면(左顧右眄)하지 않고 명료하다. 가슴에 묻은 자식의 행동 규범이 무엇이었는지가 그 어머니의 세계관을 지배할 수밖에 없을 것이다. 이들은 양심수가 재판받는 법정이나 대학생 시위 현장에 찾아다니며 힘을 보탰다. 언제나 핍박받는 소수 약자들 편에 서서 고난을 함께했다. 시퍼런 권위주의 정권 아래서 민주화 투쟁을 한 그들의 자식과 동생이 비록 소수이고 약자였지만 역사적으로 옳았다는 신념 때문이리라.

오랜 군부 통치로 의문사와 실종자가 많이 나온 나라가 아르헨티나였다. 1983년 선거에서 대통령이 된 라울 알폰신은 30여 년간의 군부

정권이 자행한 학정을 단죄하려 했으나 증거를 찾기가 역부족이었다. 조사 실무를 맡아주어야 할 정보 수사기관들이 사실상 그 조사 대상이기도 해서 반작용이 많았다. 거기서도 '5월광장 어머니들'이란 단체의 끈질긴 추적으로 상당수의 학살 진상이 입증됐다. 아르헨티나 판 유가협의 어머니들이 발휘한 힘이었다.

의문사 규명위의 활동에 공안 기관들이 제대로 협력할지, 아르헨티나의 경우처럼 속으로 거부감을 갖지는 않을지 귀추가 주목된다. 유가협의 어머니들 같은 민주화 인권 단체들이 대거 나서 힘을 모아야 할지도 모른다. 1994년 남아공 대통령에 취임한 넬슨 만델라는 '진실과 화해 위원회'를 만들어 흑인 차별 정책에 저항하다 희생된 민권 투사들의 사인을 규명하는 등 수만 건을 조사하고 그중 2만 1,300여 건의 청문회를 열었다고 한다. 우리도 단죄보다는 진실 규명과 화합에 초점을 둔다고 한다. 화합을 위해서도 먼저 진상이 무엇인지 아는 일이 선행돼야 한다.

≪동아일보≫, 2000년 10월 19일

교회와 정치 개혁 운동

좌파 낙인에 대항한 보호색

해방 정국의 소용돌이 속에서 북으로 간 여운형 선생의 정치 이념을 두고 논란이 많았다. 그는 좌우합작위원회를 함께한 김규식 선생에 비하면 좌익이지만 당시 박헌영이나 이강국과 견준다면 우파였다. 미 군정 초기의 정보 보고서는 그를 급진파로 분류했었다. 그러나 후에 그를 좌우합작에 끌어들이면서는 합리적 개혁론자로 보았다. 미 군정이 그렇게 본 중요한 이유 중 하나는 그가 기독교인이라는 사실 때문이었다.

1970년대 중반 이후 학생운동 리더들은 교회에 많이 다녔다. 1974년 민청학련 간부들에게 남한 내 좌익 지하당과 연계시켜 중형을 선고한 이후부터 갑자기 눈에 띄는 현상이었다. 좌경으로 찍히면 가망이 없는 현실에서 공안 기관의 탄압에 대응한 일종의 자구책 성격이 강했던 것 같다. 또 대학이 더 이상 경찰과 정보원의 마수로부터 울타리 노릇을 할 수 없었기 때문이기도 했다. 대학에 비해 교회는 사회봉사 기치와 조직 면에서 시민적 개혁 운동에 적합했고 '성역'의 이미지를 갖고 있었다.

요즘 영국계 기독교파인 대한성공회 인사들의 시민운동 활약상이

화제다. 우선 성공회의 김성수 주교는 반부패국민연대 회장이다. 성공회대학교의 조희연 교수는 총선시민연대를 이끄는 핵심 인물이다. 새천년민주당의 정책위의장으로 발탁된 이 대학의 이재정 총장은 이전부터 서울 노숙자대책협의회장도 맡아왔다. 성공회 수녀원은 공천 반대자 명단을 작성하는 시민연대 측에 철야 작업장을 제공하기도 했다.

성공회 수녀원이 1987년 6월에도 민주화 운동의 메카 역할을 했다는 사실은 시민연대의 활동으로 이번에야 널리 알려졌다. 그 영향인지 이번에 성공회대학교에 칭송받는 민주운동가의 자녀들이 상당수 지원해 합격했다는 소식이다. 성공회 관계자들은 장차 사회봉사와 정치 개혁 같은 일에 헌신할 뜻을 품은 젊은이들이 이 학교에 대거 지원했을 거라며 자랑이다. 1970년대의 반유신 투쟁이나 1987년 6월 시민항쟁 당시엔 명동성당 같은 역할이 필요했다. 그러나 지금은 어느 특정 교회만 사회봉사의 짐을 떠맡을 상황이 아니다. 함께 참여하면서 봉사 정신도 나누어야 한다.

≪동아일보≫, 2000년 2월 1일

함석헌 선생과 씨올 사상

참여 민주주의의 꽃망울

정치권력의 억압 구조가 국민 기본권을 짓밟았던 군사 권위주의는 참여 부재의 현상을 구조화했다. 지식인과 야당 정치인도 제대로 말하지 못하는 상황에서 일반 국민은 할 말을 잃은 '시대적 농아'였다. 반독재 민주화라는 시대사조도 제도권 내 주요 언론이 아니라 재야 지식인들의 민중운동에서 싹텄을 뿐이다.

그 엄혹한 독재정권 아래서 민중이 참여 실천자로서 행동하기를 애끓게 주문한 재야 지도자가 함석헌 선생이었다. 그는 민중을 씨올이라고 불렀다. 그러나 씨올은 그냥 민중이 아니라 생각하는 민중이라고 했다. 이때 생각이란 옳고 그름을 따지는 인식 작용이다. 억압하는 독재정권에 대해 생각하는 국민이 아니고는 희망이 없기 때문이다. 올바른 참여를 실천하기 위한 준비 단계가 바로 '생각'이었던 것이다.

그가 1970년대에 쓴 글들은 대부분 행간을 읽어야 진의를 알 수 있다. 언론의 자유가 극도로 억압받은 상황이기 때문에 하고 싶은 말을 드러나게 할 수가 없었기 때문이다. 차라리 글의 제목들이 함의를 드러내고 있는 경우도 많은데 "생각하는 씨올이라야 산다", "씨올에게 보내는 편지", "죽어서도 생각은 계속해야 한다", "사상과 실천",

"진리에의 향수" 등이 그 예이다.

함석헌 선생이 민중 의식을 강조한 것은 쿠데타 정권과 대항할 힘이 민중으로부터 나와야 한다고 생각했기 때문이다. 그는 5·16 쿠데타가 군사독재로 빠질 위험성이 크다는 사실을 일찍이 경고했다. 그는 5·16이 하루빨리 청산돼야 할 혁명이라고 단언했다. 그는 이어 5·16의 한계성 때문에 궁극적인 혼의 혁명을 이루기 위해 '민중 혁명'이 필요하다고 계속 주장했다. 그는 민중 개념에 대해 '맨사람'이라고 했다. 학생, 군인, 관리, 목사, 신부, 교수 등의 이름을 벗어던지고 서로 맨사람으로 만날 때 올바르게 행동할 수 있다고 주장했다.

그는 5·16이 '빗나간 칼'로서 과거 지배층의 구태를 답습해 부정부패를 저질렀고 언론 탄압, 학원 사찰, 중앙정보부 설치 등으로 시민사회의 이성과 문화 창조 의식을 죽였다고 썼다. 그의 논설은 당시 시민사회의 양심을 반영했지만 독재 체제 아래서 자신의 신변에 매우 위험한 저항 행동이었다. 제도권 언론들의 사설이나 칼럼으로서는 상상하기 어려운 내용이었다. 오히려 전국적인 배포망을 가진 신문들은 군사독재를 경제개발로 미화하거나 대북 대결주의와 총력안보라는 통치 이데올로기에 편승해 시민사회의 비판 의식을 마비시켰다.

이렇게 민중 의식이 말살되는 위기 상황에서 함석헌 선생은 민중을 신뢰하고, 민중을 각성시키고자 재야 언론 활동을 전개했다. 다음의 글들은 민중의 힘을 신뢰하고 책임 의식을 강조한 내용이다.

"역사는 노염 없이는 아니 된다. …… 보스톤 항구의 시민이 한 번 노하면 그것이 미국의 독립으로 되었고, 베르사유의 노동자가 한 번

노하면 그것이 온 유럽을 뒤집어 천 년 이래의 봉건제도를 다시 일어날 수 없이 부숴버렸다. …… 우리나라의 이 맥 빠진 역사에도 그래도 명이 계속된 것은 때때로 한 민중의 노염의 주사로 된 것이다. 한사군을 가운데 놓고 민족이 한 번 노한즉 그것이 삼국시대가 됐지. 고구려가 망한 것을 분히 여겨 압록강을 가운데 두고 서로 노한즉 그것이 고려 발해가 됐다"(『함석헌 전집 2: 인간혁명의 철학』, 119쪽).

생각하고 속에 알이 찬 씨올로서의 민중에 대한 기대는 희망이 보이지 않는 어둠의 터널 속에서도 계속 이어졌다. 그것은 마지막 희망으로서 사실상 절망하기 직전 단계라고 해야 할 것이다. 당시 참여의 실천자로서 민중은 극소수에 불과했기 때문이다. 함석헌 선생의 외침은 메아리가 그다지 많지 않았지만 열정적으로 계속됐다.

"민심이 물 끓듯 해야 새 역사가 나옵니다. 지배자들은 언제나 민중을 잠재우고 취하게 하고 마지막 순간까지 해먹다가 망하고야 마는 법입니다. 그러고 보면 사실을 가리고 천연한 체하려는 것은 어리석을 뿐 아니라 간악한 일입니다. …… 그러므로 그 열린 가운데 하나되는 한마음의 사회가 되기 위해 우리는 서로 말을 해야 합니다. 자유로 말할 수 있는 사회를 만들어야 합니다. 우리에게 가장 걱정되는 것이 우리로 하여금 자유로 말하지 못하게 하는 이 구속주의입니다. 나라를 일으켜 세우는 것은 말하는 씨올밖에 없습니다"(「역시 씨올밖에 없습니다」, ≪씨올의 소리≫, 1971년 11월호).

오늘날의 씨올은 1970~1980년대 독재정권의 얼어붙은 동토에서 영글었다고 할 수 있다. 그렇게 혹한의 겨울과 같은 독재정권 아래서도 씨올은 안으로 알차게 다져나가야 하는 것이다.

"겨울은 생각하는 때입니다. 밖으로 아무것도 못하는 대신 속으로 맹렬히 일하는 것입니다. 잘하는 농사꾼은 봄, 여름에 하는 것이 아니라 겨울에 합니다. 농사해 가지고 곡식을 거두는 것이 아니라 추수를 다해 가지고 씨를 뿌립니다"(「생각하는 씨올이라야 산다」, ≪씨올의 소리≫, 1972년 12월호).

결국 1987년 6월 시민 항쟁 이후 씨올은 민주적 참여의 실천자로서 눈을 뜨기 시작했다. 1990년대 들어 각 분야에서 시민운동 단체가 붐을 이룬 것은 참여 민주정치의 발전에 중요한 계기였다. 환경 운동, 언론 개혁 운동, 경제 정의 실천 운동, 여성운동, 행정 개혁 시민운동, 그리고 포괄적인 참여연대 등이 씨올에 의한 대표적인 참여 실천이었다. 2000년 4월 총선 당시 시민연대의 낙천 낙선 운동은 1970~1980년대 반독재 투쟁이 정치 개혁을 위한 합리적 시민운동으로 전환된 예였다. 2004년 4월 총선에서도 다양한 시민 단체들이 선거 개혁 운동에 나섰다. 21세기의 씨올의 성장이라 평가된다. 그런 씨올이 제대로 참여할 때 진정한 민주정치가 생활화되고 뿌리를 내릴 수 있는 것이다.

씨올사상연구회 주최, 함석헌 선생 탄생 103주년 기념 심포지엄 주제 발표 논문
2004년 3월 13일

개혁 기대 세력의 탈선

'살아남은 자'의 과제 잊어선 안 돼

4월과 5월은 우리에게 시민 항쟁과 민주주의를 생각하게 하는 달이다. 그리고 6월에 들어서면 민주 항쟁이 그 마지막 장을 장식한 날이 있다. 특히 2000년 올해로 4·19 혁명 40주년과 5·18 광주 시민 항쟁 20주년을 맞았다. 6·10 민주 항쟁일도 잊을 수 없다. 민주화와 경제발전을 이루고 "세상 좋아졌어" 하면서 삶의 맛을 본 사람들일수록 한번씩 민주 영령들을 상기했으면 좋겠다.

많은 사람들의 기대를 모았던 신진 초선 의원들이 5·18 전야제가 열린 날 밤, 광주 망월동 묘역 가까이에 있는 룸살롱에서 가무를 즐겼다 해서 큰 충격을 주었다. 이들은 개혁 성향이 강해서 기성 정치인과 다르게 행동할 줄 알았으나 그렇지 않았다는 실망과 분노가 터져나온 것이다. 이른바 386 세대라 불리는 신진 초선 의원들에게 개혁 성향을 지녔다고 기대했던 그 밑바탕이 허망하게 무너져내리는 것 같은 사건이었다.

이들은 당일 예정된 '20년 전 그날의 광주'에 대한 토론회도 뒤로 미룬 채 술 마시고 노래 부르면서 질펀하게 놀았다. 그 자리에는 거물급 의원도 있었다. 그러나 사건에 대한 기사가 커진 것은 전적으로 두세 명의 386 세대 때문이었다. 20년 전 그날의 광주를 생각하건대 누구보다도 옷깃을 여밀 것으로 여겨졌던 그들이었다.

그런가 하면 4·13 총선 당시 비리나 헌정 유린에 연루된 정치인들의 낙천 낙선 운동을 주도했던 시민 단체 지도자가 여대생을 성추행한 혐의로 구속됐다. 한 지방 시민 단체 간부는 총선 당시 후보 측으로부터 350여만 원을 받은 사실이 드러나 구속되기도 했다. 도덕성의 우위를 내세운 시민운동 지도자들의 탈선으로 사회 전체에 도덕성 위기론이 확산됐다.

미래의 과제보다 과거의 훈장을 더 생각한 탓

유권자와 시민 단체와 언론이 386 세대에게서 정치 쇄신과 개혁을 희구하는 근거가 무엇일까. 나이가 젊다는 것도 있겠지만 그보다는 1980년대에 대학 생활을 했다는 특성 때문일 것이다. 1980년대는 말할 것도 없이 5·18 광주 시민 항쟁으로 채색된 시대였다. 그 시민 시위대를 향해 발포하고 곤봉을 휘두르면서 무자비하게 유혈 진압한 정치군인 집단의 잔혹성도 경험했다. 그 잔혹성은 "6·25 전쟁 때 공산군도 그렇게는 하지 않았다"라는 절규까지 나올 정도였다. 뒤늦게 공개된 현장 녹화 필름들을 보면 식민 통치 시대 이민족인 일제 군경의 원시적 가학 행위인들 저랬을까 하는 탄식을 금할 수가 없다.

그 인면수심(人面獸心)의 행위들이 어디서 나온 것인지에 대해 도대체 무엇으로 설명할 수가 있을까? 정치군인들이 지휘하는 특수부대의 조장된 군중심리라고나 해야 할 것인가. 인간이 모여서 군중을 이루지만 군중심리에는 비인간적인 요소가 많다. 개인들이 군중을 형성하면 각기 책임을 지지 않으면서 행동하는 익명성 속에 숨어서 인간성을 상실하기 때문이다.

군중심리의 첫째 조건은 비조직화와 무질서다. 군대가 군중화하면 그 군대는 이미 존재 의미를 잃은 집단이다. 지휘관에 의해 엄정하게 통제되고 행동의 책임 소재도 분명한 것이 군대다. 그러나 그 지휘관들이 노리는 바가 '난장판'을 만든 뒤 그것을 구실 삼아 질서 유지를 위한 강권 통치자로 나서는 것이었다. 그래서 군대의 군중심리가 조장됐다. 질서 유지를 명분으로 한 계엄령과 국가보위비상대책위원회(국보위) 조직, 그리고 체육관에서 대통령을 정해 국민에게 위압적으로 제시한 일련의 과정은 국가 내란으로 판결받았다.

그 내란에 대항한 시위대가 폭도라는 누명을 벗고 민주 유공자로 명예 회복이 이루어지기까지 16년여가 걸렸다. 시민 항쟁을 살상 진압한 정치군인들에게 대법원에서 내란죄가 확정된 뒤에도 그 항쟁을 명예 회복시키는 데는 주저하는 분위기였다. 오랫동안 거꾸로 기록됐던 역사 때문에 각계 각 분야에 심어진 전도(顚倒)된 질서는 그대로 유지됐다. 못된 권력에 항거하다가 체포당하거나 직장에서 쫓겨난 사람들은 끝내 제도권 질서에서 밀릴 수밖에 없었다.

그렇게 위험하기 짝이 없는 국가 폭력 앞에서도 저항한 사람들이었기에 정의로운 공동체와 역사 정립을 위해 헌신할 것이라는 일반 국민의 신뢰감도 남달랐다. 그 신뢰란 과거 행위로 얻은 훈장에 대한 것이기보다는 앞으로 더 많은 중요한 과제를 맡아야 한다는 기대에서 나왔다. 그러나 '탈선한 386'은 미래의 과제보다도 과거의 영예에 사로잡혔던 것은 아닌지 깊이 자성해야 할 것이다.

민주화의 질, '내부 인테리어' 공사에 달려

앞으로는 민주화를 요구하는 시민 항쟁이 없으리라고 확언할 수 있을까. 아마도 4·13 총선을 전후해서 벌어진 시민 단체들의 낙천 낙선 운동이 새로운 형태의 민주화 요구였을 것이다. 낙천 낙선 운동은 대중 참여와 그에 대한 집권 세력의 대응이라는 면에서 보면 1987년 6·10 민주 항쟁까지의 민주화운동과 달랐다. 그러나 민주화 목표와 운동의 리더십은 예전의 시민 항쟁과 동질적인 연장선상에 있다고 보아야 할 것이다.

종전의 시민 항쟁으로 큰 틀의 민주화는 성취됐다고 할 수 있다. 그러나 그 민주화의 내용을 보면 비유하건대 이제 겨우 건물의 골조 공사를 마무리한 데 불과하다는 생각이다. 5·16 군사 쿠데타 세력에 의해 씨 뿌려지고 그 후예인 신군부가 더욱 타락시킨 오랜 군사 권위주의 정권이 겨우 종식됐다. 문민정부에 이어 국민의 정부가 들어선 지 10년도 채 안 된다. 아직도 시민사회가 주도하는 참여 민주주의로 발전하기 위해서 고치고 다듬어야 할 내부 '인테리어 공사'가 남아있다. 우리의 삶의 질을 평가하는 데는 외부 골조보다도 내부 인테리어가 훨씬 더 중요하다는 사실을 부정하는 사람은 없을 것이다.

역사적으로나 정치 이론으로 보면 큰 제도에 관련된 대범위 문제는 해결됐으나 그 하위 수준의 문제들, 예를 들면 정당의 민주화니 공천이니 유권자들의 합리적 투표 결정 같은 이른바 '중간 범위(middle-range theory)의 정치 과정'은 아직 초보 단계에 불과하다. 민주정치는 절차와 과정으로 좌우된다고 하지 않는가. 바로 그런 정치 과정의 세세한 내용을 질적으로 발전시키지 않으면 시민 항쟁은 절반의 성과밖에 거두지 못하게 된다. 얼마나 많은 사람들이, 못다 핀 젊은 청년 학생들이 몸을 던진 민주 항쟁이었던가. 그 유종의 미를 거두느냐, 아니면 계속 미완의 장으로 남겨둘 것이냐는 살아남은 자들에게 맡겨진 과제다.

기대 표시 안 했으면 매도하지도 말라

똑같은 나무도 그것이 각기 다른 토양에 심어지면 서로 다르게 자란다. 비옥한 땅에서는 매우 울창하게 자라지만, 척박한 토지라면 보잘것없는 나무가 되고 만다. 환경 지배 이론의 한 예증 방법론에 나오는 비유다. 환경이 달라지면 같은 정치 이념과 제도를 이식해도 그것이 배태하는 정치 과정은 다르게 나타난다고 했다. 이런 환경 지배 이론은 기본적으로 현상 유지적인 문화 전수를 중시한다. 단절적인 혁명이나 '압축 개혁'이란 없다.

386 세대와 시민 단체 지도자들의 탈선을 보면서 보수적 환경 지배 이론이 생각나는 것은 어쩔 수가 없다. 그들이 청년 학생일 때는 국가 폭력의 시대였고 그런 환경 속에서 저항 행동을 보였다. 그러나 총선에서 승리해 의원이 된 뒤에 그들을 지배한 환경은 기성 정치권의 관행이었다. 그렇다면 탈선한 386 세대는 특별한 사명감과 역사의식을 가졌다기보다는 단순히 환경에 지배된 보통 인간형에 불과하지 않은가. 여기에 그들에게 귀중한 한 표를 찍어준 유권자들의 실망과

배신감이 있는 것이다.

그런데 애초에 기대와 신뢰를 표하지도 않던 사람들까지 나서서 일부의 탈선을 기화로 386 세대를 매도하는 것은 괴이한 감을 준다. 5·18 광주 시민 항쟁을 기리거나 망월동 묘역에 머리를 숙이지도 않는 집단이 그 기념일 전야에 그곳에서 주연을 벌였다고 해서 비난한다면 자가당착이 아닌가. 5·18을 특별히 의미 있는 날이 아니라고 부정해 온 집단은 그날 옷깃을 여미지 않은 사람들과 동지 관계라고 보아야 할 것이다. 386 세대의 탈선에 대해 그들을 아끼는 사람들이 아니고서는 비판할 위치에 서지 못한다. 그것은 당초 기대도 하지 않았으면서 실망하는 것이나 다를 바 없는 언어도단이다.

유권자 다수의 기대를 모은 신진 세대로서 기성 정치인과 무언가 다르다는 차별성을 인정받으려면 잠시라도 방심해서는 안 된다. 정치권에 많다는 유혹의 마수를 이겨내기가 힘겹다면 개혁 세력으로서 받았던 기대는 일찍이 반납해야 한다. 처음부터 1980년대를 대변하는 386 세대니 신진 세대라는 말을 함부로 쓰지 말아야 할 것이다. 그러나 젊은 그들이 정치권에 진입한 초기에 시련을 겪고 빨리 교훈을 얻을 수 있었다면 그나마 다행이다. 뼈를 깎는 아픔을 되도록 오래 간직한 채 5·18과 6·10 민주 항쟁의 정신을 실천하는 데 헌신해 나가는 계기로 삼기 바라는 마음이다.

≪관훈저널≫, 2000년 여름호

새 시대의 지도력

고양이가 하얗든 까맣든

이념 논쟁 버리고 실사구시로

　　요즘 벌어지고 있는 이념 논쟁 수준을 보면, 우리 시대의 문제가 복합적 합병증인 데 비해 처방은 감기 예방주사약도 못 되는 것 같다. 감기 예방주사도 최소한 서너 종류 이상의 바이러스에 대한 항체를 만들어주게 돼있다. 하물며 난마처럼 얽히고설킨 남북 관계, 경제개혁, 교육 문제, 사회복지에 대한 처방과 정책 노선을 케케묵은 좌우익 이념 중 어느 하나로 해결하려 한단 말인가. 다각적인 발상으로 대처해도 모자랄 판에 단순한 고전적 이념을 놓고 싸우니 정말 한심한 모습이다.

　　여야 대통령 후보들의 공방전과 학자들의 논쟁은 현실과 이론 사이의 괴리를 그대로 보여준다. 정치인들이 친북이니 과격파라고 공격하는 것은 남북한 분단 체제의 어두운 현실과 악몽을 이용하는 정략이지 순수한 이념 논쟁이 아니다. 우리 사회에서 친북, 좌익, 용공이라는 단어가 어떻게 쓰였는가? 한마디로 '빨갱이'라고 하면 무엇을 뜻하는가? 그것은 광기 어린 낙인찍기이고 사회 고발이었지, 정책 토론이나 학문적 논쟁이 아니었다.

　　그런데도 진보냐 보수냐를 따지는 이념 논쟁은 필요하다고 옹호하는 학자들이 문제다. 한국 정치에서 좌우익 논쟁은 순수한 토론과 공정한 경쟁이 될 수 없는 것이 현실이다. 「국가보안법」도 엄연히 살아있을 뿐 아니라 그 법 적용이 달라졌는지 모르지만 정치인에게는 더 무서운 것이 '국민 정서법'이다.

대선 후보들에게 "자신의 이념을 좌파나 우파라고 밝힌 뒤 표를 달라고 호소해야 한다"라고 주장하는 학자들의 문제는 바로 여기에 있다. 유럽에서는 사회주의의 장점이 시대와 상황의 필요에 따라 받아들여졌고, 그것이 자본주의의 병폐를 치유해 온 게 역사적 사실이다. 오늘날 민주주의를 더욱 살찌운 누진세 제도가 그렇고 토지 소유 제한도 거기서 비롯됐다. 그러나 우리의 의식 속에 자리 잡고 있는 사회주의라는 용어는 한마디로 빨갱이를 연상시키는 용어다. 사회주의와 폭력적 공산혁명 이념조차 구분되지 않는 풍토였다. 그야말로 '한국적 사회주의'라고나 해야 마땅할 것이다. 마치 유신헌법을 한국적 민주주의라고 했던 것처럼 말이다.

언론은 어떤가? 보수 언론사들은 언론사 세무조사나 소유 지분의 제한에 찬동한 후보들을 모두 좌파로 몰아가고 있다. 공공의 장이어야 할 신문 지면에 17세기적 급진 자유 이념을 잣대로 한 사회 고발과 대중 선동이 난무하고 있다. 신문 시장의 74% 이상을 차지한다는 보수 신문들, 이른바 '조중동(조선·중앙·동아일보)'의 지면이 그럴진대 우리 사회에 과연 민주주의의 기본 요건인 이념의 다양성이 존재하는가. 그래서 소수 언론 족벌의 재산권 보호와 다수 국민의 언론 자유 중 어느 것이 더 민주주의를 보장하는지 따져보아야 할 때다.

골치 아픈 문제들로 시달리는 국민들이 원하는 정책 노선은 우익도 좌익도 아니다. 고양이가 흰색이든 검정색이든 쥐만 잘 잡으면 된다는 명언에 감탄한 지 오래다. 중국 개혁 개방의 아버지 덩샤오핑이야말로 어느 정치 전문가보다도 민심을 꿰뚫어보는 데 탁월했다.

좌우익 냉전이 한창이던 1955년 9월, 이탈리아 밀라노에서는 서구의 좌우파 지식인들이 모여 '자유의 장래'라는 주제로 국제 학술회의를 열었다. 우파로 미국 신자유주의의 중시조 격인 프리드리히 하이에크와 영국의 콜린 클라크, 프랑스의 레몽 아롱, 그리고 좌파로 영국의 휴 게이츠겔과 미국의 시드니 후크나 대니얼 벨 등 150여 명의 거두들이 만났다. 그러나 이 자리에서 기이하게도 이념 논쟁은 벌어지지 않았다. 이들은 장차 인류의 미래를 이끌어가는 중심 개념은 이데올로기가 아니라 테크놀로지라는 데 합의했다. 서구의 실사구시라 할 수 있는 '이데올로기의 종언'이었다. 오늘날 우리 정치 토론의 수준이 덩샤오핑의 흑묘백묘론이나 1950년대 서구 지식인들의 담론에도 미치지 못한대서야 창피한 일이 아닌가.

≪한겨레≫, 2002년 4월 17일

새 시대의 지도력(1)

카리스마 없이 민주적 공개경쟁

2001년 1월 14일, 사정의 총수 격인 검찰총장이 부패 비리 사건의 파편을 맞고 물러났다. 대통령의 전직 정무수석, 공보수석 비서관들조차 재직 당시 또 다른 비리 사건에 연루됐다는 의혹을 받고 있다. 임기 1년여를 남겨놓고 마지막 새해 기자회견을 연 국가수반이 '죄송과 사과'를 거듭 말해야 했다. 부패 자체도 문제지만 이쯤이면 더 근본적으로 국가 지도력을 걱정하지 않을 수 없는 상황이다.

민주 사회에서 지도력은 선거를 통해 만들어진다. 다가올 2002년 대통령 선거에서 새 지도력을 어떻게 구축할 것인지 하는 과제가 요즘 더욱 절실하게 다가온다. 우리나라의 역대 대통령 선거들을 정리해 보면 이번 대선은 정치적 전환기라는 의미가 크다. 대선 제1기는 이승만, 신익희, 조병옥이 후보로 나선 선거였다. 그러다가 1961년 5·16 쿠데타와 1980년 5·17 내란 이후 정치군인들이 무대를 독과점한 것이 제2기의 대선이었다. 박정희, 전두환, 노태우 씨가 그런 무대를 연출했다. 그리고 그런 군사 권위주의 독재에 맞서 싸운 민주화 투쟁의 지도자들이 주역으로 나선 선거가 그 이전과 다른 성격의 제3기로 분류된다. 김영삼, 김대중 씨가 집권 경쟁을 본격화한 선거였다. 지금까지와는 정치적 성격이 다른 후보들이 등장할 2002년 12월의 대선은 제4기의 개막에 해당한다.

무엇보다도 이번 대선은 그 후보들이 내세우는 정치적 자산의 성격이 종전의 후보들과 다르다. 민주화 운동 지도자들에게는 어려운 상황에서 국가와 민족을 위해 헌신한 공으로 이른바 카리스마적 권위가 형성된다. 심지어 군사 쿠데타나 내란의 주범들조차 국가 안위를 지키기 위해 용단을 내렸다고 협박하면서 카리스마를 조작했다.

그러나 이번 대선 주자들은 선배들의 정치 자산이던 카리스마를 갖지 못했다. 특수한 상황에서 보통 사람들보다 빼어난 행동을 보임으로써 존경심을 얻은 세대는 이제 정치를 졸업했다. 그런 점에서 다음 번 대통령은 누가 되든 지금보다 권위가 약화될 수밖에 없을 것이다. 만일 우리 국민이 박정희 향수병에서 보듯이 강력한 지도자상을 앞으로의 대통령에게서 찾으려 한다면 지금보다 더 심한 정치적 혼란을 겪을 위험성이 크다. 잘못된 기대와 동경은 실망과 좌절을 예정해 놓은 것과 다름없기 때문이다.

좌절감은 건전한 정치적 요구와 비판이 아니라 무분별하게 원망하는 감정을 낳게 되고, 빈번하게 지도자 교체를 추구하는 퇴행적 정치 문화를 만연시킬 것이다. 이제는 카리스마적 권위가 아니라 일상적 삶의 정치에 맞닿을 수 있는 합리적인 품성과 민주적 지도력만이 통용되는 시대임을 알아야 한다.

그러나 대통령과 정부가 앓게 될 '권위 쇠약증'이 국정 수행력을 해쳐서는 안 된다. 그것을 보완하는 새 시대의 지도력을 찾아내야 하는 것이 바로 이번 대선의 과제다. 지도력은 정치적 정통성에 비례

한다. 공정한 당내 후보 경선과 깨끗한 선거로 경쟁자와 유권자가 함께 결과를 존중할 때 정치적 정통성이 높아진다. 거기서 새 시대의 지도력이 창출될 수 있을 것이다. 김영삼, 김대중 씨가 누려온 정치적 권위도 그 뿌리는 1970년 40대 기수론과 함께 당시로선 충격적일 만큼 신선한 후보 경선을 실천한 데 있었다.

어느 정당이든 구성원과 참여자가 깨끗하게 승복할 만한 경선을 치를 때 거기서 결정된 후보가 본 선거에서 그만큼 더 큰 경쟁력을 갖게 되리라는 것은 자명한 이치다. 그뿐만 아니라 패자라도 떳떳한 패배의 모습을 보여주는 것이 차차기에 유망한 주자로 되살아나는 길이다. 새 시대의 지도력은 민주적 공개경쟁을 멋있게 통과함으로써 모든 참여자의 심리적인 승복을 얻어내는 후보만이 창조할 수 있는 예술이다. 그것이 우리의 새로운 기대다.

≪한겨레≫, 2002년 1월 16일

새 시대의 지도력(2)

시대 과제 처방 역량

　오늘날 국가 지도자의 역량은 특정의 시대적 상황 속에서 발휘되고, 또 그것에 의해 평가받는다. 최근 김대중 정부의 지도력 위기를 보면, 일반적 자질도 문제지만 그보다는 얽히고설킨 현실 상황에 대한 진단과 처방 능력이 훨씬 더 중요함을 알 수 있다. 불변의 원칙보다도 상황 대처의 술책을 중시한 마키아벨리를 배우라는 뜻은 아니다. 단순한 상황 대처술과 선을 긋기 위해서도 정책 처방을 실천하는 원동력인 대중적 동의와 지지를 이끌어내는 지도력이 절실하다.

　올바른 지도력을 찾아내려면 문제 상황에 대한 정밀 진단이 필요하다. 모든 비합리와 모순의 근원이 어디에 있는가. 32년 이상의 군사 권위주의 정권 이래 지금까지 우리 사회를 독점적으로 지배해 온 패거리를 짚어내야 한다. 군벌, 재벌, 언론 족벌, 지역 할거 파벌, 학벌 등 5대 패거리(벌)가 그것이다. 제대로 된 처방전을 작성해 '5벌'을 혁파하는 것이 시대적 과제다.

　박정희 정권 시기의 영남 출신 고위 장성 집단과 그들이 키워놓은 하나회가 제1벌에 해당하는 군벌이었다. 특히 전두환, 노태우 씨가 조직한 하나회는 박정희 없는 박정희 체제를 유지하기 위해 12·12

군사 반란과 5·17 내란을 감행했다. 하나회는 다행히도 김영삼 정부의 뚝심 있는 '역사 바로 세우기'에 의해 단죄됐다. 제2벌인 재벌은 군사 정권이 던져준 특혜로 급성장하면서 기업 윤리를 황폐화시켰고, 나중엔 국가 신뢰도까지 망가뜨렸다. 대우그룹에 국민차가 송두리째 팔리는 것을 보면서 자존심이 으깨어졌던 폴란드 국민들에게 한국은 사기꾼 기업의 나라다.

선출되지도 않고 교체되지도 않는 영구 권력으로 오늘날까지 건재한 것이 제3벌인 언론 족벌이다. 일제 통치기 언필칭 '민족문화 운동의 돌파구'로 구실한 언론은 해방 후 자자손손 탈세 상속을 통해 대물림한 족벌에 지배돼 왔다. 제4벌인 지역 할거 파벌은 도처에 산재해 있다. 청와대와 행정부를 비롯해서 여야 정당, 재벌 기업, 금융기관, 언론사, 심지어 대학까지도 특정 지역 사람들이 지배하는 경우가 많았다. 오랜 군사정권 시절엔 TK(대구·경북), PK(부산·경남)가 곳곳에서 제4벌 노릇을 하다가 지금은 KJ(광주·전남)가 손가락질을 받고 있다. 지역 할거 파벌 못지않은 패거리가 제5벌인 학벌이다. 이 경우 대학보다는 K1(경기고), K2(경복고) 같은 큰 고등학교의 파벌 형성이 더 심각한 문제다. 김영삼 전 대통령의 아들 김현철 씨가 연루된 사건은 대개 그의 출신 고교인 K2가 그 연결 고리였다.

민간 정치인 출신 대통령이 두 번이나 집권했지만 이 패거리들에 의한 우리 사회의 독점 지배 현상은 조금도 바뀌지 않았다. 김대중 정부가 군벌을 제외한 나머지 네 패거리를 개혁하려 시도하다가 거꾸로 되치기당하고 있는 것이 지금의 상황이다. 거기다 김 대통령이 친인척 관리에 실패함으로써 개혁 정부라는 말조차 쓰기가 쑥스러워

졌다. 사회 지배 세력의 교체가 뒤따르지 못하는 정권 교체는 별 의미
가 없음이 입증됐다.

진단과 처방만이 능사가 아니다. 김대중 정부의 개혁 이론가들은
현실 세계의 경험적 관행들이 교과서적 사회정의와 다르다는 점에
격분했고 그런 감정에 압도됐다. 그러나 차분하게 개혁 방안을 설득하
고 거기서 지지를 이끌어내는 데는 실패했다. 남북 화해 협력 정책,
언론 족벌의 조세 포탈에 대한 조사, 학벌 타파를 겨냥한 신지식인
구호와 교육 개혁 정책, 의약분업 등이 대표적인 예다. 취지와 목표가
다 좋았던 것은 아니지만, 그것을 실천하기 위한 지도력의 요건, 즉
동의와 지지를 받는 자질이 턱없이 모자랐다. 설득 노력도 패거리의
장벽에 막히는 악순환이 거듭되지만 그만큼 더 지혜로운 지도력이
요구된다.

권위나 강제력에 따르는 것은 부득이하기 때문이지 심리적 승복이
아니다. 새 시대의 지도력은 강제 대신 의사소통과 설득에 의해 자발
적 지지를 이끌어내는 역량이다.

≪한겨레≫, 2002년 2월 6일

새 시대의 지도력(3)

국민의 '선택력' 뒷받침돼야

어느 사회심리학자가 말하기를, 프랑스 교향악단은 지휘자가 잘하면 매우 좋은 화음이 나오지만 지휘자가 마음에 안 들면 연주가 엉망이 되기 일쑤라고 한다. 이에 비해 독일 교향악단의 경우엔 지휘자가 조금 잘못해도 단원들이 흔들림 없이 각자 맡은 바 책임을 다해서 연주가 실패하지 않는다는 것이다. 일본 국민은 아마도 독일 쪽에 가까울 것 같다. 그러면 우리는 어떨까? 지도력은 혼자서만 잘해서 형성되는 것이 아니다. 그것은 지도자와 국민 사이의 상호 관계에 의해 만들어지는 힘이다. 제아무리 뛰어난 품성을 갖춘 지도자가 있어도 국민이 그를 선택하고 존중하지 않으면 아무 소용이 없다. 그래서 정치인 못지않게 국민 쪽에 절반 이상의 책임이 있다. 국민의 '선택력'이 바로 그것이다.

민주당 대통령 예비 후보들 다수가 경제 및 사회복지 정책에서 성장과 분배 중 성장 우선을 택한 것은 뜻밖이다. 효율성과 사회정의에서 효율을 중시한 것도 그렇다. 유력한 경쟁 반열에 오른 이인제, 정동영 후보가 그런 경우다. 성장의 몫이 그때그때 국민들에게 정의로운 기준에 따라 분배될 때 정부에 대한 신뢰가 생긴다는 사실을 간과

한 탓이 아닐까. 그런 신뢰감이 쌓이지 못할 때 지도자와 국민의 상호 관계가 삐걱거리게 된다. 박정희 식 개발독재의 폐해를 교훈 삼지 않더라도 제대로 된 분배 정책이 없다면 성장은 특혜만 키우고 지도력은 상호 관계가 아닌 독재에 불과하다.

지금까지 한국 국민의 선택력을 채점해 보면 결코 좋은 편이 아니다. 잘못했어도 너무했다고 할 만한 예만 들어 보자. 1972년 11월 치렀던 유신헌법에 대한 국민투표의 지지율이 그렇다. 당시 대통령 박정희는 자신이 만든 3선 개헌 체제를 다시 뒤집고 국회 해산과 헌정 중단, 비상계엄령 선포, 비상국무회의에서 유신헌법안 의결 등 엉터리없는 두 번째 쿠데타를 강행했다. 그러나 제아무리 공작 정치가 횡행한다고 해도 그가 마음대로 할 수 없는 마지막 관문이 국민투표였을 것이다. 국민투표의 성격상 부결되기를 기대하기는 어렵다. 그러나 투표율 91.9%에 찬성률 91.5%는 너무하지 않았느냐는 것이다.

그뿐이 아니다. 박정희 정권은 대학생들을 제적시키고 강제 입영시키기를 밥 먹듯 하더니 마침내는 1974년 4월 민청학련 간부에게 사형까지 선고했다. 민주화 운동 세력이 전국적으로 개헌 서명 운동에 나서자 정권은 그것을 차단하기 위해 1975년 2월 또다시 국민투표를 이용했다. 여기서도 79.8%의 투표율에 73.1%의 찬성률이 나왔다. 몸을 던져 투쟁하는 민주화 운동 지도자들에게는 가장 큰 절망이었고 '민중의 배신'이라 할 만했다.

요즘엔 정치인뿐 아니라 언론과 학자들조차 다수 국민에 영향을 주기보다 그 눈치를 살피는 데 급급하다. 그런 정치인에게 포퓰리즘, 언론에는 상업주의, 학자들에게는 매명주의라는 비판이 따라붙는다.

국민을 무조건 하늘같이 떠받들기만 한다고 해서 좋은 지도자가 되는
게 절대 아니다.

현대 경제사상가 조지프 슘페터는 "선거를 잘 치르는 능력과 국가
를 이끌어가는 데 필요한 능력은 다르다"라고 했다. 민주적인 선거가
항상 바람직한 지도자를 당선시키는 것은 아니라고도 했다. 바로 국민
의 자질과 책임을 질타한 말이다. 그래서 복잡다단한 현대사회에서는
전문가 정치가 중요하다는 것이 그의 결론이다.

그러나 전문가 정치는 자칫 '엘리트 지배'로 빠질 위험성이 크다.
다원주의 사상가 해럴드 래스키가 일찍이 '전문가보다는 이해 당사자
와 일반 국민의 참여'를 민주성의 기준으로 설정한 것은 대단히 앞선
혜안이었다. 박정희 정권도 전문가 정치를 구사했다. 그러나 바로
래스키가 말한 민주성의 원칙에서 문제가 컸다. 민주성과 정책 전문성
을 함께 고려하는 국민의 선택력이 새 시대를 이끄는 힘의 원천이
될 것이다.

≪한겨레≫, 2002년 3월 6일

정치와 기업 경영의 차이

상충하는 이해관계의 조정은 경영과 달라

장대환 총리 서리 임명에 대해 언론의 사전 검증이 왠지 어정쩡해 보인다. 그전의 장상 서리 때와는 대조적이다. 국회의 인준 표결에서 또 한 번 부결되기는 어려울 것이라는 예단 때문일까. 일반 국민 처지에서 보면 장대환 서리가 장상 서리보다 어떤 인물인지 더 모르기 때문에 궁금한 게 많은 것 같다. 국회 인사청문회와는 별도로 언론이 최대한 알려주어야 할 의무가 있다. 인준 표결의 타당성 여부를 평가하는 것도 유권자 몫이다.

검증 보도가 적은 이유는 언론계 출신이라서 한 팔 접어주기 아니냐는 비판도 있다. 그러나 언론계에서는 그를 언론인으로 생각하지 않는 분위기다. 취재, 논평, 편집을 담당하는 언론인과 언론 기업의 경영인은 다르다는 얘기다. 그는 30대 초 유력 경제 신문사의 이사급 간부로 출발해 36살의 나이로 사장 자리에 올랐다. 공개 채용 시험을 뚫고 들어가 공정한 경쟁을 거쳐 최고 경영인 위치에까지 올라간 입지전과는 거리가 멀다. 언론사 사주의 외동 사위인 그는 처음부터 '오너 체제'의 후계자였던 것이다.

일반 상품을 만드는 재벌 기업에서도 2세 후계자가 들어서면 경영

수업과 나이를 따진다. 하물며 민주정치의 바탕인 여론을 형성하고 관리하는 언론사의 경우 아무리 소유주 가족이라 해도 그 대표이사로 내세울 때는 그러한 자질과 연륜이 갖춰진 사람이어야 할 것이다. 사주가 언론사의 논조를 지배하는 우리 풍토에선 더더구나 그렇다.

그런 점에서 그가 30대 중반에 유력 언론사 사장이 됐다는 경력은 좋은 신화가 아니다. 총리는 장관이나 의원을 몇 번 역임한 관록과 맞먹는 자리로 치는 것이 우리의 정치 현실이다. 공공 영역에서 중간 검증 한 번 거치지 않은 채 50살에 총리가 되고 이를 기반으로 다음엔 대권 후보 반열에 껑충 뛰어오를 수도 있다. 정치 지도자의 성장 과정으로 괜찮은지도 생각해 보아야 할 일이다. 30여 년 전 40대 기수론은 민주적 경선을 거친 것이어서 경우가 다르다.

장 서리가 경영인으로서 성공적이었다지만 언론의 본령과 관련해서는 따로 짚어볼 대목이 있다. 그는 사장 시절 기자들에게 '사업 마인드'를 강조했다고 한다. 신문 지면에 독자들의 사업과 이벤트성 행사를 많이 실어주고 그것을 경영에 도움이 되는 판촉으로 연결시키는 기자에게 점수를 많이 주게 했다는 지적이 나오고 있다. 그렇다면 이는 언론의 본령적 소임과 윤리를 뜻하는 '기자 정신'에 반하는 경영 방식일 소지가 크다.

좀 더 근본적으로 요즘 정부와 공공 분야에 기업 경영식 리더십의 도입이 유행하고 있는 것은 그 타당성을 따져볼 필요가 있다. 고위 공직자의 정치 행정일수록 기업 경영과 본질적인 면에서 다르다는 사실을 유의해야 한다.

최근 리더십에 관한 저술은 경영학에서 가장 많이 나오고 있다.

그 다음으로 종교와 군사 분야에 많다. 조직과 구성원에 대한 관리와 통솔 능력이 기업 경영에 중요한 것은 사실이다. 그러나 기업 경영에서 리더십은 동질적인 가치와 목표를 얻기 위한 조직화 능력이다. 경영 방침에 따르지 않거나 비생산적인 구성원은 잘라내는 것이 그 리더십의 원리다.

정치의 본질은 그런 기업 경영과 다르다. 정치란 곧 상충하는 이해관계의 조정이며, 구성원의 동질성보다는 갈등을 전제해야 한다. 공동체의 발전에 보탬이 되지 못하거나 또는 개별적인 생존 능력을 갖지 못하는 구성원이 있다 해도 그를 포용해야 하는 것이다. 고전적인 사회보장이든 현대 국가의 생산적 복지든 그것은 포기할 수 없는 정치의 내용 중 중요한 부분이다.

우리나라는 재벌 기업과 언론을 보더라도 창업주의 2, 3세들이 지배하고 있어서 소수 오너들에 의한 과두 지배 사회라는 비판이 나온다. 오너 집단의 일원일수록 정치 영역에 등장할 때 엄격한 검증을 거쳐야 하는 것은 이 때문이다. 그것만이 '열린 사회'의 앞날을 지키는 한 방편이다.

≪한겨레≫, 2002년 8월 14일

국정 혼란은 안 된다

3김 정치 이후 권위 쇠약증 극복해야

국민에게 재신임을 묻겠다는 노무현 대통령의 긴급 기자회견 소식에 몇 가지 생각이 스친다. 우선 그렇게 할 수밖에 없었느냐는 점이다. 이 의문에는 대통령에게 막중한 책무와 무게가 실려있으며 그의 정치적 소화력과 인내가 크지 못한 것 아니냐는 비판이 포함된다.

둘째는 야당과 보수 언론의 국정 발목 잡기가 한계에 달했다는 징표에 대해 국민들이 깊이 성찰하는 계기가 될 것이다. 노 대통령은 이미 "대통령 하기 어렵다"라고 토로한 바 있다. 지금까지 국민들은 그런 언급을 언론을 통해서 수동적으로 인식했을 것이다. 그러나 이제는 노 대통령이 국민들에게 능동적인 선택을 요구하는 공을 던진 셈이다. 대통령 선거 못지않게 심사숙고해야 할 사안이다.

셋째, 잘못하면 매우 좋지 않은 정치적 선례를 만들어놓을 수 있다. 대통령에 대한 재신임을 묻는 방법으로 국민투표를 택한다면 지금으로선 초헌법적 발상이다. 우리 헌법은 대통령이 필요한 사안을 국민투표에 부칠 수 있게 했지만, 그 요건을 "외교, 국방, 통일, 기타 국가 안위에 관한 중요 정책"이라고 명시하고 있다. 대통령의 재신임은 헌법상 국민투표 요건에 해당하지 않는다.

넷째, 국민투표가 아니고 다른 방법을 택할 경우 야당과 보수 언론이 승복하지 않을 가능성이 크다. 여야 정당들 간의 합의로 방안을 정하는 것이 현실적 최선책이다. 여론조사나, 그보다 다듬어진 공론조사(deliberative poll)를 하기로 하고 표본 추출에도 여야가 합의해서 진행해야 한다.

다섯째, 노 대통령의 그런 결심에는 측근 인사들의 비리 연루 의혹이 가장 크게 작용했다. 대선 캠프의 핵심 참모였던 염동연, 안희정 씨, 그리고 최근 양길승 전 청와대 부속실장에 이어 최도술 전 총무비서관까지 비자금 의혹을 받았다. 검찰 수사 결과에 관계없이 재신임을 묻겠다는 의지로 미뤄 노 대통령 자신은 연루되지 않았다는 자신감인 것 같다. 검찰은 이제 엄정하게 수사하고 명명백백하게 밝혀야 한다.

여섯째, 최돈웅 의원의 선거 자금 수수설이 불거진 한나라당도 정치 개혁 차원에서 검찰 수사를 투명하게 받아야 한다.

노 대통령의 재신임 선언이 갖는 문제점은 민주정치에서 선거의 의미를 격하시키는 데 있다. 대통령의 책무 이행에 필요한 정치적 정통성과 민주적 권위를 부여하는 과정이 선거이고 그 주체는 국민이다. 또 지난 대통령 선거는 이전의 어느 선거보다 공정했고, 노 대통령의 득표율은 48.9%로 정통성의 수준도 높았다. 유신 체제 이후 처음으로 국민이 직접 투표한 1987년 대선에서 당선된 노태우 후보가 겨우 36.6%를 얻은 데 비하면 국민 지지의 집중도가 훨씬 좋아진 것이다. 오랫동안 민주화 투쟁에 헌신한 김영삼, 김대중 전 대통령들도 대선 득표율은 노 대통령만 못했다.

나는 3김 정치 이후엔 누가 대통령이 돼도 '권위 쇠약증'에 시달릴 것으로 전망하는 글을 2년 전에 발표한 바 있다. 해방 후 정당정치의 지도자들은 모두 자신이 가진 자원을 활용해 카리스마의 기반으로 삼았다. 이승만의 독립운동, 군부 집단의 총칼, 3김의 정치 역정 등이 그것이다. 하지만 새로운 시대의 지도자들은 더 이상 그런 카리스마를 갖지 못한다. 더구나 노 대통령은 '탈권위'를 강조해 왔다. 그것이 구시대적 권위주의와 새 시대의 민주적 권위를 구분하지 않는 비판층에 의해 악이용돼서는 곤란하다. 이제 중요한 과제는 재신임 절차가 마무리되기 전까지 국정 공백 현상을 막는 일이다. 사안의 핵심과 함께 그로부터 파생되는 모든 문제들이 국민들의 재신임 여부 선택에 반영돼야 할 것이다.

≪경향신문≫, 2003년 10월 11일

'탈권위의 함정'에 빠진 참여 정부

민주적 권위와 정통성을 활용해야

정부가 국가 발전 방향을 주도할 힘을 상실했으며 자율권이 심각하게 흔들리고 있다고 노무현 대통령이 토로했다는 보도다. 2003년 8월 1일 청와대와 정부의 장·차관급들이 모인 국정 토론회에서다. 그는 이어 사회적 의제 설정 기능이 국회, 정부, 시민사회, 언론 중 어디에 있는지 고민해 달라고 주문했다. 다음날 국정 토론회에서는 특히 언론이 의제 설정 기능을 제대로 하기는커녕 특권에 안주하고 전횡을 부린다고 개탄했다.

국민의 심리적·자발적 동의 필요

대통령이나 장·차관이 국정을 수행할 때 항상 힘에 의존할 수는 없는 일이다. 정치인과 공직자의 힘은 바로 권력이다. 권력이란 말에는 남이 싫어하는 것도 그 의사에 반하여 복종하게 만들 수 있다는 뜻이 함축돼 있다. 따라서 힘에 의한 국정 수행은 민주 사회와 부합되지 않는다. 정부가 힘에 의존하지 않고 국민의 지속적인 의무 이행을 이끌어내는 근거로 권위를 들 수 있다. 정치적 권위란 국민들 사이에 그럴 만한 근거를 가진 것으로 인정되고 수락됐을 때 형성된다. 여기서 국민의 심리적 승복과 복종의 의무가 뒤따르는 것이다.

정치적 권위의 가장 전형적인 형성 과정이 선거다. 선거에서 다수 지지를 받아 승리한 정치인과 정당에 정치적 권위가 부여된다. 그 선거가 법과 제도 및 유권자의 합리적 선택에 의해 제대로 치러졌을 때 민주적 권위가 탄생한다. 민주적 권위야말로 아무런 타율적 힘의 행사나 압력 없이도 국민의 자발적 의무 이행을 낳는 어머니다. 민주적 권위를 바탕으로 구성된 정부가 가질 수 있는 무형의 힘이 정통성이다. 민주 사회 시민의 기본적 덕목 중 하나가 바로 정통성을 존중하고 따라주는 자율과 책임이다.

한나라당 최병렬 대표가 노 대통령을 대통령으로 인정하고 싶지 않다고 한 것은 선거 결과 부여된 정통성 개념에 위배될 수 있는 발언이다. 대통령 선거가 치러진 지 1년도 안 된 시점에, 더구나 그 선거에서 경쟁했던 야당의 대표가 아닌가. 이는 곧 국민의 선택에 승복하지 않는 듯한 태도로도 읽힌다. 여기서 정통성을 갖고 있는데도 민주적 권위를 발휘하지 못하는 노 대통령 자신은 문제가 없는지 따져볼 필요가 있다.

노 대통령이 가장 즐겨 쓰는 말 중 하나가 '탈권위'인 것 같다. 구시대의 낡은 권위를 청산하겠다는 뜻으로 보아야 한다. 우리 사회의 구시대적 사회질서와 정치 구조에 뿌리 내린 것이 낡은 권위다. 예를 들면 이승만 전 대통령은 독립투사로서 권위를 가지고 다른 경쟁자들을 제압했다. 선거에서 국민의 지지로 민주적 권위가 부여되기 전에 이미 조국의 독립을 위해 헌신했다는 카리스마적 권위를 갖고 있었다.

박정희, 전두환, 노태우 씨의 경우야 정치적 권위가 아니라 군사 쿠데타에 의한 폭력적 위압으로 시작했으니 논의가 필요치 않다. 김영삼, 김대중 전 대통령의 경우도 민주화 투쟁에 몸 던져 싸운 남다른 정치 역정 덕으로 역시 카리스마적 권위를 누렸다. 그런 카리스마적인 정권 아래서 특혜를 받아 기득권 계층으로 자리 잡은 사람들이 '구시대의 주류'였다.

노 대통령의 민주적 권위와 정통성은 두 가지 차원에서 성상(聖像) 파괴적 전환과 함께 형성됐다. 하나는 민주당 후보 경선에서 오랜 비주류 위상을 극복하고 승리한 것이다. 그리고 다른 하나는 본 선거에서 우리 사회의 구시대적 주류 세력을 물리치고 당선된 일이다.

그런데도 그가 민주적 권위까지 도외시하는 것 아닌지 혼란스러울 때가 한두 번이 아니다. 권위를 지키는 방법으로 권장할 만한 것들을 대부분 그가 어기고 있기 때문이다.

민주적 권위에 바탕을 둔 국정 운영하길

첫째, 정치적 게임이나 공방전에서 이기면 권력을 얻을 수 있지만 권력을 권위로 바꾸기 위해 더 중요한 것은 심리적 승복이다. 둘째, 엄정한 신상필벌을 구사하지 않을 경우 민주적 권위를 무시하는 행위들이 발호할 것이다. 법과 원칙을 짓밟는 행동까지 포용하는 것이 탈권위는 아니다. 셋째, 국민이 무의식중에 권위를 받아들이게 하는 것은 언론을 통한 국정 홍보이며 더 적극적인 상징조작도 있다. 1980년 보수 신문을 비롯한 전 언론이 정권 찬탈을 위한 내란 행위자에게

‘위대한 결단’이라는 상징조작을 선사했다. 그 보수 신문들이 지금은 진보 개혁 정권을 자기 이념에 따라 공격하는 양상이다. 언론의 주관적 편향성이 고쳐지지 않는 한 민주적 권위가 제자리에 서기 어렵다는 사실을 직시해야 한다.

≪경향신문≫, 2003년 8월 4일

안풍·세풍·SK풍…… 용서받을 수 있나

구시대적 제한 수사는 안 된다

대선 자금 비리 수사에 대한 한나라당 지도부의 태도를 보면 한마디로 '똥 뀐 놈이 성 내는' 꼴이다. 최병렬 대표는 송광수 검찰총장에게 계좌 추적을 해선 안 된다고 전화로 경고했다.

이는 한마디로 정치권력이 검찰을 통제하던 시대에나 횡행하던 제한 수사 요구다. 매를 맞아야 할 장본인이 아프지 않은 곳만 때리라고 하는 것이나 다를 바 없다.

지금 시민 단체들은 수사권을 안 가진 중앙선거관리위원회에도 정치자금에 관한 한 계좌 추적권을 주어야 한다고 요구하는 상황이다. 하물며 모든 불법행위에 대해서 수사권을 행사하는 검찰에 계좌 추적을 하지 말라고 하는 것은 시대착오적 태도다.

그는 또 한나라당 측의 새빨간 거짓말로 자칫 은폐될 뻔한 SK 비자금 사건을 밝혀낸 검찰을 제치고 특검으로 하자고 주장했다. 종로경찰서에 잡힌 도둑이 강남경찰서로 가서 조사받겠다고 하는 것이나 다를 바 없는 발상이다.

도둑 왈 "세상의 도둑을 다 잡아야 공평"?

거기다 정치권의 대선 자금 비리를 모두 밝혀내야 한나라당에 대한 수사가 정당하다는 논리를 펴기도 했다. 이야말로 경찰에 잡힌 도둑이 세상의 도둑을 모두 잡아야 함께 처벌받겠다는 논리다.

우리의 정치권은 비리 사건이 터지면 으레 경쟁 상대를 물고 들어가는 물귀신 작전에 물들어있다. 야당의 비리가 드러나서 검찰이 수사하면 자신의 혐의 자체에 대해 부인하든지, 아니면 시인하고 사과하는 것이 옳다. 그런데 "우리만 돈 받았나, 여당도 받았는데 뭘……"이라면서 상대 당의 비리를 폭로하면 죄가 상쇄된다고 생각하는 모양이다. 이는 절대적 기준의 법치주의에 무지한 상대적 비교 윤리주의로 미개 문화의 한 특징이다. 참으로 부끄러운 노릇이 아닐 수 없다.

이번에 정치권의 검은돈 사건이 어떻게 비롯됐는가. 한나라당이 지난 2002년 대통령 선거 때 SK 비자금 100억 원을 불법적으로 받은 것이 검찰 수사에 의해 드러났기 때문이다. 그렇게 죄를 지은 정당이 오히려 큰소리치니 참으로 '힘 있는 자의 뻔뻔함' 그 자체다.

원내 절대 과반 의석으로 국회를 지배하고 있는 한나라당의 권력은 사실상 대통령과 행정부보다 못하지 않다. 한나라당이 국회에서 개헌과 대통령 탄핵을 제외하고는 모든 법안과 예산안을 단독으로 의결할 수 있는 현실이다.

그렇게 믿는 데가 있으니 온 국민이 분노한들 눈 하나 깜짝하지 않는다. 대국민 사죄는 그저 형식일 뿐이고 국민적 의혹을 파헤친 검찰에 대해서는 눈알을 부라리며 협박조다. 이는 옳고 그름까지도

힘으로 억누르려는 위압적 태도다. 국민 여론도, 검찰의 수사도 국회에서 뒤집기를 할 수 있다고 생각하는 것이다. 그런 태도는 정말 '비리의 베테랑'이 아니고는 상상하기 어려운 여유다. 그들의 검은돈 비행이 어디 이번뿐이던가.

검은돈에 이골 난 비리 베테랑들

대통령 선거나 총선거 때마다 불법적으로 검은돈을 긁어모으는데 이골이 난 부패 전문가들이다. 한나라당 내부에서 당을 해체하고 재창당하자는 얘기가 나오는 것은 그나마 양심의 발로다.

지난 1996년 15대 총선 때는 집권당이던 한나라당의 전신 신한국당이 안기부 자금 수백 억 원을 빼돌려 당의 후보들에게 지원했음이 밝혀졌다. 당시 사무총장 강삼재 전 의원이 그 '안풍' 사건으로 얼마 전 유죄선고를 받고 정계 은퇴까지 발표해야 했다.

한나라당은 그 다음해 대통령 선거 때 국세청을 동원해 기업들로부터 돈을 거두어들였다. 국가 조세권을 행사하는 국세청이 나서서 정당의 선거 자금을 조달한 일은 세계 민주주의 역사상 유일무이한 토픽뉴스 같은 사건이었다.

그것이야말로 한국의 민주주의는 쓰레기통에서 장미꽃을 찾는 것만큼이나 어렵다는 조롱을 정당화할 만한 미개 사회의 권력형 부패였다. 당시 한나라당은 그 '세풍' 자금 중 거액을 언론계 간부들에게도 떼어준 것으로 드러났다.

그런데도 검찰은 언론계의 세풍 자금 수뢰에 대해 제대로 수사하지 않았다. 또 해당 언론사는 자사의 편집 간부가 불법 선거 자금을 받은 비리를 알고도 아무런 조치도 취하지 않았다. 오히려 정치 기사를 주무르는 자리에 더 중용했다.

SK 비자금, 언론계 뇌물로 얼마나 쓰였나

정당은 후안무치한 권력욕에 눈멀었고, 검찰은 정치권의 그 썩은 눈을 살피며 제한 수사로 보신에 급급했다. 거기다 언론은 도덕 불감증으로 양심을 포기했다. 이것이 우리 사회를 부패 공화국으로 몰고 간 주범 3총사의 구체적 행태였다.

부패 공화국이라는 오명을 씻기 위해서도 정치 개혁과 언론 개혁을 한 묶음으로 추진해야 할 이유가 여기 있다. 나는 이번에도 SK 비자금 중 상당 부분이 언론사 간부들에게 촌지를 넘어선 거액의 뇌물로 건네졌을 것이라는 심증을 떨쳐버릴 수가 없다.

한나라당 관계자가 대충 밝힌 100억 원의 큰 용처를 보면 지구당 경비 지원과 기획 홍보로 돼있다. 이 기획 홍보가 바로 언론계를 대상으로 한 것 아닌가.

검찰은 정치적 형평성 맞추기나 제한 수사라는 구태를 재연해서는 안 된다. 어떤 외압에도 흔들림 없이 절대적 기준에 따라 실체적 진실을 명명백백히 밝혀내야 한다. 검은돈이 흘러 다닌 구석구석을 제대로 밝혀내기만 해도 자연스러운 개혁이 이루어질 것이다.

≪오마이뉴스≫, 2003년 11월 5일

인맥 챙기기 인사는 그만

인연보다 경륜 가진 개혁 인사가 중요

노무현 정부의 제2기 출범을 위한 개각 얘기가 심심찮게 흘러나온다. 노 대통령은 재신임을 묻겠다고 한 직후 그것이 통과되면 청와대와 내각에 대한 쇄신 인사를 단행하겠다고 언급했다. 그러나 재신임의 시점이 불투명해지면서 인사 개편이 먼저 이루어질 가능성이 높아지고 있다. 국정이든 기업 경영이든 리더십과 조직 관리에서 공통적으로 가장 중요한 것은 역시 사람을 골라 쓰는 일이다. 시스템으로 움직이게 하면 사람이 혹 가질 수 있는 단점들을 보완하지 않겠느냐는 말도 있지만, 시스템을 움직이는 주체는 역시 사람이다. 법률과 제도를 아무리 잘 만들어도 사람이 잘못 운용하면 헛일이다.

노 정부의 1기 내각과 청와대 참모진의 인선은 이른바 '코드 인사'로 불렸다. 보수 언론들이 부정적으로 쓴 말이다. 그러나 객관적으로 보면 코드 인사는 책임 정치를 위해 불가피하다. 2002년 대통령 선거 때 유권자들에게 공약한 정치 노선을 실천하기 위해서는 그런 생각에 동질적인 인물에게 일을 맡길 수밖에 없다. 앞으로 선거가 정책 대결로 판가름날수록 다른 정부도 그럴 것이다.

개각 얘기 심심찮게 나와

그러나 선거 전의 논공행상이나 전근대적 의리 지키기는 코드 인사와 종류가 다르다. 지금까지 노 대통령의 인사 스타일을 보면 자신이 직접 겪어본 사람이 아니면 잘 기용하지 않았다. 그것은 개혁 정치를 위한 코드 인사가 아니라 인맥 챙기기에 불과하다. 겪어보았으니까 그 사람의 능력과 됨됨이를 잘 안다고 하지만 노 대통령이 만난 인재의 범위엔 한계가 있을 수밖에 없다. 경륜 있는 개혁 인사가 중요하지 노 대통령과 인연을 가졌다는 것이 큰 변수가 돼선 곤란하다. 청와대 인사보좌관제를 새로이 만들었고 중앙인사위원회도 있지만, 인선 대상이 고위직으로 올라가면 그런 시스템은 서류나 챙기는 기능적 업무에 그치고 만다.

그래서 노 대통령은 보수 언론에 의해서 코드 인사라고 비판받았지만 당초 지지 기반인 민주개혁 진영에서는 코드도 아닌 '인맥 인사'라고 더 강한 반발을 샀다. 지지율이 저조한 이유 중 하나도 원래 지지 기반이던 범민주개혁 진영이 편협한 인사 스타일에 승복할 수 없었기 때문이다. 그렇게 해서 지지 기반이 와해됐고 식자층의 냉소가 만연됐음을 새겨야 한다.

지난 10월 말 노 대통령을 곤혹스럽게 했던 '이광재 파동'은 사실상 신중하지 못한 인사 운용이 불씨였다. 참여 정부와 가장 밀접한 동반자들이 직설적으로 비판한 뒤에야 교정된 것도 문제점 중 하나다. 비판의 대상이 대통령과 인연이 깊은 '실세'였기 때문이다. 실세란 자신의 공식 직책보다 더 많은 권한을 행사하는 사람에게 붙여지는 호칭으로 대통령 주변에 그런 실세가 생기면 안 된다.

더구나 청와대와 내각의 주도 그룹은 과거 어느 정권보다도 젊은 나이에 국정을 판단해야 하는 막중한 자리에 중용됐음을 부인할 수 없다. 노 정부의 정치 노선에 적대적인 보수 언론이 색깔론 대신 재빨리 연륜을 지적하며 아마추어 정권이라고 공격하는 한 단서이기도 하다. 국민들로선 386 세대라는 시쳇말 때문에 노 정부가 아마추어라는 비판을 한층 더 민감하게 받아들였다. 여기서 노 대통령이 차기 내각과 청와대 개편 때 고민해야 할 문제는 크게 두 가지로 부각된다. 하나는 개혁성이고 다른 하나는 연륜으로 이 두 가지에서 일관성을 지키느냐, 수정하느냐는 고민일 것이다.

개혁성과 연륜의 조화 기대

나는 노 대통령이 둘을 혼합해서 '전략적 개혁 노선'으로 나가기를 제언하고 싶다. 젊은 나이의 개혁 코드 인물을 중용하는 것은 가급적 피해야 한다. 설익은 개혁은 불안한 것이 사실이다. 국민은 노련하고 원숙한 개혁을 기대한다. 개혁 정책을 전략적으로 실천할 연륜 있는 인재를 찾아야 한다.

노 정부는 아직 개혁 정책들을 제대로 입안하지도 못했다. 그래서 제2기의 인사는 개혁 정책들을 기획, 실천, 관리할 인재를 구하는 데 많은 노력을 기울여야 한다. 청와대는 기획과 조정, 내각은 실천 능력이 중요하다. 그러나 무엇보다도 핵심은 인재 발탁의 대상 범위와 방법이 교정돼야 한다는 점이다. 다면 평가제가 제아무리 장점을 갖는다 해도 그 대상이 선거 참모나 자문 교수들에 국한된다면 곤란하다.
"공이 있으면 상을 주고 자리는 능력이 있는 자에게 맡기라"라는
금언을 지키기 바란다.

≪경향신문≫, 2003년 12월 2일

과두 지배 음모가 더 문제다

도청으로 드러난 불법행위 엄정 수사해야

요즘 논란 중인 도청 사건의 해법을 찾기 위해서는 몇 가지 쟁점이 먼저 정리돼야 한다. 가장 급선무는 이 사건의 본질이 어떤 것이고 곁가지가 무엇인지를 가리는 일이다. 지금도 국민들은 빙산의 일각처럼 드러난 도청 테이프에 담긴 대화 내용의 불법성과 부도덕성, 반공익성에 경악하고 있다. 국민은 그 구체적인 대화 내용을 알 권리가 있다.

대화 내용은 불법행위 예비 음모에 해당한다. 그것이 과연 실제로 이행됐는지를 확인해야 한다. 그래서 소수의 재벌과 언론 사주가 결탁해서 대통령 선거를 다수의 국민 의사와 다르게 조작했는지 조사해야 한다. 이야말로 민주정치의 정체성과 직결된 본질 문제가 아닐 수 없다.

테이프 내용의 공개 여부도 불법성을 근거로 결정하면 된다. 다만 불법행위가 아니거나 법적 처벌을 위한 공소시효가 지났다 해도 반공익적 부도덕성에 대해서는 공개해야 한다고 본다. 등장인물들이 모두 주요 공인이고 따라서 일반 국민의 프라이버시와는 다르기 때문에 그렇다.

국가 정보기관의 도청이 본질적인 문제라는 주장도 있다. 그리고 이제는 그것이 정보기관의 문제가 아니라 그때의 정권과 대통령을 매도하는 양상으로 바뀌었다. 물론 불법 도청은 문명사회에서 영원히 추방해야 할 범죄행위임에 틀림없다. 그러나 엄청난 불법행위도 도청에 의해 포착됐다는 이유로 수사해서는 안 된다는 해괴한 논리가 횡행하고 있다. 마치 도둑이 발견한 살인사건은 신고해도 수사해서는 안 된다는 얘기와 똑같은 코미디가 아니고 무엇인가.

또 하나의 쟁점은 도청에 대한 역대 정권의 책임 문제다. 지금 일부 보수 언론의 논조는 도청을 가장 악랄하게 자행한 정권보다도 도청을 근절하지 못한 정권을 더 매도하고 있다. 이 땅에 도청, 정치 사찰, 고문이라는 야만적 통치 수단을 뿌리 내리게 한 정치 세력이 누구인가. 한나라당의 전신인 신한국당과 그 전신인 민자당, 그 핵심 집단인 민정당, 그리고 그 군부 선배 집단인 공화당 정권이 그들이라는 사실을 부인할 사람은 아무도 없다.

나는 민주정치의 근본을 짓밟은 대화 내용에 이번 도청 사건의 본질이 있다고 생각한다. 겉으로는 민주주의를 표방하지만 알고 보면 소수 엘리트가 지배하는 것이 근현대사회의 실상이었다. 20세기 초 엘리트 이론의 대가인 로버트 미헬스가 이름 지은 과두(寡頭) 지배의 철칙이 그것이다.

과두 지배의 철칙이 발견된 지 한 세기 가까이 지났지만 아직도 그 어둠이 가시지 않고 있다. 1950년대 미국의 정치사회학계를 풍미했던 파워엘리트 이론도 그 어둠에 대한 고발이었다. 그러나 미국의 다원주의를 강조하며 다원주의 사회를 보장하기 위해 분투한 일군의

학자와 언론인이 그 고발을 해결하기도 했다. 우리의 도청 문제를
해결하는 데도 양식 있는 시민사회가 나서기를 기대한다.

≪전북일보≫, 2005년 8월 10일

한국 정치, 구시대적 이해는 곤란

영국 ≪파이낸셜 타임스≫ 기사를 반박한다

영국 런던에서 발행되는 세계적 권위지 ≪파이낸셜 타임스≫가 2003년 10월 14일, 한국 정치에 관한 칼럼을 게재했다. 영국의 한국학 연구자인 포스터-카터의 칼럼으로 철저히 구시대적 관점에 지배되어 있다고 생각되어 반박문을 작성했고, 이 글은 절반 정도로 요약되어 10월 29일자 ≪파이낸셜 타임스≫에 실렸다.

한국 정치에 대한 왜곡과 억지 주장은 국내외를 가리지 않는 것 같다. 포스터-카터 씨의 칼럼을 보고, 오늘의 한국 정치를 제대로 이해하려면 우선 구시대에 대한 비판적 성찰이 필수라는 점을 지적하고 싶다.

그 비판적 성찰은 두 가지 선행 조건을 갖추어야 가능하다. 첫째는 분석과 비교 평가의 능력이다. 비교 평가는 한국 정치사 자체에서 현재가 과거와 얼마나 달라졌는지에 대한 시차적 변화를 파악하는 것으로, 그것은 선진국 정치와의 비교보다 더 중요하다.

둘째는 비판적 안목이다. 학자든 저널리스트든 양식 있는 지식인으로서 정의관과 도덕성을 가져야 잘못된 역사에 대해 성찰할 수 있다. 노무현 대통령의 2002년 12월 당선도 그렇고, 2003년 10월 10일 국민에게 신임을 묻겠다는 선언에 대해서도 구시대에 대한 비판적 안목이 없다면 제대로 평가하기란 불가능하다.

구시대 주류를 '세련된 엘리트'라고?

≪파이낸셜 타임스≫의 칼럼은 노 대통령을 '검증되지 않은 시골풍의 포퓰리스트'라면서 구시대의 '세련된 엘리트'와 현격한 차이가 있다고 썼다. 그러나 노 대통령을 지지한 한국의 다수 유권자들은 그가 비주류의 길을 걸어온 것을 장점으로 여긴다. 검은돈 거래로부터 상대적으로 자유롭고 권위주의 냄새도 덜 나기 때문이다.

세련된 엘리트라 불리는 구시대의 주류로서 한국 정치와 사회를 지배해 온 사람들이 누구인가. 30년 이상 지속된 군사 권위주의 정권에 협력해서 영달을 누린 계층이다.

2002년 대통령 선거는 이전의 어느 선거보다도 투명하게 TV와 인터넷 매체를 통한 미디어 토론이 활발했다. 그 결과 노 대통령은 21세기의 주역인 인터넷 세대로부터 높은 지지를 받았다. ≪파이낸셜 타임스≫ 칼럼은 노 대통령의 당선이 주로 젊은 층의 지지 덕분이라고 했지만, 사실 그것은 20대보다는 건강한 시민 문화의 견인차에 해당하는 30대와 40대가 결정지은 것이었다.

나는 그 칼럼니스트가 노 대통령에 대해 무슨 근거로 '검증되지 않은 포퓰리스트'라고 주관적인 낙인을 찍었는지 납득되지 않는다.

아마도 민주개혁 진영에 극도로 적대적인 한국의 보수 신문들을 자료로 삼은 결과가 아닐까 생각한다. 칼럼의 그런 표현은 선거 문화를 질적으로 업그레이드시키면서 노 대통령을 선택한 한국의 유권자들에 대한 모독이 아닐 수 없다.

대선 공약인 개혁 정책 못 펴니 재신임 물어야

노 대통령이 국민에게 신임을 묻겠다고 한 데 대해서도 칼럼은 '터무니없는 제스처'라거나 '마지막 도박', '즉흥적 여론 떠보기'라고 비하했다. 이야말로 한국 정치에 대해 깊은 성찰의 노력도 없이 피상적 인상기를 늘어놓은 느낌이다.

신임을 묻겠다고 밝힌 날 노 대통령은 가장 큰 이유로 측근 참모의 비리 의혹에 대한 검찰 수사를 꼽았다. 그러나 더 먼 원인으로 그는 야당이 절대 과반수 의석을 차지한 국회 구조와 감정적 적대 논조의 언론 때문에 더 이상 국정을 수행하기가 어렵다고 토로했다. 더구나 야당의 절대 과반 의석은 순수하게 국민이 만들어준 것이라기보다는 의원들이 당적을 바꾼 결과이다. 그래서 이리저리 당적을 옮겨 다니는 철새 정치인들에 대한 비판의 목소리가 높다. 노 대통령은 이러한 이유로 선거에서 공약한 개혁 정책을 수행하지 못하는 상황이기 때문에 그런 상황을 국민에게 알리고 재신임을 묻기로 한 것은 타당하다.

노 대통령이 국민과 약속한 개혁 정책을 펼 수 없게 하는 두 번째 여건으로 제기한 것은 언론 환경이다. 언론 자유를 실천하려는 기자들을 강제 해직하면서 권력과 타협하고 그 비호 아래 성장한 거대 신문사들이 한국의 정치적·사회적 의제 설정을 독과점하지 않았던가. 1974년 박정희 정권과 1980년 전두환 내란 정권 당시 두 차례에 걸쳐 기자들을 무더기로 강제 해직한 것이 독재 권력에 타협하고 협력했다는 증거다. 그렇게 수십 년간 정권의 비호 아래 신문 시장을 독과점적으로 지배한 신문사들은 반사회적 탈세 범죄까지 저지른 것으로 드러났다. 그런 탈세 언론사들이 개혁을 내세운 노 대통령에 대해 적대적인 공격을 해대고 있는 상황이다. 일반 국민은 그런 독과점적 거대 신문들의 왜곡 보도에 혼란스러워 하고 있으며, 그 결과 정부가 정책을 수행하기 위한 토대가 무너지고 마는 것이다.

전환 세대의 '권위 쇠약증'은 과도기 현상

한국 정치의 변화 중 하나는 2002년 대선 이후엔 누가 대통령이 돼도 탈권위주의적 전환 세대의 지도자로서 '권위 쇠약증'에 시달릴 것이라는 점이다. 해방 후 정당정치 제1세대 지도자는 독립 투쟁으로 형성된 카리스마적 권위를 구사했다. 제2세대인 군사 쿠데타 그룹은 이른바 총구에서 만들어진 '무서움'을 통치 수단화했다. 제3세대인 김영삼, 김대중 씨는 온갖 고초를 겪은 정치 역정의 대가로 또 다른 카리스마를 누릴 수 있었다. 그러나 두 김 씨 이후 노 대통령을 포함한 제4세대 지도자들은 그런 카리스마를 갖지 못한다. 과도기적 혼란으로 비쳐지는 배경이다. 이는 실질적 민주화 과정의 과도기적 현상 때문이며 한국 정치가 지금 그런 발전 과정에 들어섰다고 보아야 한다.

노 대통령의 재신임에 따른 파문과 검은 선거 자금에 대한 수사는 구시대 정치를 청산하고 새로운 제4세대 정치를 정립하기 위한 진통이다. 총리가 주도하는 내각은 안정적 행정 관리를 최우선으로 삼고 있다. 외국 투자가들에게 한국의 동요와 불안은 이제 과거 용어일 뿐이라는 사실을 알려야 할 것이다.

≪오마이뉴스≫, 2003년 10월 29일

손호철 식 무방향의 비판을 비판한다

개혁을 자살로 몰고 간 주범들에 면죄부?

≪파이낸셜 타임스≫ 칼럼에 대한 앞의 반박문에 대해 손호철 서강대 교수가 보내온 반박문이 2003년 11월 4일자 ≪오마이뉴스≫에 실렸다. 이 글은 그에 대한 재반론이다.

손호철 학형, 반갑습니다.

그동안 모임에서 더러 만나기도 했지만 이렇게 단둘의 토론 기회를 만든 것은 퍽 드문 일이 아니겠소.

이 스산한 날씨에 정부의 노동정책과 이라크 추가 파병 결정에 항의하는 철야 농성을 하고 있다니 그 열정은 여전하오 그려. 그 밖에도 새만금 사업에다, 위도 핵폐기물 저장 시설 지정, 교육정보시스템, 한미 관계 등이 반개혁적으로 진행되고 있다고 적시한 데 대체로 동의합니다. 솔로몬의 지혜와 같은 조정력이 아니고서는 해결하기 어려운 난제들이지요.

손 형의 글에 반론을 쓰기로 한 것은 무엇보다도 개혁의 사망에 대한 처방과 대처가 문제라는 생각이 들었기 때문입니다. 손 형이

"노무현 정부의 개혁이 사망했다면 타살이 아니라 자살"이라고 진단한 것은 퍽 재미있는 비유군요.

그러나 손 형이 글에서 일깨워준 노동 열사 네 분의 자결에 대해서도 "왜 투쟁을 포기했어?"라는 질책으로 연결되는 것 같아 안타깝습니다. 노무현 정부의 개혁 정책에 대해 스스로 자살했다고 비판하는 것은 그런 논리가 아닐까요.

노무현 정부의 개혁 실종은 좀 더 투쟁적으로 밀고 나가지 않고 스스로 자살한 데 책임이 있지 그 발목을 잡은 야당과 언론의 책임이 아니라는 주장이 그렇습니다.

손 형의 얘기대로라면 노동 열사들의 자결도 그 자체에 책임이 있는 건가요. 그 분들에게 멍에를 씌운 정치, 경제, 언론 환경의 책임이 아니라는 말입니까. 그런 사회 환경이 열사들을 타살한 것 아닙니까.

나는 노무현 정부의 개혁 정책을 죽음에 이르게 만든 것이 국회와 언론 환경이라고 강조했습니다. 그래서 그 환경을 먼저 수술해야 한다고 제시했지요. 이에 대해 손 형은 스스로 자살한 것인데 그 자체에 책임이 있다면서 나의 논지를 반박했습니다.

자살 행위 자체에 책임이 있다는 식의 비판은 수긍이 안 갑니다. 노동 열사들의 자살도 그렇게 몰아간 사회 환경이 문제 아닙니까.

나는 노무현 대통령 자신이나 그를 돕는 참모들이 스스로 좋아서 개혁을 포기했다고 생각하지 않습니다. 물론 투쟁 의지와 일관성과 실천을 위한 경륜이 턱없이 취약하다고 나무랄 수는 있을 것입니다.

지금 여러 가지 장애 요인이 복합적으로 작용해서 개혁 정책이 죽어가는 것은 사실입니다. 노 대통령이 5일 "새 시대의 맏형이고 싶었는데 구시대의 막내일 수밖에 없다"라고 했다는 말이 못내 마음에 걸립니다.

무엇이 개혁의 자살을 의미하는 것인지 모르겠습니다. 이제 정말 개혁을 죽음에 이르게 한 요인이 무엇인지 들여다보고 그것을 수술하는 일이 더 급선무인 것 같습니다.

그런데도 맹목적 비판주의자들이 눈앞의 불만거리에 지나치게 얽매여서 좀 더 긴 안목의 방향성을 외면하는 것은 아닌지 안타깝습니다. 방향성이야말로 분명한 역사관과 시간 개념에 따라 형성되는 것이라 생각합니다.

예컨대 진보의 의미가 현상 타파라고 해서 현 정부의 정책에 비판하는 것을 진보로 말할 수 있을까요. 그것이 바로 방향성 없는 비판이라고 해야 할 것입니다.

해방 후 반세기 역사를 보았을 때 어느 정부가 진보이고 수구인지 따져야 그것이 제대로 된 관점 아닙니까. 반세기 중 삼십 수년간에 걸친 군사 권위주의 정권을 겪은 뒤 이제 겨우 6년째밖에 안 된 민주화 정부에 대해 비판하는 것이 과연 올바른 역사관입니까.

또 1998년 이후 정권은 겨우 교체됐지만 사회 지배 세력이 강고하게 기득권 질서를 고수하는 판에 어떻게 개혁 정책이 실천될 수가 있단 말인가요.

노무현 정부와 그 앞의 김대중 정부는 겨우 유아기에 해당하는 민주화 정부입니다. 그에 비해 지금의 야당과 언론은 과거 삼십 수년간 군사독재 정권 아래서 기득권을 누렸던 이른바 구시대의 주류 아닙니까. 그런데도 손 형은 개혁 정부를 비판하면서 야당과 언론에 면죄부를 주려 하는 이유가 무엇인지 묻고 싶군요.

더구나 현재 야당의 원내 절대 과반 의석이 국민의 선택입니까? 그것은 국민 의사와 관계없는 철새 정치인의 당적 옮기기로 만들어진 것이어서 더 문제지요. 그것에 바탕을 둔 입법권의 전횡이 괜찮은 겁니까?

지금 거대 신문사들의 국민 여론 독과점도 독자에 의한 자유로운 선택의 결과입니까? 그것은 삼십 수년간의 군사독재 정권 시절, 권력과 타협하고 특혜를 받은 결과라고 봅니다. 1974년과 1980년 두 차례에 걸친 대규모의 언론인 강제 해직이 그 증거가 아니고 무엇입니까? 그런 거대 보수 신문들이 민주개혁 진영에 대한 적대적 공격을 해대고 있는 것입니다.

손 형은 내 글이 '애정에 눈먼 옹호'라고 지적했습디다 그려. 나는 TV 토론에서도 누차 분명하게 밝혔듯이 정치인이나 정권에 애정을 갖는 게 아니라 개혁 정책을 지지합니다.

노무현 정부가 개혁 진영의 마지막 정권으로 끝나지 않도록 손 형의 성원을 청하는 바입니다. 영향력이 커진 인터넷 언론의 논설 간부로서 특정한 농성이나 시위에 직접 참가하는 것은 옳지 않다는 입장이지만, 나도 언젠가 손 형의 '가투 현장'을 찾아가보려 합니다. 부디 건강하길 기원합니다.

≪오마이뉴스≫, 2003년 11월 7일

공천 혁명의 위기

당원만의 상향식은 국민 참여 경선에 역행

　지방선거 공천 비리로 썩은 냄새가 진동하고 있다. 정치가 그만큼 더 불신받게 된 것이 가슴 아프다. 그동안의 정치 개혁과 정당 개혁이 일거에 물거품이 돼버린 것 같다. 지난 2004년 4월 총선 때 유행어와도 같았던 공천 혁명은 도로아미타불이란 말인가.

　그런 공천 혁명을 통한 17대 국회의 물갈이는 실로 예상을 훨씬 뛰어넘었다. 초선 의원이 전체 의석의 61.5%를 차지하는 물갈이였다. 우리 정치 사상 초유의 선거 혁명이라 할 만했다. 선거 혁명의 시작인 공천 혁명은 국민 참여 경선으로 가능했다. 구시대에 당 총재나 계파 보스 간 밀실 협상에서 이루어지던 공천을 민주적 경선 방식으로 전환하고 여기에 일반 유권자의 표심까지 반영해서 공천을 결정했다. 정당 구조로 보면 중앙당이 행사하던 권한을 각 지역별 당원들에게 돌려준 것이다.

　정당 개혁의 제1기는 상당히 성공적이었다. 그러나 이번 지방선거에서 그 개혁의 약효는 크게 떨어졌다. 지방의 당원들에 의한 공천권도 중앙당에서 행사할 때 못지않은 문제를 낳고 있다. 각 지역구 의원들이 권한을 행사함으로써 중앙당이 결정할 때 못지않은 광범한 공천 비리가 파생된 것이다. 100% 당원 투표만으로 공천을 결정해 국민 참여 경선을 사장시켜 버린 예도 있었다.

공천권을 유형별로 나누면 중앙당 결정 방식과 지구당 결정 방식, 그리고 두 개의 장점을 가미한 혼합형이 있다. 중앙당 결정 방식은 과거 한국 정당들의 공천제가 대부분 이에 속했다. 그러나 그 내용은 유럽 정당의 경우와 큰 차이가 있었다. 예컨대 영국에서 진보 개혁을 지향하는 노동당이 중앙당 결정 방식을 취한다. 1단계로 노동조합이나 사회주의 단체 등 노동당에 소속된 단체의 추천을 받아야 한다. 2단계는 해당 선거구에서 연설회 등 몇 단계의 전형 절차를 거치면서 후보자를 압축한다. 3단계로 중앙당 집행위원회에서 후보자를 선정한다. 프랑스 공화국 연합도 이와 유사한 중앙당 결정 방식이다.

이에 비해 지구당 경선식 공천제는 프랑스 사회당, 독일의 정당들, 일본 사회당 등이 취하고 있다. 미국의 정당들도 여기에 속한다. 프랑스 사회당은 개개의 선거구 당원 대회에서 후보자를 경선한다. 일단 후보자를 선출한 뒤 현(縣) 연합에 올려 승인을 받고 다시 중앙선정위원회에서 결정하는 절차를 밟는다. 전형적인 상향식 공천제다.

현실적으로 최선의 공천제는 지구당 결정권에 중앙당의 심의권이 가미된 혼합형이다. 대표적으로 영국 보수당이 채택하고 있는 제도다. 영국 보수당의 공천 절차는 1단계로 공천 지망자를 중앙당이 면접, 전형하여 후보 리스트를 작성한다. 2단계로 의원과 중앙당 당료, 외부 전문가로 구성된 심사위원회가 심사해서 공천자 예비 후보로 적격 판정이 나면 중앙당 승인 리스트(approved list)가 작성된다. 3단계로 현역 의원이 은퇴하는 등 의원이 결원된 지구당은 중앙당에 연락해

승인 리스트에서 적합한 인물을 물색해서 3~4명의 후보를 내정하고 또 지구당에 직접 신청한 공천 지망자와 함께 경선에 부친다. 4단계로 지구당에서 경선으로 결정된 후보에 대해 중앙당이 심의하는 절차에서 대부분 추인한다. 그러나 특별한 하자가 있다고 인정되면 중앙당 의결 기구를 거쳐 지구당에 재심을 요구한다. 지구당이 같은 인물을 재결정하면 중앙당이 더 이상 이의를 달지 못한다.

어떤 권한이든 이렇게 여러 사람들이 관여하게 해야 전횡과 비리를 저지르기 어려워진다. 대부분 선진 정치가 갖는 공천 과정을 살펴보면 그렇게 돼있다. 공천권을 중앙당이 행사하는 것은 안 되지만 전적으로 지역당과 당원들에게만 맡기는 것도 곤란하다. 정치 개혁의 핵심 내용 중 하나인 국민 참여 경선을 반드시 가미해야 한다. 당원이 아닌 일반 유권자가 정당의 경선에 잘 참여하지 않기 때문에 대개 여론조사로 반영하는 방법을 택하기는 하지만, 어떤 방식이든 국민 참여 경선이라는 시대사조를 지켜나가야 할 것이다.

≪전북일보≫, 2006년 5월 9일

유권자 감동시키기

낯선 소재로는 감동시키기 어려워

한나라당 이회창 전 총재가 대통령 후보로 확정됨으로써 민주당의 노무현 후보와 정국의 대칭적 두 축을 주도하게 됐다. 앞으로 제3, 제4의 후보가 나오겠지만 원내 다수 의석을 가진 두 당의 후보와 어떤 각축전을 벌일지 미지수다. 지금까지의 경험으로는 군소 정당 후보가 당선권에 끼어드는 경우는 없었다. 그러나 올해 정치 일정을 보면 여러 가지 변수와 복병이 돌출할 여지가 크다. 우선 6·13 지방선거의 당내 공천 과정과 선거 결과에 따라 정치권의 지각변동이 일어날 가능성이 적지 않다.

또 월드컵 대회에서 우리가 16강에 들고 경기 내용이 국민을 열광시킨다면 그 대중적 에너지가 정치화하게 될 것이다. 그래서 2002 월드컵의 주역 격인 정몽준 의원이 대권에 도전할 계기가 될지 모른다. 8·8 보궐선거 또한 정국에 한 차례 더 회오리를 불러올 것이다. 지방선거와 보궐선거를 치르면서 '김종필, 박근혜, 이인제 변수'가 어떻게 떠오르고 대선에 작용할지 지금 단계에서 누구도 정확히 예측할 수 없는 일이다. 정계 개편 얘기가 자꾸 나오는 것도 그런 정치 일정들 때문이다.

이런 상황에서 대선이 아직 일곱 달여 남았지만 두 후보는 벌써 득표전에 돌입했다고 보아야 할 것이다. 득표전이란 한마디로 유권자 감동시키기 경쟁이다. 노 후보는 이른바 민주개혁 세력 연합을 작품화하려 했다. 그는 군사 권위주의 정권 아래서 정치적 동지였으나 지금은 한나라당과 민주당으로 나뉘어있는 민주화 운동 출신 인사들이 다시 손잡을 수 있다고 보았다. 김영삼 전 대통령의 상도동계와 김대중 대통령의 동교동계를 중심으로 한 민주화추진협의회(민추협)와 같은 성격의 개혁 세력을 재결집시키려 했다. 그는 1990년 1월의 3당 통합에 대해 지역 중심의 반역사적 정계 개편으로 민주화 세력을 분열시켰다고 비판했다. 이런 주장은 정치권 내부에선 어느 정도 먹혔지만 일반 유권자층에게 감동을 줄 수 있는 대중적 소재는 아닌 듯했다. 관람객들에게 낯선 작품 소재로 감동을 일으키기란 불가능한 일이다. 더구나 '노풍'의 주도 세력인 신세대들에게 민추협이나 3당 통합은 먼 과거 속의 사건일 뿐, 더 이상 현안이 아니다.

이회창 후보는 유권자 감동시키기의 소재를 권력 비리 방지 대책에서 찾았다. 그가 후보 수락 연설에서 부패방지위에 대통령 친인척의 감찰 기구를 설치한다든지, 권부의 상징인 청와대를 영빈관 정도로 격하시키겠다고 약속한 것이 그것이다. 노 후보도 지난달 말 자신의 자녀와 친인척들을 확실하게 감시하는 제도를 만들겠다고 언급했다. 지금 상황은 최고 권력층 비리의 재발 방지 방안을 가장 그럴듯하게 제시하는 후보가 득표하게 돼있다.

이제는 대중적 지지 없는 정계 개편이란 성사되기 어렵다는 점에서도 언론 매체의 보도 태도가 중요하다. 보수 언론인 이른바 조중동(조선, 중앙, 동아일보)이 함께 이 후보를 집중적으로 보도하고 있다. 신문 시장의 74% 이상을 점유하는 세 신문이 이 후보의 수락 연설을 똑같이 1면 톱기사로 편집했으니 그 전파력은 엄청날 것이다. 이와 대조적으로 노 후보는 방송과 인터넷 매체에서 강세다. 보수 언론에 대해 일종의 대안 매체로 자리 잡은 인터넷은 정치 여론 형성에서도 기성세대들이 잘 이해할 수 없는 영향력을 발휘했다. 1980년대 이후 젊은 세대의 의식조사에서 부모 형제나 교사와 함께 신문과 방송은 영향력을 거의 상실한 것으로 나타났다. 그 불신의 자리를 동료 간 대화와 개별적 독서가 대신 차지했고 그것이 그들의 의식 형성을 지배했다. 그러나 요즘 신세대들은 독서도 잘 하지 않는다.

그래서 과거의 개별적 독서와 동료 간 대화를 합해놓은 영향력이 바로 인터넷으로 이동했다고 보아야 할 것이다. 거기에 인터넷이 가진 위력과 결합된 '노풍'의 비밀이 있다. 두 후보는 지지 유권자층뿐 아니라 그 연결 기능을 해주는 언론 매체도 서로 다르다.

≪경향신문≫, 2002년 5월 13일

복고적 패권 정당의 적신호

오류 범해도 도전해 올 만한 경쟁 상대 없어져

한나라당이 6·13 지방선거에서 완승한 후 그 간부들이 속을 드러낸 언행으로 여론의 십자포화를 맞았다. 당의 법률지원단장이라는 김용균 의원이 그 첫 주자다. 그는 서울고법이 민주당 의원 4명에 대한 선거법 위반 공판에서 한 명에게만 당선 무효에 해당하는 선고를 내리자 이렇게 말했다. "1심 재판은 호남 출신이 재판장을, 2심은 충청도 출신이 맡았다. 사법부가 제대로 기능하는지 의심스럽다." 법률가 출신인 그가 어떻게 양심의 보루인 사법부 판결에까지 치욕적인 지역주의를 덧씌우려 했을까. 재판 결과에 대해 이해관계자인 정치인이 법관들의 출신 지역을 들면서 불평했으니 지역감정이 갈 데까지 다 가버린 행태였다. 오죽했으면 조선, 중앙 등 보수 신문들까지 사설을 통해 비판했을까. 이른바 '패권 정당'의 오만에 대한 최소한의 비판이었다.

그러나 지난해 언론사 세무조사 때 국세청과 사정 기관의 실무 책임자들을 도표로 그리면서 그들 대부분이 호남 출신임을 강조했던 동아일보는 비판 사설을 쓰지 않았다. 그것과 사실상 같은 맥락에 있는 김 의원의 발언을 나무라기가 어려웠을지 모른다. 우리 언론은 정권 찬탈을 위한 내란이나 쿠데타에 대한 비판 기사에서도 그 주범들의 출신 지역을 거론한 적이 없다. 유신 쿠데타나 1980년 5·17 내란의 주범들이 대부분 특정 지역 출신이라 해도 그것을 문제 삼은 보도는 시일이 지난 뒤에도 없었다. 최소한의 금도마저 짓밟고 마는 것이 요즘의 정치판이고 보수 신문이다.

한나라당의 두 번째 오만은 최근 ≪한겨레≫ 칼럼 필자 정경희 씨와 인터넷 신문 ≪오마이뉴스≫, 그리고 문화방송과 ≪신동아≫에 무더기로 소송을 건 일이다. 이로 인해 대통령 후보들에 대한 언론의 검증 의지가 손상된다면 결국 손해는 유권자에게 돌아간다는 사실을 모르는 국민이 있을까.

세 번째로 이 후보의 측근인 하순봉 최고위원이 '명문 학교'와 '좋은 가문'을 대통령의 자격 요건으로 규정해 역시 여론의 비판을 받았다. 만일 이 후보를 염두에 두고 그런 말을 했다면 그 비판은 고스란히 이 후보에게 돌아갈 수밖에 없을 것이다.

한나라당은 6·13 지방선거에서 전국 정당 지지율 50.6%, 광역시장·도지사 16석 중 11석, 기초자치단체 시장·군수 232석 중 140석을 차지했다. 제2당인 민주당을 보면 지지율 28.2%, 광역자치단체 4석, 기초자치단체 44석에 불과하다. 한마디로 한나라당이 제2당을 포함한 나머지 모든 정당들을 다 합한 것보다 훨씬 많은 힘을 갖게 된 것이다. 비록 지방선거지만 현재 상황에서 정당들에 대한 평가의 의미가 강하기 때문이다. 그렇게 압도적 지지를 받은 한나라당이 일탈행위를 보이는 것은 바로 패권 정당의 전형적인 모습이다.

패권 정당은 웬만한 정책 실패를 범해도 그 정치적 우위에 도전할 만한 경쟁 상대가 없어진 지배적 정당이다. 정당정치에서 견제와 균형이 사라져 버린 상태다. 그런 지위에 오른 정당은 민심과 여론에 대해 무겁게 생각할 필요성을 못 느낄 것이다. 그러니 강자의 오만과 편견이 저도 모르게 표출되는 것은 정해진 이치다. 현대 정당 이론의 대가인 모리스 뒤베르제는 공산주의와 파시즘만이 단일 정당제를 취한다는 통념은 현실과 맞지 않는다고 지적했다. 민주주의의 이름 아래 많은 나라들에서 단일정당이 지배하고 있다는 것이다. 그는 터키와 포르투갈과 중남미 국가들의 패권 정당들만을 예시했지만, 우리나라 군사 권위주의 정권 시절의 공화당과 민정당, 민자당도 그와 다르지 않다.

지금 한나라당이 복고적 패권 정당으로 등장했다면 우리의 정당정치는 희망이 없다. 그러나 우리 국민은 지난 지방선거 때 대통령 아들들의 비리에 대해 가차없었던 데서도 보듯이 엄정한 심판자들이다. 이회창 후보는 한나라당의 최근 행태가 결국 자신의 표를 갉아먹고 있음을 알아야 할 것이다.

≪한겨레≫, 2002년 7월 3일

지방선거 후 민심 읽기

무능 가장보다 부패 가장이 낫다?

지방선거를 치른 후 민심이 천심이란 말이 새삼 생각난다. 모든 정치 지도자는 그 민심에 따라야 한다. 그러나 민심만으로 민생을 해결할 수 없다는 것이 걱정이다. 보통 큰 선거를 치르고 난 뒤 민생이 흐트러지는 것은 전혀 예상외의 일이 아니다. 선거 비용이 정상적인 규모 이상으로 크게 발생하고 또 사회 간접 비용도 증대하기 마련이기 때문이다. 갖가지 공공요금들도 머리를 쳐들고 있다.

그러나 선거는 종류에 따라 의미가 다르고, 거기서 드러나는 민심도 내용은 각기 차이가 있다. 지방선거란 대통령 선거나 국회의원 총선거와는 여러 가지로 다르다. 우선 정권 교체나 원내 의석 분포의 변화가 일어나는 것이 아니다. 정부나 국회 구조가 바뀌는 것이 아닌 것이다. 우리 헌정은 엄연히 대통령 중심제이기 때문에 지방선거 결과가 어떻든 정권과 직접 관련이 없다. 정권에 대한 중간 평가라느니, 민심의 현주소라는 등의 얘기는 어디까지나 정치적인 의미일 뿐 구속력을 갖지 못한다.

그런데도 마치 정권 교체가 일어난 것처럼 떠들어대는 사람들은 왜 그럴까. 지방선거가 처음부터 정당 중앙 지도부 간의 대결, 대선 후보 간의 대리전 양상으로 치러진 것이 문제였다. 그렇게 치러놓고선 결과에 대해 과잉 해석을 내놓곤 한다. 그래도 오만이 민심을 역전시킬 수 있다는 교훈 때문인지 정치권은 조심한다. 특정 정파를 편드는 어용 지식인과 언론이 더 오버하고 있다.

기초자치단체 의원까지도 정당 공천제가 적용돼서 국민 전체가 정치화되기에 이르렀다. 지방선거의 본질인 지역의 일꾼을 뽑아야 할 선거가 되지 못하고 중앙 정치 무대에 종속된 정치인들이 마을 일까지 맡겠다고 나선 셈이다.

그 결과 국민 다수가 참여하는 풀뿌리 민주주의가 아니라 '나무 꼭대기 민주주의'가 되고 말았다. 뿌리는 별로 없고 나무 꼭대기만 커지면 그 식물은 고사할 수밖에 없다. 그래서 한국 정치의 미래가 걱정된다. 이는 대부분 기성 정치권과 지도자들의 책임이다.

특히 공천을 돈으로 팔고 사는 부패 선거 양상이 전국화된 것은 정치 개혁의 기본이 파괴된 증거로서 가슴 아픈 일이 아닐 수 없다. 과거 공천권을 중앙당이 행사할 때는 당 총재와 계파 보스가 돈을 받았다. 그런데 정치 개혁의 일환으로 지방당과 당원들에게 맡겨지자 이번 지방선거에서는 공천 비리가 전국적으로 확산됐다. 정치 개혁의 후퇴를 가져온 선거였다.

돈거래 공천 비리가 드러나 검찰 수사를 받고 있는 정당과 후보조차 여론조사에서 지지율은 더 올라가는 혼돈상도 나타났다. 무능한 가장 보다는 부패한 가장이 낫다는 시대어까지 등장했다. 지역주의와 결합된 '묻지마 지지'가 판치는 한 합리적 투표나 선진적 정치 문화는 요원하다.

더구나 유세장의 야당 대표 피습 사건은 민주 선거의 근간을 위협하는 것이었다. 정책 제시에 의한 득표 경쟁을 불가능하게 했을 뿐 아니라, 수준 높은 국민에게 모멸감을 안겨주었다. 국제적으로도 한국 사회의 후진성을 노출시킨 수치스런 사건이었다. 정부는 그 책임만으로도 치안 수뇌부를 엄중 문책하고 야만적 폭력을 규탄했어야 했다.

유세장 폭력은 여야 정치인 누구나 피해자가 될 수 있다. 여야가 공동으로 대처하고 척결해야 할 문제다. 민주화와 자유가 만발했으나 사회윤리와 기강이 뒤따르지 못하는 과도기 현상이라면 더욱 부끄러운 일이 아닐 수 없다. 구시대적 권위주의 탈피가 민주 사회의 기강 해이를 불러오는 모순을 시급히 해소해야 할 것이다.

이번 지방선거 후 집권 여당이 마치 사라져버릴 것 같은 분위기다. 어쨌든 지방선거가 전국적 동시 선거이니 거기서 분출된 민심을 겸허히 받아들여야 하는 것은 두말할 나위 없다. 완패한 여당은 밑바닥부터 꼭대기까지 환골탈태한다는 각성을 다져야 한다. 그러나 이 정부의 임기가 남아있는 한 국정 주도 세력이 주저앉으면 나라는 어떻게 되겠는가? 민생은 어디로 흘러갈 것인가? 그것을 걱정해야 할 때다.

이번 지방선거에서 불거진 후진적 문제들은 대부분 정치 불신에서 비롯된 것이다. 무신불립(無信不立)이라는 공자 말씀이 있다. 믿음이 없으면 나라가 설 수 없다는 뜻이다. 불신은 국민 통합을 불가능하게 한다. 무엇보다도 국민 통합을 통한 국가 발전 동력의 창출이 시대적 과제라는 사실을 모두가 통절히 인식해야 할 것이다.

≪전북일보≫, 2006년 6월 8일

돈 선거 막는 법

제한 규정과 처벌 조항을 더욱 엄격하게

그리스 신화에서 재물의 신 플루토스는 과일과 곡식이 흘러 넘치는 염소 뿔을 들고 선 어린아이의 모습을 하고 있다. 코르누코피아라고 부르는 이 뿔은 제우스의 유모였던 요정 아말테이어가 가지고 있었던 것으로 풍요의 상징이다. 그것을 가진 사람이 원하는 모든 재화가 이 뿔에 가득 채워진다. '금 나와라 뚝딱' 하는 우리 우화의 도깨비 방망이 이야기와 비슷하다. 그런 도깨비 방망이를 부리는 사람이 재화를 맘대로 만들어 유권자를 매수하면 최악의 정치가 나온다. 금권정치를 뜻하는 플루토크라시라는 말은 거기서 유래했다.

정치학의 시조 아리스토텔레스는 지혜로운 유한(有閑) 계층이 정치를 주도해야 이상 사회를 이룰 수 있다고 했다. 흔히 그것을 귀족정치라고 번역했지만 원래는 식자층에 의한 정치라는 의미가 더 강했다. 그는 지혜로운 정치 엘리트의 등장을 가로막는 플루토크라시를 타기해야 한다고 했다. 제대로 식견과 경륜을 갖추지 못한 사람들이 재화를 이용해 정치를 좌지우지하는 것이 타락이고 부패라고 보았다. 오늘날 우리의 돈 선거가 바로 그런 플루토크라시에 해당한다.

플루토스와 비슷한 이름의 플루톤이라는 그리스 신은 본래 지하

세계의 지배자다. 그런데 플루톤도 종종 플루토스처럼 부자 신으로 불렸다. 그가 원하는 모든 생물체를 죽여 자신의 지하 창고에 쌓아두었기 때문이라고 한다. 그러나 플루톤은 엄격하고 냉정해서 어떤 재화나 유혹 앞에서도 흔들림이 없었다. 재화의 신으로도 불린 플루톤이 재화의 유혹을 견제했다는 얘기다. 현실 정치에서 금권정치를 막기 위해서는 이토록 엄격해야 한다고 이야기해 주는 것 같다.

선거판에 또다시 돈이 난무하고 있다. 검찰이 입건 수사 중인 선거 사범을 유형별로 보면 '금권 선거'가 가장 많다. 중앙선관위는 이번 총선의 지역구 선거 비용 제한액을 평균 1억 2,000만 원 선으로 추산했다. 영국의 경우 우리 돈으로 1,600만 원, 프랑스는 4,000여만 원 정도다. 그나마 영국 의원들은 제한액의 60%밖에 쓰지 않는 것으로 알려져 있다. 우리도 돈 선거를 막을 제한 규정과 처벌 조항을 훨씬 더 엄격하게 해야 한다.

≪동아일보≫, 2000년 3월 17일

결선 투표나 후보 연합해야
한 번의 투표로 정권 향배 결정은 불합리

우리의 대통령 선거는 1위 득표자를 뽑지만 실제로는 국민 다수가 거부하는 후보가 당선될 수 있는 허점을 안고 있다. 1987년 대통령 직선제를 쟁취한 직후 치러진 선거가 그런 예다. 노태우, 김영삼, 김대중 후보 등이 출마해서 노 후보가 1위 득표를 했지만 당시 국민 다수는 박정희, 전두환 씨에 이어 세 번째의 군 출신 대통령을 거부하는 분위기였다. 국민 다수는 민주화 투쟁 진영을 지지했는데도 김영삼-김대중 연합이 좌절했기 때문에 엉뚱한 결과가 생긴 것이다. 게다가 현행 선거제 아래서는 지지율이 높은 1, 2위 후보들 자체의 경쟁에 의해서 당선자가 결정되는 것도 아니다. 그보다는 오히려 제3, 제4의 후보가 1, 2위 중 누구의 표를 잠식하느냐에 따라 당선자가 달라진다. 이것도 국민 의사가 왜곡되는 선거 결과가 아닐 수 없다.

1997년 대선이 그런 경우에 해당할 것이다. 당시 김대중-김종필 연합이 이루어졌어도 이인제 후보가 이회창 후보의 표를 잠식하지 않았더라면 이회창 후보의 당선 가능성이 더 높았으리라는 분석이 많았다. 이른바 '이인제 학습 효과'는 지금 이회창 후보의 단단한 고정표가 형성된 한 배경이기도 하다.

오늘날 대통령제를 하면서 웬만큼 사는 나라치고 단 한 번의 투표로 정권의 향배를 결정짓는 경우는 거의 없다. 우리가 그런 드문 예에 속한다. 보통선거로 정권이 정해지는 대통령제 문명국들은 대부분 선거를 2단계화하고 있다.

2002년 5월 치른 프랑스 대통령 선거도 1차 투표 때보다는 오히려 결선 투표를 앞두고 곳곳에서 의미 있는 토론 열풍을 불러일으켰다. 진보 진영이 사분오열돼 그중 어느 후보도 1차 투표에서 1, 2위에 들지 못하고 우파와 극우파가 결선 투표에 진출했기 때문이다. 그제 대통령 선거가 끝난 브라질도 결선 투표제를 채택하고 있다.

결선 투표제는 선거 결과 구성되는 정부의 정통성을 높이는 데 크게 기여한다. 직선제 개헌 이후 세 번 치른 대선에서 당선자의 득표율을 보면, 1987년 노태우 36.6%, 1992년 김영삼 42.0%, 1997년 김대중 40.3%였다. 나는 현행 선거제 아래서는 앞으로 어떤 대선에서도 40% 이상을 득표하는 당선자가 나오기 어렵다고 본다. 정당도 후보도 난립하는 풍토인 데다 양자 대결보다는 서너 후보에게 표가 엇비슷하게 분산되는 정치 문화이기 때문이다. 문제는 그렇게 해서 구성되는 정부가 '정통성 쇠약증'에서 헤어날 수 없으리라는 사실이다.

정통성 쇠약증을 정치적으로 치유하는 좋은 사례가 스웨덴, 덴마크, 노르웨이, 핀란드 등 북유럽 나라들이다. 의원내각제인 이 나라들의 총선 결과를 보면 4~5개의 정당이 20~30%씩 의석을 나누어 갖는다. 1위 정당이라 해도 40% 의석을 넘어서기 어려운 상황에서 내각 구성권을 독점하지 않는다. 총선 후 정당 간 연합이라는 2단계의 정치 과정을 거쳐 정부가 출범하는 것이다.

올해 대선에 결선 투표제를 도입하기는 사실상 불가능해 보인다. 헌법을 개정해야 하기 때문이다. 그렇다면 북유럽 정당들이 총선 후 하는 정치 연합 방식을 참고하는 것이 바람직하다. 북유럽의 경우 의원 내각제이므로 의회정치 과정에서 연합을 하지만 우리는 선거 과정에서 할 수밖에 없다. 곧 투표 전의 후보 연합이 그것이다.

지금 모든 여론조사에서 이회창, 정몽준, 노무현 후보의 지지율을 보면 가상적 후보 연합을 제시해야 1위가 겨우 40%에 접근하는 것으로 나타난다. 대선 후보들이 가능한 연합을 이룬 뒤 유권자들이 투표함으로써 표 분산으로 인한 선거 왜곡을 막고 정부의 정통성 기반도 넓힐 수 있다. 더구나 마치 후보 연합을 위해 마련해 둔 것과도 같은 책임총리제 확립과 대통령 권력의 분권화라는 호재가 눈앞에 있지 않은가?

≪한겨레≫, 2002년 10월 30일

한국의 대통령 선거와 신세대

신세대의 투표 참여가 선거 개혁을 좌우

대학생은 동년배 세대이며 청년 지식인이라는 사회적 특성으로 인해 정치의식과 투표 선택에서 상당한 집단적 동질성을 갖는다. 지금까지 한국 선거사에서 유권자의 투표 선택에 영향을 크게 준 변수는 서너 가지로 요약될 수 있다. 우선 오랫동안 정치뿐 아니라 모든 분야에서 어떤 무엇보다 강력한 이데올로기와도 같은 기능을 해온 변수는 지역주의였다. 그리고 둘째가 민주화 요구 및 독재 정권에 대한 심판, 셋째로 세대 요인을 들 수 있다. 이 세대 요인의 범주에서 대학생층이 중요한 구성 인자임은 물론이다. 대학생은 선거에서 두 가지 동질성 위에 연대행동이 가능한 것으로 상정된다. 하나는 대학 공동체 구성원으로서의 성격이고 다른 하나는 신진 세대로서의 '집단적 개성'이다.

투표 선택에서 민주화 요인은 군사 권위주의 정권이 종식을 고한 1990년대 중반 이후 크게 엷어졌다. 그러나 2002년 6·13 지방선거에서 보듯이 대통령 아들들의 비리로 인한 정권 심판이라는 투표 선택 요인은 매우 강하게 표출됐다. 거기다 지역주의까지 밑바탕에 깔려있었던 것으로 보아야 할 것이다. 그 때문에 6·13 지방선거에서는 세대 요인이 예상보다 훨씬 미미했던 것으로 분석된다. 더구나 같은 기간에 진행된 월드컵 축구의 열기가 특히 젊은 세대의 선거 관심을 떨어뜨려서 투표 선택 요인이 편향되게 작용했다.

세대 구획의 열쇠, 1980년과 인터넷

투표 결정의 세대 요인 연구에서는 세대별 구획을 정하는 방법이 중요하다. 단순히 출생 연도와 연령차를 10년이나 20년 단위로 끊어서 구분하는 것은 의미가 없다. 정치적으로 의미 있는 세대 구획을 위해서는 정치·사회화와 사회심리학 이론의 원용이 필요하다. 곧 외부 세계의 변화와 충격에 감수성이 가장 예민하며 그것이 의식과 사고방식에 깊은 영향을 주는 나이인 10대 후반부터 20대 초반의 이른바 '형성 시기(formative period)'에 어떤 정치적·사회적 사건에 노출됐는지가 기준이 된다. 지금까지 한국 정치 연구자들의 세대 구획을 정리해 보면 다음과 같다.

첫째, 형성 시기에 한국전쟁과 이후의 경제적 궁핍을 경험한 '전전(戰前) 세대'로서, 이들은 경제성장에 최우선 가치를 두며 보수적 성향이 가장 강하다. 둘째, 형성 시기에 유신 정권과 전두환 정권의 두 억압적 권위주의 정권 중 최소한 하나를 경험한 '민주 세대'로서, 이들은 민주주의에 강한 믿음을 갖고 있다. 셋째, 권위주의 정권으로부터 민주화 선언을 이끌어냈던 1987년과 그 이후 형성 시기를 보낸 '신세대'로, 민주 세대보다 더욱 자신감에 차있고 탈물질주의적 정향을 보여준다. 넷째는 1970년대 이후 태어나 1987년 민주화 항쟁 이후 형성 시기를 보낸 '신세대의 젊은 구성원'들로서, 88 서울올림픽과 문민정부 출범, 독일 통일과 소련의 붕괴 등 냉전 체제의 종식을 보았으며, 자기중심적이고 탈물질주의적인 가치 정향을 지닌다.

이 같은 세대 구획은 연구자들 자신이 전제했던 '인접 세대와의 상이한 역사적 경험'이 중시되지 않았다. 예를 들어 이 구획에 따르면 1972년 유신을 경험한 세대와 1980년 광주 시민 항쟁을 보았던 세대는 동일한 둘째 범주에 속하지만 그 정치의식은 질적으로 차이가 컸다. 예컨대 1985년 10월 14일자 ≪서울대학교 대학신문≫에 보면 당시 대학생들은 '해방 후 한국 현대사에서 가장 불행한 사건'에 응답하는 설문조사에서 광주 시민 항쟁을 1위로 꼽았으며 그 다음이 6·25 전쟁, 5·16 쿠데타(군의 정치 개입), 분단, 유신의 순이었다. 즉, 그 당시 의식 형성의 시기를 보낸 대학생 세대의 정치적·사회적 참여 행동은 그 전 세대와는 확연히 달랐다. 이 세대는 대학을 졸업하고 기성세대로 편입해 간 후 그 전 세대와는 확연히 구분되는 동질성과 연대감을 보였으며 투표 선택을 비롯한 정치 참여 방식도 차이가 컸다. 예컨대 1987년 6월 시민 항쟁은 일반 시민 계층 중에서도 이른바 넥타이 부대, 화이트칼라층이 가두시위에 가담함으로써 성공을 거두었다. 그 넥타이 부대는 바로 대학생 시절 광주 시민 항쟁과 그 이후 동료들의 극단적 저항 행동을 보았던 세대였다. 또한 이들의 집단의식과 개성 있는 정치 행동은 언론에 의해 이른바 '386 세대'라는 이름으로 용어화되기도 했다. 이런 세대를 따로 구획하지 않는다면 이 분야 연구에서 큰 약점이 아닐 수 없다. 또한 최근에는 인터넷을 통해 토론하며 여론을 형성하는 네티즌 세대도 별도의 신진 세대로 분류해야 할 것이다. 특히 2002 한일월드컵 때 등장한 붉은 악마 응원단은 그 이전에 볼 수 없었던 독특한 행동 양식과 시민 문화를 보여주었기 때문이다.

위와 같은 이유로 한국의 선거에서 투표에 영향을 주는 세대 요인은 '의식 형성 시기'에 경험한 정치적·사회적 사건을 기준으로 다음과 같이 구획돼야 할 것이다. 첫째, 의식 형성 시기에 8·15 해방과 6·25 전쟁을 경험한 '원로 세대'로 이들은 국가주의와 안보 의식이 강하며 한국 사회에서 보수성을 가장 강하게 드러낸다. 둘째, 4·19 혁명과 5·16 쿠데타, 유신을 경험한 '민주화 운동 세대'로 이들은 전통적 자유 민주주의를 신봉한다. 셋째, 1980년 광주 시민 항쟁과 정치군인 집단의 내란을 겪은 '민중운동 세대'로 군사 권위주의에 대해 가장 극단적인 저항 의식을 보이며 사회적 약자지만 다수 구성원인 노동자와 농민층에 눈을 돌려 경제적 분배와 복지 정책을 중시한다. 넷째, 인터넷 언론의 주역이고 2002 한일월드컵에서 붉은 악마 응원을 경험한 '신세대'로 이들은 정치적 관심보다도 문화, 스포츠, 일상생활에 비중을 두며 개인주의가 강한 것이 특성이다.

여기서 2002년 12월 치러질 대통령 선거에 작용할 세대 요인으로서 대학생층은 말할 것도 없이 넷째의 범주에 속한다.

학생운동의 이념성과 현실 적응력

대통령 선거가 있을 때마다 대학생층 내부에서는 어느 후보를 지지하느냐는 토론이 많았다. 1992년 선거 때는 단연 민중 후보에 대한 지지가 다수였다. 그러나 1997년 선거에서 학생층의 지지는 진보 진영의 권영길 후보와 당선 가능성이 있는 민주개혁 노선의 김대중 후보로 나뉘었다. 올해 치러진 6·13 지방선거에서도 학생운동권을 포함한 진보 진영은 노선 논쟁을 벌였다. 한쪽에서는 전략적으로 당선 가능성이 있는 현실적 개혁 후보를 지지해야 한다는 주장이 나오는가 하면, 다른 쪽에서는 선거운동을 통해 진보 정당의 기반을 넓혀야 하기 때문에 자체의 진보 진영 후보를 밀어야 한다고 강조했다. 그런 가운데 지방선거 결과 민주노동당이 전국적으로 8% 이상의 지지를 얻어 자민련을 제치고 한나라당과 민주당에 이어 제3당으로 올라섰다. 이 때문에 후자의 입장이 강화됐다.

대학생층은 개별 유권자의 의미를 넘어 최소한 집단적 동질성을 가진 사회계층으로, 아직도 우리나라에서 지식인의 위상을 누린다고 보아야 한다. 지식인의 역할에 관해 중요한 저술을 남긴 카를 만하임은 『지식사회학』에서 "모든 지성적인 입장이 실제로는 그 배후의 다양한 사회적 집단들에 기능적으로 의존한다"라고 기술해 "존재가 의식을 결정한다"라는 마르크스의 견해를 받아들였다. 이른바 지식인의 존재 구속성(Die Seinverbundenheit)으로 이는 막스 베버가 사회과학 연구 방법론에서 제시한 가치 중립성과 대비되는 개념이다. 지식이 그것을 생산하는 주체의 내부에서 자율적으로 전개하는 것이 아니라 바깥 사회 환경의 제 조건들에 둘러싸여서 그것에 구속돼 발전하고 변화한다는 관점이다.

한국 사회에서 지역주의로부터 비교적 자유로운 지식인들이 바로 대학생 집단이다. 그러나 이들의 주장이 사회적 주목을 받지 못하는 것이 현실이다. 오히려 기성 시민사회는 이를 식상해하고 편향된 계층적 이해관계인 것처럼 받아들이고 있다. 오래된 군사 권위주의가 우리의 정치 문화를 협력과 통합보다는 무조건적 저항과 불복종, 그리고 갈등과 분열로 왜곡시켜 놓은 것과 같은 맥락에서 학생운동도 지나친 이념성으로 최소한의 현실 적응력을 상실해 간다는 평가가 많은 실정이다.

신세대 투표 참가가 선거 개혁을 좌우

우리의 정당정치 구조가 명목상 민주적 다원주의 체계임에도 불구하고 올해 전국적으로 치러진 지방선거 결과 제1당인 한나라당이 민주당, 민노당, 자민련 등 나머지 모든 당을 합한 것보다 많은 52% 이상의 지지율을 확보했다. 또 전국 16개 광역 시장과 도지사 중 한나라당이 11개를 차지해 지지율보다도 훨씬 더 심화된 '독과점' 현상을 보였다. 이는 정당 이론에서 비정상 모델로 제시되는 지배적 패권 정당 체계에 지나지 않는다. 이 같은 결과에 신세대들은 책임 의식을 가져야 한다. 대학 재학생과 대학을 막 졸업한 20대 유권자들이 투표에 적극 참여해 세대 요인을 높였더라면 정당 체계가 지배적 패권형으로 전락하는 것을 어느 정도 막을 수 있었을 것이다. 국민의 정치적 관심을 최고 수준으로 고양시키는 대통령 선거에서 세대 요인의 열쇠를 쥔 대학생층이 어떤 역할을 해야 할 것인지 깊이 생각해야 할 때이다. 캠퍼스 투표소 설치 운동도 매우 좋은 대안이 될 것이다.

≪원대신문≫, 2002년 11월 25일

마키아벨리즘을 보는 언론의 고민

옳고 그름을 분명히 가려야 하는 것이 저널리즘

16대 총선을 앞둔 공천 정국에서 언론을 잠시 혼란스럽게 한 것 중 하나는 역시 현실과 규범의 문제가 아닌가 싶다. 절차의 정당성 여부에 대한 평가도 제대로 하지 못한 채 그 결과로써 나타나는 현실을 저널리즘은 어떻게 받아들여야 할 것인가. 새 천년 벽두 시민 단체들의 낙천 낙선 운동에서부터 시작된 언론의 고민은 공천 탈락자들이 모여 만든 정당을 어떻게 보아야 하는가에서 절정에 올랐다. 처음 시민 단체의 정치 개혁 운동을 대하는 언론은 실정법 콤플렉스에서 벗어나지 못했던 것 같다. 공천 반대자 명단 발표를 선거법 위반이라며 외면하려 했었다. 그래도 유신헌법이나 「언론기본법」 같은 악법을 경험한 덕인지 실정법 콤플렉스는 곧 사라지고 시대의 새 흐름을 중시하는 정론이 나왔다. 1987년 6월 시민 항쟁 당시, 엄연한 실정법인 「집회 및 시위에 관한 법률」을 지키라고 한 언론이 있었다면 어떤 역사적 평가를 받았을까? 정치권이 워낙 몰염치한 행태를 보였기 때문에 그 정치권이 담합해 만든 선거법이 이성적 상식에 어긋난다고 본 것이 국민 여론이었다. 미국 독립혁명기에 토마스 페인이 전파시킨 '커먼 센스'를 연상시키는 상황이었다.

시민 단체의 선거 개혁 운동은 그런대로 소화됐지만 공천 탈락자들이 모여 만든 정당은 저널리즘에 결코 쉽지 않은 문제를 제기했다. 비판해야 할 것인가, 아니면 정치에서 중요하다는 현실을 받아들여 주요 정당으로 인정하고 취재원으로 대우해야 할 것인가? 언론이 이런 고민을 채 정리하기도 전에 그 당은 선거 정국의 주요 뉴스메이커로 자리 잡았고 그래서 현실을 강조해 온 언론으로서는 더 오래 고민하고 있을 수만은 없었다.

기존 정당에서 소수 당권파가 공천권을 불공정하게 휘두르니 그것을 개혁하기 위해 불가피하지 않으냐는 지적도 있다. 정치 신인들의 경우엔 맞을지 모른다. 그러나 민주국민당 결성을 주도한 명사 정치인들은 어제 오늘 정치에 입문한 신인이 아니라 대부분 정치권에서 잔뼈가 굵었고 기존의 당에서 내로라하며 보스 노릇을 했던 인사들이다. 그런 중진 정치인들이 공천에서 탈락하자 소속 당을 버리고 뛰쳐나와 신당을 만든 것은 일단 제도적 틀과 게임의 룰보다도 개인적 필요에 따른 행동임에 틀림없다. 그럼에도 불구하고 그 정당이 선거 정국에서 상당한 뉴스 원으로 자리 잡았다는 점 때문에 기자들은 당혹스럽지 않을 수 없었을 것이다.

그 당은 사실대로 말하면 공천신청을 했다가 탈락된 정치인들이 각기 소속 당에서 탈당해 만든 선거 출마용 간판이다. 공천을 받았다가 반납하고 합류한 인사도 두세 명 있지만 이들은 당내 비주류로 당권파에 심한 반감을 가져왔기 때문에 별도로 의미를 부여할 만한 경우가 아니다.

내팽개쳐지는 정치계약과 규칙

공천을 신청하는 구비 서류엔 으레 공천 결과에 승복한다는 서약서
가 포함돼 있다. 그 당에 당원으로 입당하는 것은 물론이고 공천 경쟁
에서 탈락하더라도 공천된 후보자를 선거전에서 돕겠다는 내용까지
들어있다. 그것은 일종의 정치 계약이다. 자발적 계약에는 준수의
의무가 뒤따르는 것이 당연하다. 그런데도 이 당이 안 되면 저 당으로
공천 신청을 무슨 '또 뽑기' 하는 식으로 순회하는 정치인이 한둘이
아니다. 이들에겐 정당의 이념이나 정치 노선이 자신에게 맞는지 여부
같은 것은 중요하지 않다. 그저 공천만 따내면 된다는 생각이다. 목표
를 달성하기 위해선 어떤 수단을 써도 괜찮다는 마키아벨리즘이 너무
도 당연시되고 있다.

무엇보다도 신당 주도자들이 우리 정치 문화에 내던진 또 하나의
쓰레기는 '정당 허무주의'라고 보아야 할 것 같다. 정당정치의 규칙과
제도가 정치인을 규제하지 못하고 정치인이 자기 이해관계에 따라
정당을 부수기도 하고 만들기도 하니 정당이 어떻게 정치 과정의
매개체가 될 수 있겠는가? 정당의 수명이 그 보스 정치인들의 정치적
생명력보다 길어야 한다는 것이 현대 정당의 최소한의 요건이다. 그
정도의 안정성이 정립되지 않은 정치 집단이라면 그것은 정당 이전의
파당이나 붕당(faction)에 불과하다는 것이 정당 이론의 통설이다. 현존
하는 우리의 정당 중 가장 긴 역사를 가진 정당은 자민련으로, 2000년
현재 겨우 5년생이다. 우리의 정당은 국민 속에 뿌리 내린 제도가
아니라 정치적 보스들의 장식품에 불과한데도 과분한 대우를 받고

있다. 국민의 혈세인 국고보조금을 받고 선거 공천권을 행사하며 언론
에게는 주요 취재원이다. 영국 노동당이 지난 2월로 100년을 맞았다는
외신 보도가 눈길을 끈다. 그런 정당정치와는 거꾸로 가는 행태들인데
도 주요 뉴스로 삼을 수밖에 없는 현실이 고민스러운 일이다.

지금은 문명 충돌론으로 국제정치 패러다임 논쟁에서 주역이 된
하버드 대학의 새뮤얼 헌팅턴 교수가 1970년대 초 한국 정당에 관해
언급한 대목이 생각난다. 그가 정치발전론을 천착하던 소장 학자였을
때의 저서에서다. "한국에 42개 정당, 베트남에 29개, 파키스탄에 18개
가 존재한다는 보고는 분명히 오류다. 그런 집단은 사실상 18세기
유럽과 미국의 정치를 지배했던 정치적 파벌, 은밀한 결사, 종파, 그리
고 족벌과 유사하다."

세 사람만 모이면 정당을 만든다는 해방 정국이 후진국 정치의
한 전형으로 제시된 것이다. 그는 후진국 정치 집단 중 지속성과 조직
구조가 없는 것들은 개인적 야망의 표현체에 지나지 않는 파벌과
족벌이지 정당이라고 볼 수 없다고 했다. 총선을 코앞에 두고 만들어
지는 정당들은 대개 여기에 해당한다고 보아도 틀리지 않을 것이다.

현실주의 함정이 저널리즘의 적

정당을 새로이 조직한 것이 어디 민주국민당뿐이냐는 반론도 있을
법하다. 그래도 다른 신당의 경우는 나름대로 부끄럽지 않은 대의명분
을 내걸었다. 개혁이니, 수혈이니, 영세 근로 계층 대변이니 하는 식으
로 자기 이익이나 목전의 필요를 넘어선다고 인정받을 수 있을 만한

기치를 세웠다. 공천 탈락이 신당 결성의 직접적 동기가 된 민주국민당은 그런 명분을 내세우기가 민망한 처지인 것이 사실이다. '반이회창, 반DJ'라는 구호만으로는 정당을 창당할 만한 정치 노선이 되기 어렵다. 또 선거를 한 달 반 남겨놓은 시점에 당을 만든 신기록 때문에도 다른 신당의 명분과는 다를 수밖에 없다. 그저 선거에 출마하기 위한 인사들의 정당으로 급조됐다고 해도 그에 대응할 논리가 군색할 것이다.

그러나 이제는 그 당을 명분 없는 낙천자 집단이라고 계속 도외시하기 어려운 현실이 우리 선거 정국을 지배하고 있으며, 언론도 그 현실에 따라가고 있다. 그러니까 민주정치와 정당정치의 규범에 어긋나는 행동들의 결과로 형성된 현실을 받아들일 수밖에 없게 된 것이다. 이 점이 언론의 판단 기준을 흩뜨리는 것은 아닌가, 저널리즘이란 이상 추구를 오래 할 수 없으며 결국 재빨리 현실 인정으로 회귀할 수밖에 없는가. 언론에 이런 고민을 비교적 명료하게 던져준 것이 최근의 공천 파동 정국이었다. 그리고 시민 단체들의 선거 개혁 운동도 현실 무대에서 그 의미가 점차 희석돼 갔으며 언론은 역시 그에 관한 보도 비중을 크게 낮추었다.

어떤 수단과 방법을 써서라도 일단 목적을 달성하고 나면 그 결과물은 엄연한 현실의 한 부분으로 자리 잡는다. 그런 현실주의의 함정 때문에 정치 계약인 게임의 룰에 대한 복종의 의무를 저버리는 퇴행적 정치 행태도, 선거판에서 악용되는 지역주의도, 국회에서의 날치기도 너무 쉽게 반복되는 것 아닌가. 민주국민당 측 인사들은 탈당과 명분 없는 신당 창당의 반정치윤리를 넘어서 지역감정을 이용하는 역사적

죄과까지도 저지르고 있는 것은 아닌지 따져보아야 할 것 같다. 자신들의 출신 지역인 영남권에 영향력이 강한 김영삼, 노태우 전 대통령을 찾아가 도움을 청했고 기세를 올리기 위한 첫 공천자 대회도 서울이 아닌 부산에서 가졌다. 지역정서 부추기기라는 비난을 면할 도리가 없다. 여기서 언론은 수단과 방법의 윤리성, 과정과 절차의 정당성을 바로 세우는 이상 추구를 고수해야 하는가 아니면 엄존하는 현실을 중시할 수밖에 없는가?

우연찮게 미국에서도 지금 대통령 예비선거가 한창이다. 미국의 언론들은 선거 후보에 대한 지지와 반대를 분명히 하고 있다. 심지어 미국의 선거 정국에서는 우리의 지역주의만큼이나 민감한 종교 문제에 대해서도 언론이 각자의 시각에 따라 할 말을 한다. 그것은 그런 정치인이 있기 때문에 가능할지 모른다. 공화당 예비선거에서 돌풍을 일으키고 있는 존 매케인은 기독교의 보수적 교파를 정면으로 비판했다. 그리고 ≪뉴욕 타임스≫는 그것을 개혁의 목소리로 전파했다. 이처럼 현실적 권력에 편승하기보다도 옳고 그름을 분명히 가려야 하는 것이 저널리즘이다. 우리 언론이 지역주의나 날치기나 정치판의 얄팍한 이합집산 풍조를 깨부수는 정치인을 진정한 시대적 영웅으로 찾아내야 할 때가 아닌가 싶다.

≪관훈저널≫, 2000년 봄호

국회 권력도 견제받아야

다수결이 파시즘까지 부르지 않았던가

노무현 대통령이 민주당을 탈당한 뒤 무당적으로 국회 지도자들과 국정 사안을 협의해 나가겠다고 밝혔다. 일단 새로운 정치 방식을 시작해 보는 것은 틀림없으며 그 의미가 가볍지 않다. 그 자체가 자연스러운 정치 개혁으로 연결될 수도 있다. 우선 대통령이 중앙당의 대표가 아니라 원내총무들과 만나게 되면 정당의 무게중심이 원내로 옮겨질 수 있을 것이다. 물론 언론들이 우려한 것처럼 위험한 정치 실험이 될 수도 있다. 1여 3야의 원내 구도에서 야권이 일정한 규범을 지켜주지 않을 경우 아무런 의미도 갖지 못할 우려가 있다.

홍사덕 총무 호응, 노 대통령 새 정치 실천되나

노 대통령은 미국처럼 의회 지도자들과 만나서 설명하고 협조를 구하는 방식으로 하겠다고 이미 언급한 바 있다. 거기에 최근 한나라당의 홍사덕 원내총무가 대통령이 원만한 국정 운영을 하려면 각 당의 '원내 대표'들과 자주 만나야 한다고 말했다. 결국 여야의 원내총무들이 수의 정치가 아니라 대화와 타협을 중시하는 '양식의 정치'로 나아가는 것이 관건이다. 그것만이 정치 개혁이고 한국 정치의 업그레이드라 할 수 있다.

수의 정치란 언제나 다수결에 의존하는 방식이다. 그 다수결이 민주적 결정 원리라고 일컬어져 온 것은 사실이다. 그러나 다수결처럼 민주주의의 가치를 위협하는 것도 드물다. 유럽의 파시즘도 의회 내 다수결로 탄생했던 역사를 잊어선 안 된다.

미국의 경험도 그렇다. 모든 것을 다수결로 결정하고 관행화한 결과, 백인의 이익과 편의를 위해 유색인종을 억압하는 법률과 제도가 자리 잡은 것이다. 다수결로 한다면 백인의 동네, 학교, 식당에 유색인은 들어가지 못하게 할 수도 있다. 1960년대 흑인 민권운동의 바람이 거세게 불 때까지 미국은 사실상 소수 유색인종이 다수 백인들에 의해 억압받는 사회였다. 그때까지만 해도 미국의 민주주의가 단순 다수결을 벗어나지 못했기 때문이었다. 그것이야말로 일찍이 아리스토텔레스가 '중우정치'라고 폄하했던 민주주의였으며, 그래서 1960년대 미국의 민주주의는 심각한 도전과 파괴를 겪어야 했다. 흑인들이 처음으로 조직화된 정치 데모에 나섰고, 전국의 대학가에서 젊은 지식인들은 기존 질서를 부정하는 뉴 레프트 운동을 점화했다.

많은 대가를 치른 뒤에야 미국의 지도자들도 민주정치에서 다수결이 내포하고 있는 흠결에 눈을 떴다. 인간 기본권이나 치명적인 이해관계 같은 것은 제아무리 다수결이라 해도 밀어붙여서는 안 되는 것이다. 그럴 경우 억압받는 소수는 차라리 공동체 구성원이기를 거부하는 편이 더 낫다고 생각하기 때문이다. 극단적으로 반체제 지하운동이나 내전은 그렇게 발생한다.

포퓰리즘의 횡포와도 일맥상통하는 중우정치를 방지하기 위해서 아리스토텔레스가 상정한 결정 방식은 토론과 협상에 의한 '합의'였다. 다수결은 그 합의가 이루어지지 않을 때 사용하는 차선책에 불과하다. 다수결로 한다고 해도 소수의 권리를 보호해야 한다는 것이 민주정치의 철칙이다.

우리 국회도 일차적으로 원내 교섭단체 대표, 즉 원내총무 간에 합의가 이루어지면 표결에 부치지 않고 통과시킨다. 합의가 안 될 경우 국회법상 표결에 부치게 돼있다. 여기서 문제는 민주정치의 철칙인 소수의 권리 보호가 전혀 반영돼 있지 않은 데 있다.

국회 내 의안 처리 과정과 별개로 더 근본적인 문제는 국회와 행정부의 관계에서 견제와 균형이라는 권력분립의 원칙이 깨진 점이다. 국회는 다수결로 행정부의 무엇이든 견제할 수 있게 돼있다. 국무총리나 감사원장의 임명 동의를 거부할 수 있고 각료 해임 건의도 의결한다.

이것은 내각제적 요소를 도입한 것이다. 그 내각제에서는 행정부가 의회의 잘못된 결정을 견제하기 위한 거부권이 잘 규정돼 있다. 경우에 따라서는 의회를 해산하고 총선거를 실시해 국민들에게 심판하도록 할 수도 있다.

국민 의사와 관계없는 1여 3야로 국정 교착 상황

그러나 우리 헌법은 내각제적 요소 중에서 국회가 행정부를 견제하는 것만 도입했지, 행정부가 국회 결정을 거부하는 장치를 도외시했다. 군사 권위주의 정권 시절에는 대통령 권력만 견제하면 됐지만 민주화가 이룩된 지금은 국회 권력도 견제받아야 하는데도 아무런 장치가 없는 실정이다.

권력은 상호 견제로 균형이 이루어져야 국민을 억압하지 못한다는 것이 근대 이후 민주정치의 근간을 형성한 사상이었다. 그런데 우리는 지금 국회와 행정부뿐 아니라 여당과 야당의 견제와 균형도 깨져버렸다. 국회 내 1여 3야의 의석 분포가 어디 국민이 선거에서 만들어준 것인가. 국민 의사와 관계없이 정치권에서 의원들이 당적을 이리저리 옮기고 정당들이 이합집산한 결과 아니던가. 국민 의사에 바탕을 두지 않은 국회 내 지배적 패권 정당의 출현과 견제 장치 없는 국회 권력이 우리의 민주주의를 위협하고 있는 것이다. 양식에 기반을 두지 않는 다수결 방식이 종종 국회 권력의 '횡포'로 나타나는 의회정치의 위기 상황이다.

노 대통령의 새 정치 시도가 성공한다면 법과 제도의 빈틈을 메우고 의회정치의 위기를 다독일 수 있을 것이다. 그런데 바로 그 빈틈 때문에 새 정치가 시련을 겪을 위험성이 작지 않아서 걱정이다. 그 치유책은 대통령 선거에서 모아진 국민 지지에 근거해서 대통령이 민주적 권위와 정당한 권한을 적절히 구사하는 것이다. 그것이야말로 구시대적 권위주의가 아니라 법적 정당성을 갖는 정치력이다.

≪오마이뉴스≫, 2003년 10월 1일

『한국정당과 정치지도자론』

《중앙일보》, 1992년 8월 2일자에 실렸던
최명 서울대 교수의 글로
『나의 글, 나의 정치학』(인간사랑, 2006)에 묶여 출간되었다.

한국정치의 비민주적 파행성이 남북분단이라는 민족의 비극에서 시작되었다는 것은 흔히 지적되는 한국 정치의 테제이지만 이에 대한 이론적인 분석은 많지 않았다. 저자인 김재홍 박사는 아니라고 겸손해하지만 여기에 소개하는 그의 새 저서는 누가 무어라 해도 위의 테제에 대한 이론서다.

이 책에서 김 박사는 분단 자체에 대한 설명은 하고 있지 않으나 해방 직후 분단 고착의 국내적인 원인을 체계적으로 분석하고 있다. 그는 좌우익의 이념적 갈등, 유일당적인 정당의 특질, 그리고 정치 지도자들의 비타협적 형태가 해방 이후 전국적인 정치 권위체의 수립을 저해했다는 가설을 세우고 다각도에서 그 입증을 시도했다. 그 가설의 입증을 위한 첫 작업은 한국 좌우익의 이념적 분열 과정에 대한 설명이다. 좌우익의 분열은 해방 후 상황의 산물이 아니라 1920년대에 이미 국내외에서 심화된 이념적 갈등이 해방과 더불어 분출된 것이다. 이러한 갈등의 역사는 이념의 경직성을 강화시킨 요인이 되었다는 것이다.

해방 정국의 주요 정치 문제는 부역자(附逆者) 처리와 토지개혁, 모스크바 3상협정과 미소공동위원회, 그리고 정부 수립 방법과 좌우합작에 대한

『한국정당과 정치지도자론』

것으로 요약된다. 저자는 당시의 정당들을 좌우로 양분하지 않고 중간파 정당을 포함한 4분 이념 분산의 입장에서 문제에 접근하고 있다. 이념의 분산은 다양성을 반영하고 있다. 그러나 그것은 타협과 통합의 변수로 승화될 수 있는 이익의 다양성이 아니라 경직된 이념의 다양성이었기 때문에 정당 간의 연합이 실패하였다고 저자는 주장한다. 가설의 입증을 위한 두 번째 작업은 해방 이후에 탄생한 정당들의 유일당적 특질을 밝히는 것이다. 이것이 좌우익의 통합은 물론, 정당 간의 연합에도 장애 요인이 되었음을 정치 지도자들에 대한 분석을 통해 저자는 규명하고 있다. 지도자들의 갈등 처리 능력 부족과 융통성 결핍이 해방 정국의 또 하나의 실패임을 저자는 지적하고 있다. 김 박사의 저서는 현대 정치사의 연속성을 생각할 때 요즈음의 정치에 시사하는 바가 오히려 더 크다고 생각한다. 이 책은 김 박사가 1980년 재직하던 언론사에서 강제 해직을 당하고 난 후의 연구다. 시대적인 비극을 경험하는 동안의 연구인만큼 현실적인 문제를 연상케 하는 대목이 많다.

■ 이 책은 김재홍 씨의 서울대 박사학위 논문을 단행본으로 펴낸 것이다.

선진 사회의 자율과 책임

1980년의 야만적 권력과 자유 언론 운동

비상계엄하 광주 시민 항쟁 보도 위해 검열 거부

5월 20일은 기자들이 1980년 내란 군부의 사전 검열을 거부하고 광주 시민 항쟁 보도 운동을 선언한 날이다. 기자의 날로 제정되기에 가장 적절한 날이라고 본다. 내가 속해있던 동아일보에는 기자협회 지회가 없었다. 그럼에도 같은 날 동아일보 기자들의 광주 항쟁 보도를 요구 조건으로 한 검열 거부와 제작 거부가 이루어졌다. 기자협회의 연락을 받은 것도 아니었다. 당시 동아일보에는 나중에 강제 해직을 당한 박권상 논설주간, 김진현 논설위원과 최일남 편집국 부국장과 같은 언론계 대선배들이 있었기 때문에 독자적으로 움직였다. 10·26 이후 5월 20일까지 동아일보의 자유 언론 운동을 정리하면 자연히 기자의 날 제정의 취지에도 잘 부합할 것이다.

다음은 당시 발표한 선언문의 일부이다.

자유 언론을 위한 선언문

민족의 해방과 4월 혁명 이래 최대의 변혁기를 맞은 새 시대의 문턱에서 우리 동아일보 기자 일동은 현 시국과 언론 상황에 관련하여

역사의 방향을 가늠하는 일단의 견해를 피력하고자 한다. …… 우리
는 또 언론의 자유가 저절로 주어지는 것이 아니라 끈질긴 투쟁의
소산임을 믿으면서도 자유 언론의 구현을 위해 과감하지 못했음을
자성할 수밖에 없다. …… 구체제하에서 자유 언론 실천 운동이 타율
적으로 이간 분열되어 동료 간의 불신, 질타, 매도, 자조의 풍조가
만연됐던 비극이 더 이상 반복돼서는 안 된다. ……

결의

1. 우리는 국민의 알 권리와 언론의 알릴 의무에 충실할 것을 다짐하며
   검열, 사찰, 압력, 간섭 등 언론에 대한 모든 타율로부터 벗어나
   자유 언론을 실천한다.
1. 우리는 일부 지식인과 언론인들의 기회주의적 지식 오용이 국가와
   사회에 해독을 끼쳤던 구시대의 타락상에 유의하면서 곡필아세를
   엄중 경계하고 정론을 구현하기 위해 새로운 자세를 가다듬고 동지
   애로 뭉친다.
1. 우리는 해직 기자들이 벌였던 자유 언론 실천 운동의 근본 정신에
   원칙적으로 공감하며, 이들의 문제가 합리적이고 긍정적으로 해결
   돼야 한다는 데 뜻을 모은다. ……

1980년 4월 17일

동아일보 기자 일동

1979년 10·26 박정희 살해 사건 이후 동아일보 기자 일동 명의로 나온 첫 자유 언론 선언문이다. 당시 동아일보는 신문, 동아방송, 월간지로 ≪신동아≫와 ≪여성동아≫ 등 3개 분야의 매체를 가지고 있었다. 그래서 매체별로 기자들이 더러 입장 표명을 했지만 '동아일보 기자 일동'의 이름으로 낸 것은 이 4·17 선언문이 처음이다.

더 역사적인 의미를 붙여 말한다면 1974년 10·24 동아일보 자유 언론 실천 선언(동아일보자유언론실천투쟁위원회: 동아투위) 이후 다시 발표된 문서다. 유신 체제 아래서 자유 언론 운동을 하다가 거리로 쫓겨난 기자들이 아직도 돌아오지 못하고 있는데 같은 맥락의 요구가 또 나온 것이다. 두 선언문은 그 정신이나 내용 면에서 동질적임을 부인할 수 없다. 그럼에도 불구하고 두 문서를 동일한 연속선상에 놓기 위해서는 쉽지 않은 우여곡절을 거쳐야 했다.

동아일보 자유 언론 선언 14인 소위원회

10·26 이후 정국 동향을 예의 주시하던 동아일보 기자들 중 몇 명은 그해 말부터 극비리에 비공식 회동을 가졌다. 첫 만남은 김용정 경제부 기자를 좌장으로 5명 안팎의 편집국 기자들이 시작했다. 얼마 후 이 모임은 평기자 중 가장 선임으로 청와대 출입이던 강성재 정치부 기자를 좌장으로 영입했다.

동아투위 이후 첫 공채로 1978년 초 입사해 외신부에서 일하던 나에게 연락이 온 것은 1980년 3월초. 이들이 편집국에 '자유 언론 선언을 위한 소위원회'를 조직한 것이다. 각 부서별, 입사 연도별로

균형 있게 구성해서 비록 지하조직이지만, 대표성을 반영한 공식 기구
였다. 편집부, 정치부, 경제부, 사회부, 외신부, 문화부 등을 망라해서
모두 14명이었다.

당시는 '서울의 봄'이 한창이었다. 김대중, 김영삼, 김종필 씨에
의한 정치 활동 재개였다. 그러나 우리는 3월 중순 이후 이미 그것이
풍전등화임을 간파했다. 기자의 강점인 정보 능력을 가졌기 때문에
예견이 가능했다.

1980년 권력에 저항한 민주화 운동

10·26 사건으로 대통령 박정희가 사라진 후 유신 체제보다 더 엄혹
한 광풍이 몰아치리라고 예상한 견해는 거의 없던 상황이었다. 역사에
는 과거 사실을 희석시켜 보려는 가정법이 통하지 않듯이 믿을만한
미래 예측도 별로 없는 법이다. 그러나 민주화와 복고 반동이 교차하
면서 나아가는 역사 발전은 하나의 경험 법칙이다. 1980년 민주화
운동이 잠시 빤짝 고개를 들던 '서울의 봄'은 일찍이 보지 못하던
혹한의 복고 반동을 불러왔다. 그것은 서울의 봄에 대한 역풍이라기보
다는 10·26에 대한 본격적인 반발이었다. 그렇기에 박정희가 키워놓
은 정치장교 집단인 하나회가 1979년 12·12 군사 반란을 거쳐 1980년
5·18 광주 항쟁 살상 진압으로까지 광기를 보였다. 이 일에 대해 미리
예견한 사람 역시 없었다.

12·12 군사 반란에서 5·17 내란으로 가는 중간에 야당 정치인들에
의한 서울의 봄과 전국의 대학가의 학생운동, 그리고 특히 광주 시민

들의 민주화 요구가 자극제 역할을 했다. 1980년 전후의 우리 역사는
10·26 유신 체제 와해 → 12·12 하나회 군사 반란 → 1980년 서울의
봄 → 5·17 비상계엄 확대 → 5·18 광주 시민 항쟁 → 5·24 광주 항쟁
살상 진압 등으로 거듭된 민주화와 복고 반동으로 점철됐다.

　그 와중에서 자유 언론 운동은 비유하건대 폭풍우 속의 마지막
잎새와도 같았다. 총칼을 디밀며 정권 찬탈을 위한 내란 과정에 돌입
한 정치군인들의 계엄령과 언론 사전 검열 아래서 언론 자유란 가당치
도 않은 둔사였을 뿐이다.

서울대생들의 언론 압박

　1980년 3월 말 우리는 내란 권력이 조직화되고 민주화 운동이 위기
에 처해감을 감지했다. 각계 각 분야에서 민주화를 요구하는 목소리들
이 터져나와야 군부가 경거망동을 자제할 판이었다. 소위원회 모임은
의지를 밝히는 선언문을 조속히 내자는 의견과 좀 더 신중하게 지켜보
아야 한다는 측으로 갈려 합의를 이루지 못했다. 그러면서 날짜만
흘러갔다.

　서울대생들의 대자보와 유인물 등에 '언론인들 각성하라'라는 경고
가 등장하기 시작한 것도 이 즈음이었다. 서울대 학생운동권은 유신
체제가 준비되던 1971년 3월에도 '언론인들에게 보내는 경고장'을
공표한 바 있다. 어느 분야보다도 언론의 제 역할이 중요하다고 본
때문이다.

　나는 서울대 후배들과 접촉해 본 결과 이들이 경고에 그치지 않고

언론에 대한 행동 계획을 짜고 있음을 알았다. 광화문통의 주요 언론사 편집국에 진입해 언론인들의 궐기를 촉구하는 성명서를 낭독하고 점거 농성하겠다는 것이다. 디데이는 4·19 기념일이었다.

나는 다급해졌다. 4·19 이전에 반드시 선언문을 내고 실천 행동을 보여야 한다고 선배들에게 졸라댔다. 우리의 날짜는 4·19 기념일 이틀 전인 4월 17일로 정해졌다. 선배들은 "자네가 발언을 많이 했으니 문안작성팀에도 들어가라"고 끼워주었다. 그런데 초안을 준비해 와서 문안을 결정하기로 한 4월 15일까지도 초안은 작성되지 않고 있었다. 광화문의 어느 골목 식당 방, 나는 초안을 맡은 3명 앞에서 문안을 작성했다. 이어 문안작성팀 4인과 함께 어느 기자의 아파트로 갔다. 좌장인 강성재 선배가 데스크 작업을 했다. 선배들은 대체로 동아투위의 자유 언론 운동과 연속선상에 있다는 표현에 민감했다. 기자 총회에서 낭독할 경우 반대가 많을 것이라는 얘기다. 그래서 "원칙적으로 공감한다" 정도로 합의했다.

실제로 4월 17일 기자 총회는 그 문제로 시끄러웠다. 두 가지 목소리였다. "남아서 제작에 참여한 기자는 언론 자유에 반대한 줄 아느냐"라는 반발은 동아투위 당시 기자 내부의 갈등이 다 해소되지 않았기 때문에 나온 것이었다. 한편 "우리도 모르는 소위원회가 대표성을 갖느냐"라는 반발은 당시 워낙 무서운 공포 분위기 때문에 지하운동처럼 활동한 데서 연유한 소외감의 발로였다.

첫 보도는 "광주 일원에 소요" 3단 기사

5월 17일 비상계엄 확대가 발표되자, 18일 광주 시민들은 저항 행동에 나섰다. 내란 군부는 계엄 철폐를 요구하는 시민 시위대에 잔인한 살상 행위를 감행했다. 현장에 취재기자단이 급파됐다. 그러나 송고되는 기사는 한 줄도 보도되지 못했다. 이른바 계엄사의 사전 검열단이 모두 잘라냈기 때문이다. 외신부에 있던 나는 AFP, 로이터, UPI 등의 광주 항쟁에 관한 보도를 모두 스크랩했다.

14인 소위원회가 자료조사실에 모였다. 광주 항쟁이 보도되지 않는 신문은 안 내느니만 못하다는 결론에 도달했다. 5월 19일 우리는 편집국에서 철야 농성을 하면서 20일 오전을 기해 검열 거부와 제작 거부를 선언하기로 했다.

제작 거부 나흘째인 5월 23일, 석간인 《동아일보》 1면에 "광주 일원에 소요"라는 3단 제목의 첫 보도가 실렸다. 제목은 3단이지만 기사는 1면 거의 전체를 차지해 사실상 톱이었다.

그러나 5월 말 광주 취재를 갔던 기자들이 이른바 유언비어 유포죄로 체포되기 시작했다. 나는 제발이 저려서 안절부절못했다. 장행훈 외신부장이 나를 부르더니 귓속말로 "조용히 어디 가있다가 오지 그래. 출근 문제는 신경 쓰지 말고……"라고 말했다. 나는 학교 교사를 하는 친구의 소개로 열흘 정도 강원도의 어느 농가에서 식객 노릇을 했다.

출근을 시작한 뒤 보름 만인 6월 말경, 합수부 요원 2명이 동아일보사로 출장 수사를 왔다. 이미 체포된 기자들을 닦달해서 만든 두툼한 수사 기록 2권을 들고 나타났다. 그들은 편집국장에게 수사 대상 6명의 명단을 내밀면서, 합수부로 연행하지 않고 여기서 자술서만 받겠다고 했다. 강성재, 김용정, 그리고 나와 이도성 등이 조사자료실에 자리잡은 합수부 요원 앞으로 소환됐다. 그들은 수사 기록 중 중요한 대목의 일시, 장소, 관련자 이름 등을 불러주면서 자술서에 통일시켜 써야 한다고 했다. 사실관계가 잘 맞지 않으면 수사를 다시 해야 한다니 우리는 구속돼 있는 선배 동료들을 생각해서도 그저 확인 자술서를 쓸 수밖에 없었다.

자유 언론 운동에서 내적 언론 개혁으로

그로부터 두어 달 후인 8월 9일 토요일 오후, 편집국 앞 벽에 방이 붙었다. 강제 해직자 34명의 명단이었다. 떠나는 자와 남는 자 사이에 눈시울을 붉히는 작별 인사가 오갔다.

그로부터 7년 반이 지난 1988년 2월, 나는 편집국에 돌아왔다. 1987년 6월 시민 항쟁이 성공을 거둔 덕이었다. 그러나 편집국은 떠날 때의 분위기가 아니었다. 다원화 대신 획일성이, 자율성 대신 상명하복이 뿌리 내리고 있었다. 해직 기자들에게 복직이 아닌 재입사 수속을 밟으라고 했고 호봉도 해직 기간의 절반만을 인정했다. 입사 동기생들보다 4호봉이 떨어질 뿐 아니라 공식적으로는 후배보다 뒤지는 굴욕이었다. 당시 동아일보 노조도 회사의 이 인사 방침을 지지했다.

노조 공보위원장이니 노조 위원장을 맡으라는 요청이 계속됐지만 내가 그것을 거절한 이유가 이 때문이었다. 거기서 나는 자유 언론

운동을 좀 더 내적인 언론 개혁으로 바꾸어야 한다고 생각하기에 이르렀다. 2001년 나는 타의가 아니라 자의로 신문사를 영구히 버릴 수 있었다. 해직 기간 얻은 박사 학위 덕에 대학교수로 전직한 것이다. 곧바로 언론 비평 전문지의 기자가 내 연구실로 찾아왔다. 집중 인터뷰를 해갔다. 상당히 조심스럽게 얘기한 것 같았지만 지면의 제목은 "편집국장과 주필, 사주에 장악돼 있다"였다. 신문사의 획일성을 지적한 말이었을 것이다. 그 후 나는 오마이뉴스의 논설주간으로 칼럼을 집필하는 등 언론 활동을 이어갈 수 있었다. 1970~1980년대의 자유 언론 운동을 내적 언론 개혁으로 전환하는 글을 썼다. 국회에 등원한 후에도 그 연속선상의 입법 활동을 추진해 온 것은 상당 부분 복직 기자 경험이 작용한 셈이다.

한국기자협회, 『언론자유와 기자의 날』, 2006년 5월 19일

사주 · 편집인 · 주필들이여
종교의 자유 내세우는 사교의 교주와 다르려면

최근 미국의 이름 높은 인권 단체인 프리덤 하우스는 세계 각국의 언론 상황을 여섯 등급으로 나누고 한국을 2등급으로 분류했다. 이를 두고 보수 신문들은 우리의 언론 자유가 1등급이 아님을 강조했다. 그러면 보수 신문이 특혜 성장을 누렸던 군사정권 시절 한국 언론의 점수는 어땠을까? 유신 말기인 1977년 프리덤 하우스는 당시 세계 145개국의 언론 상황을 1등국부터 7등국까지로 분류했고, 한국은 거기서 5등국이었다. 인도네시아, 필리핀, 케냐, 수단 등 군사독재가 지배하는 후진국이나 헝가리, 폴란드, 유고 같은 공산국가와 동점이었다. 레바논, 파키스탄, 이집트, 로디지아 같은 나라들도 4등국으로 한국보다 앞섰다. 한국보다 못한 나라라면 캄보디아, 베트남, 중국, 루마니아, 소련과 북한 정도였다. 세계 최고의 전통을 자랑하는 저널리즘 연구 과정인 미국 하버드 대학의 니만펠로십도 "한국 기자는 자유 언론인이 아니다"라며 받아들이기를 거절했다. 유신 선포 이후 1987년 말까지 15년 동안 한국 언론은 그런 수모를 겪었다.

그런데 언론 자유가 하위권에서 상위권으로 올라선 지금, 자유를 침해하지 말라고 소리치는 보수 신문의 사주와 편집인, 주필들은 그렇

게 어두웠던 시절엔 과연 무엇을 했는가? 유신 체제나 5·18 내란 상황
에서 정의로운 기자와 논설위원들이 언론 자유 운동을 벌였을 때
그들은 어디에 있었는가? 당시 자유 언론을 실천하려던 기자들을 강
제로 해직시킨 사주는 지금의 사주가 아니던가? 동료였던 해직 기자
들의 복직을 방해하거나 복직 기자들을 차별 대우한 편집 간부들이
편집권을 독점해 오지 않았던가? 탈세 처벌을 모면하고 비호하기 위
해 언론 자유를 들먹이는 그들이 종교의 자유를 방패막이로 삼으려는
사교의 교주와 다를 게 무언가? 그런 사주와 주필들 아래서 언론의
양심 회복은 가능한 일인가?

프리덤 하우스는 "검열받지 않으며 권력과 자본으로부터 독립된
신문과 방송"을 기준으로 언론 상황을 채점했다고 한다. 1987년 6월
시민 항쟁 덕으로 한국의 언론은 외부 검열과 권력의 예속에서 벗어났
다. 이제는 '선출되지 않은 권력', '밤의 대통령'으로 상징되는 사주와
편집권자가 영구히 교체되지 않는 사회 지배 세력이 되고 말았다.
한국의 언론이 아직 1등급에 들지 못한 이유는 사주 체제로부터 독립
하지 못했기 때문이다.

그러면 사주만 개과천선한다고 해서 언론이 개혁되는가. 사실 한국
적 현실에서는 퇴행적 '전제 사주'와 구분되는 양식 있는 '개명 사주'
의 역할을 인정할 필요도 없지 않다. 퇴행적 사주에게 온갖 아첨을
다 떨면서 편집권을 독점적으로 행사해 온 편집인이나 주필이 더
문제인 경우도 있다. 편집권자 1인의 편견과 지역감정이 그대로 신문
의 논조로 직결되는 비민주적 언론 구조를 혁파해서 편집권을 다원화
하지 않고서는 나라의 여론이 바로 서기란 불가능하다.

이번 언론사에 대한 세무조사 결과는 소수의 사주들이 저지른 비행 혐의였지 다수 언론인과는 관계가 없는 일이다. 정부 쪽은 언론의 본질과 전체 언론인의 명예를 건드려서는 안 된다. 그러나 탈세 사주의 처벌을 언론인 전체에 대한 공격으로 간주하고 대응한다면 언론인의 명예도 그 사주와 공동 운명일 수밖에 없을 것이다. 언론의 양심 회복을 촉구하기는커녕 "나도 충성스런 사원이다"라면서 언론 기업과 사주를 비호하기 위한 구사대로 나선 일부 기자들이 그렇다.

김영삼 정부가 하나회를 숙정할 때도 군 전체를 매도하지 말라는 항변이 있었다. 하나회와 가까이 지내면서 혜택받았던 장교들이 군 전체를 방패막이로 걸고넘어지려 한 것이다. 그러나 곧이어 다수의 일반 장교들은 소수 하나회를 분리시킴으로써 군의 명예를 지켜냈다. 지금 일부 언론인의 처신을 보면 의식 수준에서 그때의 군 장교들만 못한 것 같아 못내 안타까움을 떨쳐버릴 수 없다.

≪한겨레≫, 2001년 7월 11일

언론 자유 앞서 양심의 자유를

양심의 자유 못 지키는 언론인의 자유는 안 된다

18세기가 철학과 사상의 시대, 19세기가 시와 소설의 시대였다면 20세기는 언론의 시대라 할 만하다. 로크, 루소, 몽테스키외, 흄 같은 근대 사상가들이 18세기를 시민혁명의 시대로 조형했다. 전쟁과 계층 갈등으로 얼룩진 19세기는 스탕달, 플로베르, 톨스토이 같은 문호들에 의해 영웅 이야기와 함께 인간적 고뇌로 채색됐다. 그러나 20세기 들어서는 전쟁도 대규모화, 과학화하는 한편, 개인의 삶과 인권 문제가 떠올랐다. 이런 이슈들을 다루는 데서 몇 사람의 철학자나 문인보다도 다중의 의사를 집약하고 전파하는 매스미디어가 더 중요해졌다. 그래서 현대 민주 사회에서는 매스미디어의 종사자들인 언론인이 그 중심에 서게 된 것이다.

이처럼 언론인이 중요한 구실을 하는 것은 역사의 물줄기와 같음에도 한국의 기자와 논설, 해설위원들은 위기와 기회의 경계선에 서있는 것이 오늘의 상황이다. 그 근본 원인을 따져보아야 한다. 언론인들이 보도, 논평하는 내용은 있는 그대로의 사실, 인지된 사실, 선택된 사실, 수단화된 사실, 조작된 사실로 나누어볼 수 있다. 여기서 '인지된 사실'은 언론인의 문제의식과 지적 능력에 따라 달라진다. 그러나 '선택된

사실'이란 그런 능력보다는 주관적인 관점과 판단에 더 지배된 결과
다. 여기에 악의적인 선택이 개입되면 '수단화되거나 조작된 사실'이
만들어지게 된다.

언론사에 따라 사주에 대한 형사처벌을 반사회적 탈세범의 죗값이
라고 보는가 하면, 다른 한편 언론 탄압이라고 주장하기도 하는 것은
바로 입장의 차이 때문이다. '있는 그대로의 사실'은 분명히 하나일
텐데 입장에 따라 언론 보도가 다르게 나타나는 것이다. 기자와 논설
위원들의 위기는 편집 간부나 사주와 견해가 달라도 그들의 지침에
따라서 기사를 작성하고 논설을 집필해야 하는 데 있다.

이 경우 편집 제작의 방향을 여러 구성원이 참여하는 위원회에서
정해나가도록 제도화한다면 언론인의 위기는 해소될 수 있을 것이다.
최근 주요 신문사 중에 그런 기구를 만들고 편집권 행사 방식을 다원
화하고자 노력하는 모습이 엿보인 것은 긍정적이다. 그런가 하면 사주
와 그 아래 편집권자 1인이 총지휘하는 단세포적 전제 체제를 강화하
는 경우도 있어 안타깝기 그지없다. 그런 언론사에 균형 잡힌 비판과
다양한 여론 형성을 기대한다면 그것은 터무니없는 짓이다.

소속 언론사의 제작 방향이 자신의 생각과 다를 때 언론인은 고민한
다. 회사원으로서는 회사 방침에 따라야 할 것이다. 그러나 언론인은
공공의 소임을 수행한다는 점에서 일반 회사원과 다르다. 언론의 본령
이라는 특수 규범에 비추어 판단해야 한다. 이런 정도의 고민은 현실
적 타협이 불가능한 것도 아니다.

그러나 언론사의 제작 방향이 '있는 그대로의 사실'과 정면으로
상충할 때도 언론인은 타협할 수 있는가? 그것은 언론인이기 이전에

자연인으로서 타고난 양심의 자유에 속하는 문제다. 자유의 영역에도 순위가 있음을 알아야 한다. 언론에 앞서 학문과 사상, 신앙이 먼저이고, 이 모든 것들의 전제 조건이 바로 양심의 자유다. 따라서 양심을 지키지 못하는 언론인들에게 언론의 자유가 주어져서는 안 된다. 그것은 철부지에게 무기를 쥐어주는 것이나 다를 바 없기 때문이다. 탈세 사주까지도 언론의 파트너라고 말하는 언론인이라면 언론의 본령뿐 아니라 자연인의 양심을 포기했다고 아니할 수 없다.

언론사가 소속 언론인의 양심뿐 아니라 외부적으로 학자들에게 학문의 자유를 억압하는 경우도 비일비재한 것이 우리의 현실이다. 최근 한 대학교수가 통일 정책을 다룬 세미나에서 장차의 통일 헌법에 대해 거론한 것을 여당의 음모라고 몰아간 것도 그런 사례다. 언론의 자유를 내세워 양심과 학문의 자유를 짓밟는 것이 바로 현대 민주 사회의 위기의 전형임을 알아야 한다.

≪한겨레≫, 2001년 8월 1일

정치적 자유의 '걸림돌'

왜곡 보도를 바탕으로 한 정치 참여의 위기

요즘 우리는 여러 가지 곤경과 위기를 겪고 있다. 외환난으로 야기된 경제 위기를 경험했고 미국과 사이에 외교난까지 맞았다. 그러나 그것보다도 우리 사회 내부에서 심화된 지식인의 역할 혼란이 더 큰 위기를 조성하는 것 같다. 경제난과 외교난이 밖으로부터 우리에게 던져진 도전이라면 이 지식인의 위기는 공동체 내부에서 생겨났다. 외부의 적보다도 내부의 갈등이 더 큰 위기라는 것이 전략가들의 얘기가 아니던가.

지식인의 위기는 요즘 주요 신문들의 칼럼에서 발견된다. 차라리 박정희, 전두환 정권 시절이 지금보다 나았다는 식의 비판을 보면 과연 이 나라에 지식인 공동체가 있는지 한숨이 절로 난다. 지식인들 사이에 공유될 수 있는 최소한의 역사관이 존재하는지조차 의심스럽다. 이런 역사관의 문제에서 지식인의 위기가 비롯된다. 군사정권 시절 온갖 인권 탄압과 비판적 지식인에 대한 신체 고문이 수시로 자행됐다는 것은 누구나 아는 얘기다. 그래도 어떤 자가 그런 악행을 저지르는지는 알았기 때문에 지금과 같은 '얼굴 없는 폭력'보다는 나았다는 이상한 논리도 있다. 현재를 비판하기 위한 비교인지 모르지만 구시대에 대한 향수병이 더 짙게 배어있다. 탄압을 그리워하는 마조히즘마저 느껴진다.

또 김영삼 정권과 김대중 정권은 과거 민주화만 외쳤지 지금처럼 복잡한 국정을 맡기에는 실무 능력과 전문성이 부족했다는 비판도 나왔다. 개혁 정책이 제대로 성과를 내지 못하는 것은 이들 민주화 세력의 정책 능력이 모자란 데 일부 원인이 있기는 하다. 하지만 그보다 더 큰 이유는 무분별한 정치 연대로 이념과 소신이 사라지고 추진력이 죽어버린 데 있다. 지식인이 정부 정책의 내용과 그 실천을 감시하기 위해서는 현미경으로 들여다보듯 분석적으로 살피는 것이 옳다. 그러나 시대의 큰 흐름과 발전 방향을 평가하려면 망원경을 써서 멀리 내다봐야 할 것이다. 정책의 각론이 잘못됐다고 해서 역사 발전의 대세까지 부정한다면 망원경으로 보아야 할 것을 현미경으로 들여다보는 오류와 다를 바 없는 일이다.

전문가를 동원한 군사정권의 통치가 지금의 민주화 세력의 국정 운영보다 나았다는 주장에 이르러서 지식인의 위기는 극에 달함을 느낀다. 군사정권이 정책을 결정할 때 전문가 동원은 잘했는지 모르지만 국민 합의를 구하는 절차와는 거리가 멀었다. 전문가보다도 일반 국민 대표와 이해 당사자의 참여가 우선시돼야 하는 것이 민주정치다. 민주정치의 기본에 어긋나는 얘기들이 주요 신문의 칼럼으로 등장하고 있는 현실이다.

지식인의 구실은 기존 질서와 제도를 비판하고 새로운 시대정신을 제시하는 일이다. 그렇지만 새로운 역사 방향을 찾아내는 사명은 별반 하지 못하면서 대안 없는 비판으로 이 시대를 그저 암울하게 채색함으로써 냉소와 비관 일변도의 분위기를 만드는 것은 지식인의 역할 혼란이다.

개혁 정책에 대해 지지하면 그 정책을 주도하는 정파를 지지하는 것으로 동일시하는 풍토도 지식인의 위기를 부르고 있다. 예컨대 언론 개혁과 대북 포용 정책과 재벌 구조 조정을 지지하면 현 정권에 대한 옹호자로 간주하는 것이다. 내가 이 글을 쓰면서 두려운 첫째 이유도 그 때문이다. 정책을 내용 자체로 평가하지 않고 그 정책의 주도자가 누구냐로 지지나 반대 자세를 취하는 사람들이 그런 위기를 조장한다.

언론은 국민에게 정치 상황에 대한 정보를 알려주는 '인지의 지도'라고 했다. 언론 보도와 칼럼이 왜곡되면 마치 잘못 그려진 지도를 들고 길을 찾아가는 것과 같이 국민의 정치 참여가 비뚤어질 수밖에 없다. 그래서 진실하고 공정한 언론을 갖지 못하면 정치적 자유란 존재하지 않는다는 명제가 성립된다. 그렇다면 잘못된 칼럼들이 주요 신문에 반복적으로 등장하는 현실에서 우리는 정치적 자유를 가졌다고 할 수 있는가? 그 걸림돌이 무엇인지 엄정하게 따져보아야 할 때다.

≪한겨레≫, 2001년 5월 21일

보수 언론과 매명(賣名) 지식인

"잡혀갈 위험 없지, 돈 많이 받지, 유명해지지……"

요즘처럼 지식인의 글쓰기가 여론의 도마에 오른 일도 드문 것 같다. 과거 군사 권위주의 시절엔 글이 권력 측의 눈에 거슬리면 필자가 영장도 없이 잡혀가 혼쭐나기 일쑤였다. '남산'이나 '남영동'이 물리적 언론 탄압의 소굴이었다. 그런 어둠의 터널이 하도 길었기에 권력에 빌붙어 나팔소리를 높이는 언론사가 번창하고 정론지는 가라앉을 수밖에 없었다. 1970년대 유신과 1980년대 내란 정권 아래서 자유 언론을 요구하는 기자들을 거리로 내몰았던 신문들이 지금까지 떵떵거릴 수 있었던 이유다. 구시대 언론이 권력의 통제를 받은 데 비해 지금은 시민사회의 상호 비평만이 유효할 뿐이다. 그것이 냉혹한 희생 위에 민주화를 진전시킨 성과물이다. 그러나 많은 대가를 치른 언론 자유를 누리기엔 우리 시민사회의 자율적 여과 기능이 턱없이 모자란다. 최근 어느 인터넷 매체에 오른 네티즌의 짧은 글이 그것을 잘 말해주고 있다. "요새 신문에 글 쓰면, 잡혀갈 위험부담이 있길 하나, 돈도 많이 받지, 이름도 유명해지지, 그러다 대권 후보 진영에 발탁될 수도 있지……" 대학교수 신분으로 보수 신문의 입맛에 맞게 써주기만 하면 칼럼 한 편에도 거액의 원고료를 받는다니 '매수, 매명,

어용'이라는 3박자 타락 지식인에 대한 지탄이 높아갈 수밖에 없다.

정치사회학자들의 견해를 종합해 보면 지식인의 과제는 크게 두 가지 요소에 의해 규정된다. 하나는 지식인 공동체의 전통이다. 그 사회의 고급문화인 지적 창조물을 만들어내고 보존하면서 전통적 가치들을 후배 세대에게 전수해 주는 역할이 그것이다. 지식인의 과제를 정해주는 다른 또 하나의 요소는 정치사회적 시대 상황이다. 이것이야말로 전통의 속박에서 벗어나게 하는 새로운 촉매다. 그 시대 상황에 대한 진단과 처방이 바로 시대정신이다. 전자가 보수라면 후자를 개혁 노선이라 부를 수 있다. 오늘날 우리의 시대 과제로 어떤 것들을 꼽을 수 있을까. 아마도 남북 간 평화, 정치 개혁, 경제구조 조정, 교육제도 개선, 사회복지 제도 확립에 반대할 사람은 없을 것이다. 그런데도 이런 시대정신에 반하는 글을 궤변으로 농하는 기고자들이 늘어났다. 지난해 언론사에 대한 세무조사 이후 보수 신문의 앙심에 편승해서 매수당하고 매명하는 교수들이 캠퍼스에서 학생들로부터 규탄받은 것도 그런 증거다. 북한에 대한 대결주의를 부추기고 민간 정부보다 군사 권위주의 정권이 우월하다고 주장하는 글들이 시민사회에서 여과 없이 그냥 통용되고 있다.

다원주의 민주 사회에서는 어떤 성향의 지식인이든 활동 공간이 보장된다. 그러나 중요한 것은 지식인으로서 객관적 통찰력과 타당성 있는 비판 정신을 견지하는지에 대한 검증이다. 그것은 자신의 사회적 출신 배경이나 이데올로기 고착증에서 벗어나야 가능하다. 지식사회학의 개척자 카를 만하임은 모든 지성적 입장이 실제로는 그 배후의 여러 가지 사회적 배경에 의존하는 '존재 구속성'을 내포한다고 했다.

지식이 지식인 내부에서 자율적으로 전개되는 것이 아니라 바깥 사회 환경의 조건들에 둘러싸여서 그것에 구속돼 있다는 얘기다. 만하임이 빼놓았지만 우리에게 치명적인 구속력을 행사하는 것이 지역주의와 학연이다. 정책의 내용을 분석적으로 평가하는 것이 아니라 그 정책을 주도하는 집단이 어느 지역 출신이고 학맥은 어떤가에 따라 정치 평론의 찬반도 갈라진다. 그런 정치 평론이 신문 지면을 오염시키고 있다.

1970~1980년대 실천 행동의 지성으로 우리 기억 속에 생생한 이문영 교수가 지난해 완성한 명저 『인간, 종교, 국가』는 시대 상황과 지식인의 임무를 감동적으로 묘사했다. 그는 이 책에서 "고생도 하지 않고 감동을 경험하려는 사람이 누구이겠는가"라고 묻는다. 동시대의 지식인을 차마 나무라지 못한 그는 "아마도 마리화나 복용자일 것"이라고 웃어넘긴다. 그러나 나는 감동만을 탐하고 매명과 어용의 마약에 사로잡힌 지식인들에게 그가 참은 말을 감히 터뜨리고 싶다. "선배 동료들이 고생한 시대 상황을 우선 배우고 제대로 된 역사관을 가지라"라고 말이다.

≪경향신문≫, 2002년 7월 9일

언로(言路)가 문제인가, 메시지 잘못인가

언론이 왜곡하는지 정책이 틀렸는지 검증해야

2000년 겨울 현재, 우리 사회의 큰 관심사를 짚어보면 불과 서너 가지로 모아지는 것 같다. 그렇게 다양한 이슈들이 아니다. 언론이 추적하는 뉴스거리를 보면 지리할 만큼 똑같은 종류의 사건들이 단순 반복되고 있다는 얘기다. 실제로 꼽아보면 금방 알 수 있다. 경제 불안과 남북 관계가 가장 중시되고 계절적으로 입시철이면 으레 떠오르는 교육 문제, 노조의 돌출적인 파업 투쟁 등이 거의 전부다.

경제 분야에서 여러 가지 이슈가 분화될 수 있다. 환란은 재발할 것인지, 개발독재 시대 특혜로 성장한 대기업들의 '부도 도미노'나 끊임없는 금융 비리 사건들이 국민경제에 얼마나 악영향을 줄 것인지 등이다. 이런 불안 요소들이 동시다발적으로 일어난다고 해서 언론이 '경제 위기'라는 말을 쓰면 정책 당국자들은 "국민 여론을 오도한다"라고 항변한다. 우리 경제는 결코 위기가 아니라는 것이다. 그렇다면 경제 저널리스트들이 현상을 확대 해석하고 그것이 국민 여론을 왜곡한다는 말인가.

남북 관계 보도도 6·13 남북 정상회담 이후 숨 돌릴 겨를 없이 남북 양측에 대한 주문과 비판으로 몰아친 느낌이다. 제1차 이산가족

상봉이 8월 15일 이루어졌고, 상봉을 신청한 가족 전원의 연내 생사 확인과 2차 상봉이 추진됐다. 또 분단 후 처음으로 남북의 국방장관 회담이 성사됐으나 2차 회담과 남북군사위원회 같은 것을 제도화하자는 여론이 일었다. 그리고 가장 중요한 것으로 북한 김정일 국방위원장의 남한 답방과 관련해서, 그 시점이 연내일 수도 있다는 관측에서부터 방문지가 서울이 아닌 제주도가 될지도 모른다는 우려까지 언론 보도가 숨 가쁘게 돌아갔다.

새로운 뉴스가 무엇인지, 다음에 나올 남북 간 합의 사항은 어떤 것인지를 압박해 가는 보도야말로 선거 보도에서 비롯된 '경마식 보도'를 보는 느낌이었다. 그러면서 오보도 나오고 방향을 오도하는 기획물도 언론 보도에서 큰 비중을 차지했다. 북한 측의 속도 조절로 이제 겨우 한숨을 돌린 것 같다.

한때 남북 간에 대화는 잘 돼가는데 남한 내 이견차를 해소하고 여론을 수렴하기 위한 정치 커뮤니케이션이 원활하지 못하다는 지적이 유행처럼 번졌다. 경제 보도에서 독자의 눈을 끌기 위한 과장이나 확대 해석 시비가 일었다면 남북 관계 보도 문제와 함께 커뮤니케이션의 통로, 즉 언로 역할을 하는 언론 기능을 진단해 볼 필요가 있을 것이다.

"민중이란 겉모습으로 판단"

여론과 정치 커뮤니케이션의 중요성을 갈파한 최초의 사상가는 아마도 플라톤일 것이다. 플라톤은 『법치론』에서 동성연애를 위험한 열정으로 간주하고 그것이 세평에 의해 비난받아야 한다고 했다. 플라톤 이후 여론 개념을 정치 이론에 원용한 사람은 근대 정치학의 중시조 격인 마키아벨리다. 마키아벨리는 통치자에게 어떻게 백성을 잘 다룰 수 있을지에 관해 조언하기 위해 저술한 『군주론』(1532)에서 "정부를 느끼는 사람, 또는 정부에 의해 직접 영향을 받고 있다고 느끼는 사람은 많지 않지만 누구나 정부를 바라보고는 있다"라고 했다. 그러나 "민중이란 항상 겉모습으로 판단하며, 그렇기 때문에 군주가 바람직한 자질을 반드시 모두 갖출 필요는 없지만 마치 갖추고 있는 것처럼 보이는 것은 반드시 필요하다"라는 것이 그의 조언이었다.

지금의 여론이라는 용어를 처음 쓴 사람은 고대와 근대를 이어주는 교량 사상가인 몽테뉴인 것 같다. 그는 『수상록』(1588)에서 "내가 이 화려한 옷을 빌려 입고 나타나는 것은 진정으로 여론의 동조를 얻기 위해서이다"라고 했다. 몽테뉴에게 여론은 관습이나 도덕 관념의 변화를 논의하는 데 있어 중요한 개념이었다. 그는 동성연애에 대한 플라톤의 비난을 원용하면서 이런 악습을 저주스런 것으로 지적하는 여론의 환기가 있어야 한다고 썼다.

여론의 개념이 근대 정치 이론에 본격적으로 도입된 것은 존 로크에 의해서다. 로크는 『인간오성론』(1690)에서 법을 신법, 시민법, 세평의 법으로 나누었다. 이 세평의 법이 바로 여론의 규제력을 의미한다. 로크는 여론의 정치적 기능에 대해 다음과 같이 갈파했다. "칭찬과 비난을 각 개인들이 자신의 대화 상대자들의 의견이나 규칙에 스스로를 적응시키도록 만드는 강력한 동기가 아니라고 생각하는 사람은 인간의 본성이나 인류 역사를 다루는 데 서툴다. …… 유행의 법칙을 따름으로써 그들은 좋은 평판을 얻어 동료들과 좋은 관계를 유지해 가는 것이며, 이 경우 신법이나 치안판사의 존재 따위는 거의 개의치 않는 것이다." 로크는 이처럼 세평과 여론의 개념을 신법과 함께 실정법의 상징인 치안판사보다도 우위에 둠으로써 여론 재판이나 이른바 민주적 독재의 위험성까지 연상하게 한다.

통합이냐 갈등이냐를 좌우하는 것은 언로의 역할

오늘날 여론 국가라 부를 수 있는 미국의 국가 건설 이론은 로크 다음 세대의 정치 이론가 중 여론의 중요성을 강조한 데이비드 흄에서 나왔다고 보아야 할 것이다. 흄은 『인간본성론』(1740)에서 사람들이 여론에 주의를 기울이고 주변의 의견에 순응하려는 보편적 경향을 지니고 있기 때문에 여론은 정부 업무에 필수 불가결한 요소라고 했다. 로크가 개인에 대한 여론의 지배력을 강조했다면 흄에 와서 그것은 정부에 대한 것으로 바뀌었다.

흄의 이 이론은 미국 연방 국가의 창건자들에 영향을 주었다. 미 연방헌법 작성자들은 로크의 정치사상에 주로 영향을 받았지만 특히 여론의 중요성에 관해서는 흄의 견해를 중시했다. 그들이 기고한 헌법 해설에 관한 일련의 신문 시론인 '연방주의자들(The Federalists, 1787~1788)의 주요 기고자 중 한 사람인 제임스 메디슨이 강조한 여론의 중요성은 오늘날 미국 정치에서도 그대로 통용된다고 볼 수 있다. "모든 정부가 여론을 신뢰한다고 할 때 각 개인의 의견의 힘과 그의 행동에 대한 실제적 영향은 그가 동일한 의견을 갖고 있다고 생각하는 수에 의해 좌우된다."

다른 한편 미국 사회에서 여론의 지배력에 대해 프랑스 정치철학자 알렉시스 드 토크빌은 개인의 창의력과 철학보다도 다른 동료 시민들의 생각과 행동을 미리 살펴서 그것에 따라가는 순응(conformity)의 문화가 만연해 있다고 묘사했다. 그는 미국을 여행한 뒤 저술한 『미국의 민주주의』(1840)에서 여론과 유행의 과잉 영향력을 우려하고 비판했다. 토크빌의 이 미국 사회에 대한 인상기는 바로 소수 지식인의 견해가 중시돼 온 유럽의 부르주아 민주주의와 모든 사람의 언행에 대한 절대 평등관을 세운 미국의 대중민주주의가 서로 다르다는 사실을 명쾌하게 보여준다. 미국에서 여론은 토크빌에게 하나의 중압이었고 부담이었으며 순응해야 할 억압으로 보였다. 그는 "미국에서처럼 진정한 토론의 자유와 사고의 독립이 거의 없는 나라는 없다고 생각한다"라고 단언했다.

오늘날 미국 정치학에서 개발된 정치 커뮤니케이션 이론은 위의 정치사상가들이 생각하지 못했던 기능주의적 체계 접근법에 기반하고 있다. 정치 커뮤니케이션 이론에 따르면 국가나 국제정치 체제는 커뮤니케이션 네트워크로 구성돼 있다. 커뮤니케이션 네트워크는 메시지, 그것의 발신자와 수신자, 그리고 그것이 전달되는 통로인 채널 등으로 이루어진다. 예를 들면 국내 정치 체계란 개인과 정부, 그 사이 중간 집단들 간에 주고받는 말과 글로 구성되며 유지된다고 볼 수 있다. 정치나 외교 활동은 말로써 하는 것이라고 할 때 그것이 바로 정치 커뮤니케이션 개념을 대표하는 표현이다. 그래서 그 체계가 통합적이냐, 아니면 갈등을 일으키느냐의 여부도 바로 정치 체계의 접착제에 해당하는 커뮤니케이션 기능에 따라 좌우된다.

비뚤어진 언로가 메시지 왜곡 전달

정치 커뮤니케이션 이론을 가장 잘 발전시킨 학자인 카를 도이치에 따르면 같은 메시지라도 그것이 투입되는 전체 체계의 소화 능력과 언로에 해당하는 채널의 굴곡 정도에 따라 산출물에 차이가 생긴다. 국민 개인들이 발신자가 돼서 의사표시를 하면 그 메시지를 정부라는 수신자가 받아서 정책 결정의 산출물이 나온다. 반대로 정부가 발신자가 돼서 정책을 메시지로 보내면 수신자인 국민 사이에 여론이라는 산출물이 나타난다. 여기서 어느 경우든 메시지가 통과하는 대표적인 채널, 즉 언로 역할을 담당하는 것이 언론이라는 점이 중요하다. 그 언론이 왜곡돼 있으면 정책 결정이나 여론이 왜곡되게 산출되는 것이다.

도이치는 또 민족 공동체의 형성이 커뮤니케이션 기능에 달려있다고 보았다. 즉 구성원이 말과 글이라는 메시지를 통해서 동질화되고 일정한 방향으로 움직여나갈 때 민족 공동체가 성립된다고 했다. 이렇게 공동체 구성원들이 일정한 기간 커뮤니케이션에 의해 동질화될 때 그 공동체의 문화가 생성된다.

이런 의미에서 남북 화해 정책이 갖는 메시지로서의 성격과 그것이 전파되는 채널인 언론의 역할을 정치 커뮤니케이션 이론으로 검증해볼 필요가 있을 것이다. 또 이 정치 커뮤니케이션 이론의 장점은 정책 결정의 결과보다도 그 결정이 도출되는 데 메시지와 채널이 어떤 역할을 하는지 흐름과 과정을 중시한다는 점에서 민주정치 체계의 연구에 적합하다.

이 언로 사상에서 우리 선현들도 서양의 철학자들에 못지않았다. 조선조 중종 때 혁신 정치가인 조광조는 임금에게 올리는 상소문에서 이렇게 간청했다. "言路之通塞 最關於國家 通則治安 塞則亂亡 人君務 廣言路(언로가 열리느냐 막히느냐 그것이 나라에 가장 중요합니다. 열리면 편안함을 다스릴 수 있고 막히면 나라가 망하고 맙니다. 임금은 마땅히 말의 길을 널리 열어주도록 힘써주소서)."

오늘날 우리의 언로는 과연 막혔는가, 아니면 열렸으나 구부러진 것이 문제인가, 또는 남북 화해 정책이나 '경제 위기란 없다'는 메시지 자체에 잘못이 있는가, 이런 검증이 절실히 필요한 시점인 것 같다.

≪관훈저널≫, 2000년 겨울호

달은 안 보고 왜 가리키는 손가락만 보나

탈세 비호 언론 자유는 사교 집단의 종교 자유와 동일

노무현 대통령이 아마도 취임 후로는 가장 강도 높게 언론에 대한 비판을 쏟아낸 것 같다. 2003년 8월 2일 청와대와 정부의 장·차관급 거의 전원이 참가한 국정 토론장에서다. 지난해 대통령 선거 때의 공격적 연설을 다시 보는 듯했다.

보수 신문들은 "국정이 산적한데 언론 문제를 주요 이슈로 삼다니"라고 했지만 그것이야말로 주관적인 비판일 뿐이다. 국정 최고 책임자와 장·차관들이 모인 자리에서 언론 문제가 심도 있게 토론됐다면 당연히 그것은 국정의 중대사이다.

어쨌든 국정 책임자가 문제점을 강조했고 그것에 대해 보수 신문들의 저항이 표출됐으니 이제는 말 그대로 우리 사회의 의제로 설정될 수밖에 없는 상황이다.

달은 안 보고 가리키는 손가락만 보는 보수 언론들

노 대통령은 언론이 의제 설정을 엉뚱하게 한다고 개탄했다. 한 시간 이상 연설했는데도 본질 문제는 보도하지 않은 채 말투에 대한 시비에만 열을 올리기 일쑤라는 것이다. 마치 아이들에게 하늘의 달을 가리키며 설명하면[指月] 그 달을 찾는 게 아니라 손가락만 쳐다보는 것과 같은 식이다. 달의 모습은 관찰하지 않고, 손톱이 너무 길다느니 손에 흙이 묻어있다는 식으로 본질이 아닌 문제에 관심을 쏟는 것이 한국 보수 신문들의 행태다.

물론 그런 저런 언론이 존재할 수 있는 것이 민주 사회다. 그러나 우리의 경우 조중동처럼 국민 여론을 독과점적으로 지배하는 신문이 그렇다면 문제가 심각하지 않을 수 없다. 조중동 세 보수 신문이 중앙 일간지 시장의 74.5%를 독과점한다는 것이 전문가들의 조사 연구 결과다. 또 그런 막강한 '공익 기업'을 특정 족벌이 3, 4대에 걸쳐 독점적으로 소유해 왔다. 그래서 우리의 국민 여론은 몇몇 언론 족벌의 손아귀에 이중적으로 독과점돼' 있는 셈이다.

노 대통령과 정부도 문제다. 언론에 대한 인식이 그 정도에 이르렀다면 이 정권이 내세운 개혁 과제 중 우선순위로 자리매김해야 옳지 않겠는가. 그래야 심도 있는 대책 마련과 그 실천이 가능할 것이다.

나는 조중동을 정면으로 비판한 대통령 후보의 당선이야말로 구질서의 붕괴 신호로 여겼다. 그러나 어찌된 일인지 정부가 출범한 뒤 시간이 갈수록 그게 아니었나 싶었다. 정부당국의 가판 신문 구독 폐지, 출입 기자제 폐지, 기자실 개방, 브리핑제 전환까지 노무현 정부의 언론 정책은 그런대로 제법 잘 전개됐다. 그러다가 청와대에서 노 대통령을 언론 사주들과 만나게 하는 것을 검토한다는 개혁 역행적 방안이 흘러나왔다.

노 대통령이 한미 정상회담을 위해 출국하기 전 편집·보도국장들과 만난다는 것은 명분이라도 있지만, 사주들과의 회동이라는 발상은 참으로 엉뚱했다. 내각의 고위 관료들은 물론이려니와 노 대통령과 코드를 같이한다는 청와대 실세 참모들조차 이제 언론과의 싸움은 그만하자고 얘기하기 시작했다. 그러면서 새 언론 정책은 더 이상 나오지 않았고 언론과의 관계 재설정도 주춤거리기 시작했다. 다양한 신문들의 공동 배달제 지원 같은 것이 논의되다가 별 진전이 이루어지지 않았다.

최근 내놓은 '인터넷 국정신문' 아이디어도 국정 홍보에 인터넷을 효과적으로 활용하겠다는 당연한 구상이었는데 여론의 반대에 부닥쳤다. 정당한 정책을 펴는데도 사전 홍보 논리가 너무 부족해서 추진 에너지가 훼손됐다고 보아야 할 것이다. 신문 고시제 역시 제대로 이행되지 않았다. 지금도 아파트 동네마다 중국산 자전거니 선풍기니 진공청소기를 갖다 떠맡기면서 신문 6개월치만 구독해 달라는 위규 판촉 행위가 판치고 있다. 유가지를 표방하면서도 무가지를 대량으로 찍어서 집집마다 구독 의사도 확인하지 않은 채 무단 투입하는 '묻지 마 배달' 또한 여전하다. 조중동의 발행 부수가 자칭 200여만 부라고 하지만 그 독자 중 연평균 40% 이상이 신문을 끊거나 다른 것으로 바꾼다는 것이 신문 마케팅 전문가들의 얘기다.

큰 신문일수록 경품과 무가지 무단 투입이 아니면 판매 부수를 유지하기 어렵다는 것이 공공연한 비밀이다. 그래서 독자는 신문 선택권을 갖기는커녕 거대 신문사 조직의 위규 판촉 행위에 시달리고 있다. 민언련이 2003년 7월 조사한 바에 따르면 서울의 신문 지국 109개 중 88.1%에 해당하는 96개가 신문 고시를 위반한 것으로 드러났다. 이처럼 심각한 시장 왜곡에도 공정거래위원회는 팔짱을 풀지 않고 있다. 사정이 이러한데도 대규모 발행 부수를 자랑하는 신문사들은 신문 시장 구조에 대해 '독자들의 자유로운 선택에 의한 결과'라고 주장한다. 참으로 얼굴 두꺼운 주장이 아닐 수 없다.

탈세 언론의 자유는 사교 집단의 종교 자유

노무현 정부가 지금까지 내놓은 것들은 언론의 본령을 개혁하는 정책이 아니다. 언론의 환경에 대한 개선책일 뿐이다. 언론 본령의 개혁이란 첫째가 언론사의 소유 제한이고 둘째는 편집권 독립과 그 행사 방식의 민주화다. 이를 위해서는 「정기간행물법」과 「방송법」을 개정해야 한다. 물론 그런 언론 정책이 언론의 자유를 침해한다는 지적도 있다. 그러나 언론의 자유라 해서 불가침의 성역이 아니다. 그보다 앞서는 기본권을 침해하는 언론 자유는 보호될 수 없다. 예컨 대 언론 자유보다도 사상의 자유와 양심의 자유가 선행돼야 할 기본권 이다. 따라서 소속 기자와 논설위원들의 양심의 자유를 억압하는 편집 권은 보호될 수 없다.

언론의 자유가 언론사나 언론인의 비리를 비호하는 방패막이어서 는 안 된다. 탈세나 부조리를 저지르는 언론사가 언론의 자유를 내세 운다면 그것은 사교 집단이 종교의 자유를 운운하는 것과 다를 게 무엇인가.

≪오마이뉴스≫, 2003년 8월 5일

IPI 한국 대표단에 공개 질의한다

군부독재하 한국에 언론 자유 있다던 IPI 아닌가

국제언론인협회(IPI)가 2003년 9월 15일 연례 총회에서 '한국에 관한 결의안'을 채택했다. 결의안은 노무현 대통령의 언론에 대한 발언들을 구체적으로 열거하며 비판하는 내용이다. 조선, 동아, 중앙은 즉각 그것을 2면에 크게 보도했다. 노 대통령의 언론 탄압에 대해 IPI가 '규탄'했다고 썼다.

그러나 결의안의 원문을 인터넷(www.freemedia.at)으로 찾아 읽어가면서 다시 한 번 'IPI의 홍두깨'가 드러났다는 느낌을 지울 수가 없다. 상황 진단은 없고 비난만 표출됐다. 그래서 제대로 알지도 못하면서 콩 놓아라 팥 놓아라 거드는 꼴이 돼버린 것이다.

만장일치 결의안, 한국 대표단도 찬성했나

그 총회에 참석한 한국 대표단을 보면 각 언론사의 주요 간부들이다. 대한매일의 채수삼 사장, 문화일보의 김정국 사장, 연합통신의 현소환 전 사장, 동아일보의 김재호 전무, MBC의 구본홍 보도본부장이다. 여기에 조선일보사에서는 김 모 기자가 동행했다. 그들이 한국

언론계는 아니더라도 최소한 IPI 국내 위원회의 대표성을 갖는지 여부
는 알 수 없지만, 최소한 한국의 언론 상황에 대해 무지하다고 말할
수는 없을 것이다.

조선과 동아는 보도에서 대표단 명단을 쓰지 않았다. 총회에 참석자
가 없는 중앙일보가 대표단의 이름을 밝힌 것은 이상한 보도 양태다.
자사의 간부가 참석한 행사를 크게 보도하면서 그 이름을 써온 지금까
지 한국 언론의 보도 관행과는 거꾸로다. 왜 그랬을까. 중앙은 국위
손상이라 할 수 있는 IPI의 한국 결의안에 아무런 관련이 없다는 사실
을 기록하고 싶어서가 아닐까.

IPI는 문제의 문서에 "독립적인 주요 신문사들을 위협하고 공격하
려는 노 대통령의 계속적인 시도에 대한 이 결의안은 회원의 '만장일
치'로 통과됐다"라고 명기했다. 따라서 한국 측 참석자들은 모두 이
결의안에 담긴 우리의 언론 상황에 대한 인식과 비난에 동의했다는
얘기다. 이에 나는 이번 IPI의 한국 결의안에 대해 1차적으로 책임이
있는 우리 언론계의 참석자들에게 재확인하고자 공개 질의한다.

탈세 비호 언론 자유라면 사교의 종교 자유와 다른 게 무언가

첫째, 결의안이 중요하게 언급한 2001년 언론사 세무조사에 대해
언론 탄압이었다는 주장에 동의하는가?
언론사에 대한 세무조사 이후 상속세와 증여세의 탈세, 탈루로 그
사주가 형사처벌까지 받은 보수 신문들이 민주당 정권에 대한 적대감
으로 통일전선을 이룬 것은 다 아는 일이다. 그런 신문사들일수록

이번 IPI 결의안을 크게 보도했다. 언론사의 사주가 탈세한 것 때문에 사회적 책임을 다하지 않는 언론 자유는 안 된다는 국민적 인식이 정립된 것이 한국의 상황이다. 언론 자유를 방패막이로 특권, 특혜와 함께 반사회적 일탈행위나 일삼는다면 종교 자유의 뒤편에서 비행을 저지르는 사교 집단과 다른 것이 무엇인가?

신문 시장의 소수 독과점 방지는 정부 책임 아닌가

둘째, 공정거래위원회가 신문 시장의 왜곡 구조를 바로잡기 위해 조사하는 것도 세무조사와 같은 맥락의 언론 탄압으로 보는가?

보수적인 거대 신문사들의 시장점유율에 대해서는 전문가, 연구 단체, 광고주협의회의 조사 결과가 있다. 대체로 조중동 3대 신문사가 중앙 일간지 시장의 74~75%를 독과점하고 있다는 것이 공통된 조사 내용이다. 그러나 당해 신문사들은 이를 인정하지 않는다. 그러면서 더 나아가 신문 한 부 6개월 이상 정기구독을 강권하면서 10만 원 안팎의 중국산 자전거, 선풍기, 진공청소기 등 온갖 경품으로 끼워팔기식 불공정 판촉 행위를 계속하고 있다. 보기 싫다는 신문을 집집마다 무단 투입하기도 한다. 이러고도 현재의 신문 시장 구조가 독자들의 자연스런 선택에 의한 결과라고 말할 수 있는가? 자유경쟁 시장 체제의 밑바탕이 돼야 할 소수 독과점을 방지하는 것은 정부가 해야 할 일이 아닌가?

IPI 본부, 한국 언론 상황 실제 조사해 본 적 있나

셋째, IPI가 최근 수년간 발표해 온 한국 언론에 관한 각종 문서는 실제 조사와 우리 언론계의 의견 수렴에 바탕을 둔 것인가?

IPI가 한국에 관해 홍두깨 같은 문서를 발표한 것은 이번뿐이 아니다. 최근 수년간 이 단체가 내놓은 결의안이나 서한을 보면 객관적인 조사를 토대로 한 것이라고 보기 어렵다. 언론 개혁을 목표로 하는 시민운동 단체들이 매번 반발하는 이유다.

2002년 5월 11일에는 조선일보의 김대중 당시 주필이 IPI 총회에 참석해 "정부 압력에 비하면 언론 사주나 광고주의 압력은 거의 미미하다"라고 말한 것으로 드러났다. 이는 기자들을 상대로 한 많은 여론 조사 결과에 반대되는 발언으로 전국언론노조가 반박 성명을 내는 등 국내 언론계의 반발을 크게 샀다.

또 2000년 2월 서울지검 검사들이 조선일보사에 대해 명예훼손 소송을 낸 데 대해 서울지방법원이 1억 8,000만 원의 배상 판결을 내리자 IPI가 김대중 대통령 앞으로 항의 서한을 보내기도 했다. 이는 한국의 대통령이 법원을 장악하고 있다고 보기 때문이 아닌가. 대표단은 스스로의 그런 기본 인식에 문제가 없다고 보는가?

이 단체의 중앙 본부는 그곳을 취재해 본 한국의 미디어 전문 기자들에 따르면 이름에 비해 너무도 허술하다. 그런 조직과 인력으로 어떻게 세계 각국의 언론 상황을 파악, 조사하고 평가서를 내는지 감탄스러울 정도라는 것이다. 결국 이 단체의 보고서는 각 회원국 지부의 요청과 보고서를 거의 그대로 반영해 왔다. 그런 운영이라면 객관적인 시시비비를 가리고 평가함으로써 공공성을 생명으로 삼는 언론 단체가 아니라 회원국 언론사의 자사 이기주의를 대변해 주는 이익단체에 불과하다는 것이 시민 단체들의 지적이다.

IPI가 그렇게 된 것은 구조적 문제 때문이다. IPI 한국위원회의 위원장은 조선일보사의 방상훈 사장이고, 그 사무국장 역시 조선일보 사원이다. 노 대통령이 야당 정치인 시절부터 가장 첨예하게 대립해 온 조선일보사가 장악하고 있는 IPI 한국위원회가 어떤 보고서를 보냈을지는 짐작하고도 남는다. 이번 IPI의 한국 결의안을 보수 신문사들의 견해가 둔갑해 나온 것에 불과하다고 보는 것도 그래서다.

군사독재하 언론에 말 없던 IPI, 지금 결의안 타당한가

넷째, 군사독재 아래서 신음하던 한국 언론에 대해서는 말 한마디 없던 IPI가 여러 차례의 시민 항쟁 덕으로 민주화가 진전된 지금 이번과 같은 한국 결의안을 낸 것이 타당한가?

당초 IPI는 1950년대 자유당 정권 아래서 한국에 언론 자유가 없다는 이유로 회원 가입 신청을 거부했다. 그러다가 1960년 말 가입을 승인했다. 그것은 4·19 혁명의 덕택으로 언론 자유를 얻은 결과였다. 그러나 5·16 군사 쿠데타 이후 더 어둡고 긴 터널 속에 갇혀있던 한국의 언론 상황에 대해 IPI가 이번과 같은 한국 결의안 같은 것을 한 번이라도 낸 적이 있는가. 그 시기의 IPI 한국위원회는 동양통신사 설립자로 공화당 정권의 실력자였던 김성곤 씨와 동아일보 사주 김상만 씨가 주도했다.

국가 위상 훼손 지경······ 한국 대표단 토론 내용 밝혀라

다섯째, 그런 국제 언론 단체에서 한국의 언론과 국가 위상을 훼손할 소지가 큰 결의안을 처리하는 과정에 합리적인 토론이 과연 있었는가? 있었다면 그때 한국 측 참석자들이 정말 '만장일치' 결의에 동의해 주었는가?

결의안의 논리 구조를 분석해 보면 현재 우리 사회에 언론 문제를 두고 정부, 개혁 성향 언론, 보수 언론, 학계와 시민운동 단체가 논쟁 중인 상황을 무시한 채 보수 언론의 입장만을 대변하고 있다는 사실을 알 수 있다.

언필칭 언론의 자유를 내세우는 IPI는 한국의 언론 상황을 제대로 파악해야 하며 대표단은 그렇게 되도록 돕는 것이 본분 아닌가? 그 단체의 회원인 언론사 사주 개인의 이익과 국민의 언론 자유가 대립적인 현실, 그리고 그에 관한 시민사회의 토론이 진행 중임을 알고 나서 말해야 하는 것 아닌가? 그런 상황 진단의 기회도 못 가진 국제 언론 단체가 반사회적 범법행위인 탈세를 언론 자유로 호도하는 여론조작에 이용되는 것이 가슴 아플 따름이다.

IPI 결의안에 대한 보수 신문들의 보도는 마치 방화범이 더 큰 소리로 "불이야!"를 소리치고 다니는 것과 같다. 불을 질러놓고 갑자기 방화 사건이 터졌다는 듯 떠들어대는 쇼를 연출하고 있는 것에 지나지 않는다. IPI 한국대표단의 공개 답변과 설명을 촉구한다.

≪오마이뉴스≫, 2003년 9월 17일

편집권 민주화가 더 긴요하다
편집권의 외형적 독립보다도 그 행사 방식이 더 중요

    탈세 혐의로 수사받은 언론사 사주들이 결국 구속되자 편집권 독립을 요구하는 목소리가 높다. 어떤 기사를 얼마만한 크기로 보도하며 사설이나 내부 칼럼에서 논조를 어떻게 할 것인지를 정하는 것이 편집권이다. 언론의 본질적 역할은 바로 이 편집권의 행사 방식에 따라 달라진다. 그럴 만한 사회적 윤리와 책임 의식이 검증되지도 않은 사람들이 편집권을 지배해서는 안 된다는 자성의 움직임이 이는 것은 당연하다.

    편집권 독립은 기사의 취재, 편집, 보도 과정에 사주와 경영진이 관여하지 못하도록 제도적 장치를 마련해야 가능하다. 기업인인 사주나 경영진은 언론인과 목표가 다를 수밖에 없다. 독자를 많이 확보해서 신문의 발행 부수를 늘리고 광고료 수입을 극대화하려는 것이 그들의 경영 전략이다. 인구 규모가 큰 지역의 바닥 정서를 살피고 그 지역 정서에 영합하는 방향으로 편집권을 행사하는 것이 최근 주요 신문사의 마케팅 전략이었다. 기업이 많이 있어서 돈이 넉넉히 도는 지역에 추파를 던지는 보도 행태가 나온 것도 그래서다. 남북 관계와 지역감정까지도 신문을 많이 팔기 위한 마케팅 전략으로 이용됐다.

사주의 편집권 간섭은 일상적이지는 않지만 중요한 사안일수록 거역할 수 없는 '보도 지침'으로 작용한다. 예를 들면 대통령 선거나 국회의원 총선거 때 어떤 정파의 후보를 어떻게 비판할 것인지에 대해서는 사주의 뜻이 결정적으로 영향을 끼친다고 보아 틀리지 않는다. 편집권 독립은 사주의 그러한 간섭을 방지하기 위한 것이다.

그러나 모든 권력에 대한 개혁의 열쇠는 권한을 누가 갖느냐는 존재 형태보다는 어떻게 사용하느냐는 행사 방식을 고치는 데 있다. 초기의 정치발전 이론은 국가주권을 누가 갖느냐로 평가했다. 시민혁명으로 왕을 축출한 뒤 국민이 주권자로 규정되면 군주국에서 공화국으로 발전하는 것처럼 생각했다. 주권의 존재 형태를 중시한 것이다. 그러나 주권이 왕에서 국민에게 옮겨졌다는 공화제 혁명 이후 민주주의는 더 큰 위기를 맞았다. 독일의 나치즘이나 이탈리아의 파시즘이 절대군주 때보다 더 못된 독재 권력을 만들어낸 것도 공화제 아래서였다. 조선조의 왕보다 결코 약하지 않은 권력을 휘둘렀던 유신 체제의 대통령도 마찬가지다. 그래서 국가주권의 존재 형태보다는 그 행사 방식과 절차가 정치발전을 평가하는 개념으로서 더 유용해진 것이다. 오늘날 영국, 스웨덴 등 서구의 많은 군주국들이 민주주의를 구가하고 있는 것도 그런 증거다.

이 점에서는 언론 편집권의 앞날도 마찬가지다. 편집권을 사주, 편집인, 주필, 편집국장, 다수의 기자와 논설위원 중 누가 갖느냐는 것보다는 그것을 어떤 토의 절차와 합의 과정을 거쳐 얼마나 민주적으로 행사하느냐는 내용이 더 긴요해졌다. 통상적인 취재 보도 방향과

논조는 사주보다는 그에게서 편집권을 위임받은 편집인이나 주필에
의해 좌우돼 왔다. 주필이 편집국장과 논설실장, 심의실장 등을 불러
하루에도 세 번 이상씩 회의를 하면서 전권을 행사하는 언론사도
있었다. 기자들의 임명 동의 투표를 거치는 편집국장도 주필의 일상적
지시를 받아야 했다. 이것은 관료적 지휘 체계가 최소한의 민주적
대표성조차 무시하는 행태였다.

이런 방식이라면 편집권이 제아무리 독립된다 한들 무슨 의미가
있겠는가. 전횡과 독선이 사주에게서 편집인이나 주필로 옮겨가는
것 이상의 아무 것도 아닌 것이다. 그런 점에서 편집권의 독립보다도
실질적 민주화가 언론 개혁의 핵심 과제다. 일선 기자와 각 부서의
책임자, 편집국 간부들과 편집국장이 각기 자신의 업무 분야에서 발언
권을 갖는 편집권 다원화와 언론 구조의 민주화를 이뤄내야 한다.
그러나 이것은 언론인 스스로 분투하지 않으면 제대로 누릴 수 없는
유토피아에 불과할 것이다.

≪한겨레≫, 2001년 8월 22일

사회적 책임 "나 몰라라……"
언론 자유만 목청, 시대착오
언론의 길 안 지키는 언론에 언론 자유 없다

헌법재판소가 2006년 4월 6일 예정된 '언론법 재판'의 공개 변론으로 눈길을 모았다. 「신문 등의 자유와 기능보장에 관한 법률(신문법)」과 「언론중재 및 피해구제 등에 관한 법률(언론중재법)」에 대해 제기된 위헌 심판 청구 소송의 평결에 본격 착수한 것이다. 앞으로 헌재의 이 평결이 눈길을 모으는 차원을 넘어 국민적 관심을 집중시켰으면 좋겠다. 잘하면 세기적 재판이 될지도 모른다. 우리 시대의 언론 자유와 민주주의를 제대로 총결산하는 무대가 된다면 더욱 바람직하겠다. 나는 이 재판에 언론계 인사를 필두로 학자, 법조인, 시민운동가들이 두루 참여하기를 바란다.

일각에서는 노무현 정부와 보수 신문들 간의 대결이라고 보기도 하는 모양이다. 그런 시각은 틀렸다고 생각한다. 노 대통령이 대통령 후보가 되기 훨씬 이전부터 거대 보수 신문과 맞서 싸워온 것은 사실이다. 대통령 후보 시절에도 굽히지 않고 이른바 주류 언론의 전횡을 개혁해야 한다고 목소리를 높였고, 그것이 2002년 대선 당시 노 후보의 당선에 상당한 득표 요인이 되었다는 분석도 있다. 그러나 그는 문제 제기를 했을 뿐 정작 대통령이 된 뒤 언론 개혁에 직접 나서지 않았다. 언론 개혁이란 정부가 할 수 있는 일이 아니기 때문이기도 하다.

시민사회와 보수 언론 간의 논쟁

이번 헌재의 언론법 위헌 소송 재판은 시민사회와 보수 언론 간의 논쟁으로 보아야 한다. 당초 「신문법」과 「언론중재법」은 시민 단체들이 국회에 내놓은 입법 청원에 기초해 성안됐기 때문이다. 오랫동안 언론 개혁 운동을 벌여온 시민 단체들이 대통령 선거에서 분출된 민심을 조직화한 것이다. 전국언론노조, 언론개혁시민연대, 민주언론운동시민연합, 환경운동연합, 참여연대, 한국여성단체연합, 광주 경실련, 대전 경실련 등 224개 시민 단체가 언론 개혁 국민 행동을 결성해서 입법을 추진했다. 면면이 한국의 시민사회를 대표할 수 있는 단체들이다.

나는 시민 단체들과 함께 국회에서 언론 개혁을 위한 연속 대토론회를 5차례나 열었다. 정치권에서 '언론 개혁'을 내걸고 토론회를 연 것은 해방 후 처음이라고들 했다. 정당이나 정치인이 감히 거대 신문들을 상대로 언론 개혁을 시도하다니 무모하다고도 했고 미련하다는 얘기도 들었다.

그러나 17대 국회 초반인 2004년 8월, 유난히도 더웠던 그 여름날 국회 의원회관 세미나장은 각계 전문가들의 열띤 토론으로 더 뜨겁게 달구어졌다. 입법 청원은 이 대토론회에서 정리된 것을 바탕으로 했으며, 내가 그 대표 소개 의원이었다.

다수 전문가들이 참여한 연속 토론회를 다시 돌이켜보면 "언론의 본질은 공공성과 다양성"이라는 명제가 떠오른다. 그리고 언론의 자유는 민주주의를 위해 절대적으로 보장돼야 한다는 데 누구나 동의했다. 그러나 중요한 것은 그 본질을 지키지 않는 언론은 언론이 아니라는 사실이다. 언론의 길을 스스로 지키지 않는 언론에게 언론의 자유를 보장해 줄 이유가 하등 존재하지 않는다.

지난 3월 6일 프랑스 방송규제기구(CSA)를 방문한 자리에서도 언론의 자유가 무한정한 것이 아니라 공동체에서 합의된 여러 가지 규범들을 지킬 때 보호받을 수 있음을 확인했다. CSA의 고위 간부는 언론 자유와 공공성에 대해 이렇게 말했다. "프랑스에서 언론의 자유는 절대적이다. 그러나 관련 규범을 지킬 때만 자유가 보장된다. 언론은 인간 존엄성과 공적 질서의 존중, 프로그램 참여자를 복수 정파로 구성한다는 원칙, 청소년과 어린이 보호, 포르노 제한, 창작 지원 등의 규범과 기준을 지켜야 한다."

언론의 발전에서 자유만 말하는 것은 시대착오적이다. 그것은 17세기식 자유 개념을 가지고 21세기 언론을 논의하려는 둔사에 불과하다. 자유주의의 천국이라는 미국에서도 언론 발전사에 분수령을 이룬 허친스 보고서의 제목은 『언론의 자유와 사회적 책임』이었다. 사회적 책임, 곧 공공성을 배제한 언론 자유 주장은 언론이 사회적 공기(公器)임을 부인하는 것이나 다름없다.

언론에 대해 공공성과 사회적 책임을 요구하는 것은 유럽에서는 더하다. 이미 1960년대 중반 서독의 언론 개혁 기구였던 귄터 위원회가 채택한 보고서를 보아도 그렇다. 이 보고서는 한 언론 매체가 시장 점유율 20%를 넘어서면 남의 언론 자유를 위협한다고 보았다. 그리고 그것이 25%를 넘으면 남의 언론 자유를 침해하는 것이라고 규정했다. 언론 자유가 잘못 운용되면 되레 문제가 생긴다는 사실을 제대로 간파한 것이다. 이것이야말로 언론에 대한 소유 규제와 시장 규제의 논리적 근거로 삼아야 할 매우 적절한 성찰이다. 각기 나의 언론 자유만 주장한다면 결국 함께 살아가는 남의 언론 자유를 침해하는 일종의 함수 관계에 있는 문제다. 현대적 자유 개념은 이렇게 상당한 수준으로 다듬어지고 발전했다.

그럼에도 불구하고 한국의 보수 신문들은 언론 자유를 무조건적 절대 개념으로 생각해 왔다. 언론 자유에 공동체적 합의에 의한 여러 전제와 제한이 따라다닌다는 사실을 인정하지 않으려 든다. 오늘날 우리는 매우 섬세하고 정교한 '현대적 복리' 개념을 근간으로 민주주의의 기본 가치를 구현하고 있다. 언론의 자유도 예외가 아니다. 국민의 실질적 권리와 자유로 다듬어져야 한다. 소수 소유주와 간부를 위하여 다수 국민의 복리를 희생시키는 것은 진정한 자유가 될 수 없다.

보수 신문들은 편집 위원회를 두도록 권고한 것에 대해 언론 자유 침해라고 주장한다. 당초 시민 단체들은 언론의 공공성 확립을 위해서 편집권 독립이 필요하며, 편집권 독립을 위한 장치로 편집 위원회 설치를 의무화해야 한다고 청원했다. 편집 위원회에 사주와 편집 책임자, 그리고 기자 측이 공동으로 참여해서 신문 제작 방향 등 중요한 사안을 협의하도록 한다는 취지다.

신문 논조가 사주의 논조인가

그러나 이 편집 위원회 규정도 국회 문화관광위 법안심사소위원회의 여야 협상 과정에서 의무화가 아니라 단순 권고 조항으로 바뀌고 말았다. 안 지켜도 그만이다. 처벌 조항이 없어 구속력을 갖지 못하는 반쪽짜리 법문에 불과하다. 다만 신문 발전 기금 지원 대상을 선정할 때 이런 권고 조항을 따르지 않는 매체를 배제할 수 있도록 하는 규정을 두었을 뿐이지만, 보수 신문들은 이조차 '강제 조항'이라며 반발했다. 이는 강제성을 피하고 인센티브 제도를 채택해 바람직한 입법 취지를 살리기 위한 것에 불과하다. 신문 발전 기금이라는 인센티브를 포기하고 편집 위원회를 설치하지 않으면 그만이다. 다른 한편 편집 위원회를 설치해 편집권 독립의 수준이 높은 신문을 정책적으로 지원하는 것은 정당한 근거가 있다.

또 보수 신문들은 헌재 소장에서 신문의 '경향성'이 인정돼야 함에도 이를 무시했다고 주장했다. 신문의 경향성은 이른바 논조이고 그것은 인정돼야 마땅하다. 그러나 문제는 신문의 논조가 1인 사주나 소수 편집 간부에 의해 자의적으로 정해지는 데 있다. 사설·칼럼 등의 오피니언 면은 신문사의 주관과 경향성이 허용된다. 그렇지만 이것을 악용해 객관성을 지켜야 할 보도 지면까지 신문사의 주관에 의해 지배된다면 이는 사회적 공기(公器)라 할 수 없는 일이다. 경향성이 아무렇게나 인정될 수는 없는 것이다. 그래서 특히 한국의 언론 상황에서는 편집

위원회가 필수적이다.

경향성도 최소한 그 신문사의 직업 언론인들에 의해 합의되고 수긍돼야 한다는 사실이 중요하다. 언론의 내적 자유, 언론인의 양심의 자유가 바로 이것이다. 이런 언론 개혁 입법의 취지에 대해 어떤 보수 신문은 "신문을 제작할 때마다 기자들을 강당에 모아놓고 투표해 가면서 해야 하는 줄 아는 모양"이라고 억지를 부렸다. 언론 개혁 입법의 취지가 그렇다는 것이고 그 합의 절차까지 실정법으로 규정한 바 없다.

언론 다양성 창달을 위해서 빼놓을 수 없는 장치가 시장 규제와 신문유통원이다. 대학교수가 되고 국회의원이 된 후 지방 출장만 가도 읽고 싶은 신문을 구입할 수가 없음을 실감했다. 작지만 다양한 가치관을 반영하는 신문들은 서울 외부 지역에서는 판매되지 않는다. 오로지 거대 보수 신문들만이 전국적 배달망을 가지고 있는 것이다. 배달망을 그저 가지고 있는 것이 아니라 거의 강제적인 무단 투입과 경품 끼워 돌리기가 다반사로 적발되는 실정이다.

제2단계 언론 개혁도 필요

이런 상황에서는 국민의 언론 선택권과 다양한 논조 접근권이 거의 없다고 해도 과언이 아니다. 이래서야 어떻게 국민의 실질적 언론 자유를 보호하고 민주주의를 논할 수 있을지 의문이다. 거대 신문들의 시장 독과점을 제한하고 작은 신문들에 대한 국민들의 자유로운 선택권을 보장해야 한다. 그것이 최소한의 시장 규제와 신문유통원의 취지이다. 「신문법」과 「언론중재법」이 그대로 시행된다 해도 한국 언론의 공공성과 다양성은 아직 멀었다. 그것이 제2단계의 언론 개혁이 필요한 이유다. 헌재의 이번 언론법 재판을 계기로 이에 대한 국민적 관심이 다시 높아지기를 기대한다. 국민 여론과 시민사회가 압력을 가해야 여야 의원들이 그 무서운 거대 언론을 상대로 개혁 입법을 감행할 수 있을 것이다.

≪신문과방송≫, 2006년 5월호

시민사회로 내동댕이쳐진 '언론 개혁'

「정간법」 개정을 위한 입법 청원의 촛불을 켜자

2002년 대통령 선거 과정에서 노무현 후보 쪽에 거는 기대로 가장 큰 것 중 하나는 '낡은 언론의 청산'이었다. 그가 내건 선거 구호가 '낡은 정치 청산'이었고 그 중심부에 낡은 언론이 자리 잡고 있기 때문이다. 특히 보수 신문들이 그랬다.

지금까지 언론이 낡은 정치 구조의 중요한 구성 인자라는 사실을 부정할 사람은 없다. 그런데 후보가 당선자로 올라선 지금 언론 개혁은 실종 상태다. 언론 개혁을 하려면 정권 초기에 나서야 한다는 것이 중론인데도 오히려 거꾸로 가는 조짐만 드러나고 있다.

공정위의 언론사 과징금 취소 조치가 그렇고, 노 당선자의 대통령직 인수위가 그것을 불문에 부치겠다고 서둘러 공표한 것은 더욱 그렇다. 차기 정부 청와대 비서실장과 정무수석 내정을 보수 언론의 선두에 서 있는 조선일보가 특종 보도한 것도 놀랍다. 그것도 노 당선자의 핵심 측근이 알려주었다는 얘기다.

여기서 우리는 정치인과 관료란 보수 언론이건 대안 언론이건 그 기자들과 함께 살 수밖에 없다는 냉엄한 현실을 다시 한 번 확인했다. 언론 개혁 과제가 시민사회 쪽으로 내동댕이쳐진 느낌이다. 이것이 새해 벽두에 언론 개혁을 화두로 삼는 이유다.

언론이 개혁돼야 한다는 당위성에는 국민적 공감대가 형성돼 있다. 그런 공감대를 정책화해서 이행하지 못하는 상황이 문제다. 김대중 정부 아래서는 언론 개혁의 대의명분과 논리 개발이 부족했으며 언론을 옥죄는 모습으로만 비쳐서 오히려 부정적이었다.

보수 신문들이 개혁돼야 하는 이유는 국민 다수의 의사와 괴리돼 있으면서 여론 시장을 독과점하고 있기 때문이다. 조선·중앙·동아일보 3대 보수 신문들의 시장점유율은 74.5%에 이른다. 일반 상품도 상위 3대 제품이 시장점유율에서 75%를 넘어서면 「공정거래법」으로 규제하게 돼있다. 하물며 보수 신문 3개가 여론 시장을 독과점해서야 민주주의 사회라고 할 수 있겠는가? 다른 말로 표현하면 한국의 국민 여론을 3인의 언론 족벌이 좌지우지할 수도 있는 구조이다.

현안 문제로 대두된 미군 장갑차의 여중생 압사 사건에 대한 조선·중앙·동아일보의 보도 태도도 풀뿌리 바닥 정서와 괴리된 전형적인 예이다. 그 사건이 터진 2002년 6월 중순, 조선일보는 일주일 이상 보도하지 않았으며 동아, 중앙도 매우 작은 비중으로 다루었다.

여중생 압사 사건에 항의하는 촛불 시위대가 돌출 행동을 자제하는 가운데서도 유독 조선일보사에 계란을 던진 것은 그에 대한 분노의 표시였다. 이는 언론에 대한 것으로는 근래에 보기 드문 대중행동이었다. 1960년 4·19 의거 당시 서울신문에 대한 규탄과 1980년 5월 광주 시민 항쟁 당시 왜곡 보도한 방송사에 대한 방화 이후 처음일 것이다.

미 행정부가 한국 정세에 대한 동향 자료로 삼는 주요 자료는 ≪조선일보≫와 ≪중앙일보≫의 영문판(미주판)이다. 한국의 여중생 압사 사건에 대해 한국 언론들이 문제시하지 않고 있는 마당에 미 행정부가 그것을 중시할 리가 없는 것이다.

이 사건에 대한 미국의 안이한 태도와 오만은 상당 부분 보수 신문의 보도 태도에 그 책임이 있다. 그렇게 보수 언론이 호도하려는 문제에 대해 풀뿌리 국민 여론이 울분을 분출시킨 것이 촛불 시위라고 보아야 한다. 보수 언론이 일반 국민 여론과 동떨어져 있다는 증거들 중 하나이고, 이것이 2002년 대선에도 크게 작용했다.

대통령 선거의 투표일 직전에도 보수 신문들의 불공정성은 극에 달했다. 정몽준 씨의 지지 철회에 대한 ≪조선일보≫의 사설이 대표적인 예다. 그러나 젊은 세대를 비롯해서 유권자 다수는 이미 보수 신문을 외면하고 있었다. 새 시대의 주류는 대안 언론 매체로 떠오른 인터넷 신문을 클릭했다. 거기서 전략적 투표 선택도 이루어져 새 시대의 뉴 리더를 탄생시켰다. 이런 상황에서 보수 신문들이 정부 내 정책 정보를 독과점하는 취재 관행을 더 이상 방치해서는 안 된다. 그것이 언론 개혁의 논리다.

언론 개혁은 정부의 메시지나 국민 여론이 굴곡 없이 전달되는 커뮤니케이션 채널을 정립하는 것이다. 언론이 자신의 의도에 따라 사실을 가감하는 병폐를 수술하는 것이다. 그런 병폐의 원인은 복합적이지만 1인이 언론사의 소유, 경영, 편집권을 독점하는 사주 체제가 가장 심각한 문제다.

여기에 사주로부터 편집권을 위임받은 편집인, 주필, 편집국장의 독선과 전횡 문제도 있다. 이들은 대부분 기자 출신이지만 기자 사회의 잘못된 관행과 문화가 비민주적 언론 운영을 뿌리 내리게 했다.

언론 개혁은 언론인들의 취재, 편집, 보도 영역을 고치는 것이다. 그것이 언론의 본령을 개혁하는 것이다. 이런 언론의 본질적 개혁에 대해서는 정부가 개입할 수 없으며 시민운동 단체가 나서야 한다. 이에 비해 언론사의 경영, 상속과 증여 과정, 세금 문제, 이권 청탁과 개입의 비행, 과당 경쟁에 대한 공정거래 규제 등은 언론의 환경을 개선하는 것으로 본령적 개혁과는 구분할 필요가 있다.

정부는 언론의 본령 개혁에 개입할 수 없지만, 언론 환경의 개선을 주도하는 것은 문제가 없다. 따라서 시민사회가 언론의 본령 개혁에 나서고 정부는 환경 개선을 주도하는 것이 각기 본분을 다하는 역할 분담이 된다.

언론 본령에 대한 개혁은 정부가 개입해서는 안 된다는 원칙을 노무현 정부도 깨기 어려울 것이다. 언론 개혁을 자율적으로 해야 한다는 명제 때문에 그것을 언론인만의 전유물로 맡겨둘 수 없는 것이 현재의 상황이다. 선거 과정에서 나타난 보수 신문들의 불공정 보도 행위와 이에 대한 민심의 분노가 그 이유이다.

언론의 자유란 국민의 의사 표현 자유를 뜻하는 것이지, 언론인 활동이나 언론사 경영의 자유가 아니다. 국민의 의사 표현 자유가 궁극적 목표 가치라면 언론인과 언론사의 자유란 그것을 구현하기 위한 수단 가치에 불과하다. 따라서 언론 개혁은 언론 영역의 자율성에만 맡겨둘 것이 아니라 시민사회가 참여한 가운데 국민 합의에 따라 함께 실천해야 한다.

보수 신문 측은 자신들에 가해지는 불이익들이 언론 자유에 대한 탄압이라며 방어하고 있다. 언론의 자유를 절대시함으로써 자신들의 비행과 비리에 대한 개혁 정책조차도 탄압이라는 식으로 항변한다. 심지어 보수 신문에 정기적으로 기고하는 한 교수의 칼럼은 "비리가 없으면서 비판도 함께 없어진 언론보다 차라리 비리가 있으면서 비판 기능이 살아있는 언론이 국민에게 더 유익하고 유용하다"라는 논리를 펴기도 했다(송복, "비리와 비판", ≪조선일보≫, 2002년 7월 19일자). 여기서 우리는 "사교 집단에도 종교의 자유를 허용해야 하는가"라는 물음을 떠올리지 않을 수 없다.

보수 신문에 의한 여론 독과점을 방지하고 언론 내부의 민주화를 위해서는 최소한 다음의 두 가지 개혁이 필요하다.

첫째, 영향력이 큰 언론사일수록 특정인에 의해 지배당하지 않도록 소유 지분을 제한해야 한다. 나머지 지분은 당연히 그 언론사의 기자들과 노조에 주어질 수 있을 것이다. 언론인의 언론사 경영 참가제를 확립하는 길이기도 하다.

소유 지분 제한에 대해 일부 언론학자들 사이에 재산권을 제한하는 것이어서 위헌 소지가 있다는 반대 의견도 있다. 그러나 그런 반대 의견은 미국과 유럽을 비롯한 모든 자유주의 시장경제 국가들이 채택하고 있는 「시장독과점방지법」을 도외시하고 있다.

자유주의 국가들의 반독과점 법제는 언론도 예외가 아니다. 특정 언론이 여론 시장을 독과점적으로 지배할 때는 더 이상 확대하지 못하도록 규제하는 것은 물론, 그 언론사를 1인 족벌이 소유하지 못하게 하고 있다. 이는 유럽에서 토지의 무한정 소유를 제한하는 것이 자유주의적 재산권에 어긋나지 않는다는 인식과 같은 논리다.

우리도 재벌 기업이 당장 사용하지 않는 토지를 무한정 매입하지 못하게 토지 공개념을 제도화했다. 이는 유한한 토지를 무한한 인간의 소유 욕망에 맡겨서는 안 되기 때문에 토지 소유를 제한해야 한다는 존 스튜어트 밀의 초기 사회주의 사상에 기초한 것이다.

또 일각에서 토지는 유한하지만 언론사 설립은 자유이므로 사안이 다르다는 지적도 하고 있다. 그러나 언론사 설립이 자유라 해서 누구나 언론사를 세우고 경영할 수가 있단 말인가? 거기서 언론의 독과점 현상이 생기고 기존의 언론사가 비대해질 경우 그것을 공익 개념으로 다루어야 할 대의명분이 있다.

구체적인 개혁 입법안을 다듬을 필요가 있다. 특정 신문의 시장점유율이 15% 정도(현재 발행 부수 약 120~130만 부에 해당)를 넘어서면 그 신문사의 소유 지분을 특정인이 20% 또는 25% 이상 갖지 못하게 제한하는 방안이 바람직하다. 시장 독과점과 소유 제한을 연계시키는 것이다. 이렇게 하면 재산권에 관한 위헌 논란을 야기할 가능성은 거의 없다고 생각된다. 소수 신문 족벌의 재산권 보호로 여론 독과점을 방치하는 것보다는 언론의 공익성을 보호하는 편이 더 우선시돼야 한다.

그렇게 법을 고쳐도 언론 족벌은 어떻게 해서든 연고자를 주주로 집어넣어서 지배 체제를 유지할 것이라는 비관론도 있다. 그에 대한 방지책이 기자들과 노조들을 실질적인 주주로 참여시키는 방안이다.

둘째, 언론사 노동조합과 공정보도위원회를 법제화해야 한다. 지금까지 언론사 노조와 공정보도위 활동은 전적으로 노사 협상에 맡겨졌고 노사 협상이란 사주의 관용에 따라 좌우됐다. 그런 상황에서 기자들의 공정 보도를 위한 노력이 무슨 실효성이 있겠는가?

개혁 입법을 통해 언론사 노조와 공정보도위에 명확한 법적 지위를 부여해야 한다. 현재 언론사 노조의 출발은 대부분 1987년 6월 시민항쟁 이후였다. 초기엔 민주화 바람이 불어 언론사 내부에서 상당한 견제력을 갖는 듯했으나 지금은 거의 사주, 경영진의 보조 기구에 불과하다.

언론사 세무조사 당시, 해당 언론사 노조들은 대부분 사주의 상속세와 증여세 탈세에 대한 처벌을 비난하면서 언론 탄압 행위라고 규정했다. 이는 언론인들이 언론 자체를 살리려는 의식보다도 사주와 공동 운명체라는 의식으로 불명예의 길을 선택한 셈이다. 그런 상황에서 언론의 자율 개혁은 기대하기 어렵다.

언론 개혁을 자율적으로 하려면 내부 노조와 공정보도위가 나설 수밖에 없다. 그러나 현재는 언론노조가 매년 봄에 한 번씩 하는 단체 협상을 통해서 임금 인상과 복지 개선을 하는 것이 활동 내용의 전부라 해도 과언이 아니다.

공정보도위 활동도 정규 편집 제작권에 대해 미미한 비판 역할을 하는 것에 불과하다. 편집권을 소유와 경영으로부터 독립시키기 위한 입법도 필요하지만 그 전 단계로 우선 기자들의 공정보도위 활동에 법적 구속력을 부여하는 것이 필요하다.

이런 언론 본질 문제에 대한 개혁안은 국민들이 요구하는 청원 입법으로 가능하다. 시민 단체가 나서서 공개 토론회도 열고 시민사회의 공론을 모아 입법 청원을 해야 한다. 한나라당이 과반 의석을 차지하고 있는 국회에서 그런 개혁 입법이 통과될지 지레 좌절할 필요는 없다. 우리에겐 1년 앞으로 다가온 총선거가 있지 않은가? 언론 개혁 입법안에 반대하는 의원에 대해서는 총선 때 심판에 나서야 한다. 미리 이것까지 함께 공표하면 함부로 부결시키지는 못할 것이다.

언론학자들 중 일부는 독일 등 유럽 국가들에서 편집권과 공정보도 문제를 노사 협상에 맡기고 있음을 들어 세세한 입법 규정에 반대하는 의견도 보인다. 그러나 우리나라처럼 잘못된 관행이 체질화되어 있는 현실을 개혁하기 위해서는 실정법주의로 나갈 수밖에 없는 상황이다.

≪오마이뉴스≫, 2003년 1월 12일

국회와 언론

각각의 의제 설정을 보완하고 협력

상호 보완적 협력 관계

한국 정치에서 국회와 언론은 떼려야 뗄 수 없는 특수 관계다. 미국
이나 유럽을 비롯해서 다른 서구 국가들의 경우와 비교가 안 되는
매우 긴밀한 유기적 관계라고 해야 할 것이다. 일본의 경우가 비슷한
측면이 있지만 한국보다는 공식성이 더 지배하는 것 같다. 정치권과
언론의 규모가 한국보다 훨씬 크다는 점 때문에 정치인이나 정파의
언론 유착에 한계가 있다. 유착의 밀도는 높아도 그것이 언론 보도와
논조를 좌우하는 정도가 한국에 비견할 바가 못 된다.

국회와 언론의 기능은 국민 이익과 여론을 정치 체계의 결정 구조에
투입(input)하는 일이다. 그 투입 기능을 어떻게 하느냐에 따라 국민
생활에 직접 영향을 주는 정책 결정이 달라질 수 있다. 국회가 제대로
짚어내지 못하는 민생 문제가 있을 경우 그것을 언론이 이슈화하면
국회 내에서 공론화되는 일이 많다. 또 언론이 독자적으로 파헤치지
못하는 문제를 국회가 쟁점화하면 언론은 그것을 보도함으로써 문제
해결을 촉진한다. 서로 독자적으로 의제 설정을 하면서도 보완하고

협력하는 관계인 것이다.

그러나 이런 상호 보완 관계 때문에 국회와 언론이 지나치게 가까운 것은 아닌지를 돌아볼 필요가 있다. 말로는 불가분 불가원(不可近不可遠)이라고 하면서도 양쪽이 서로 가까이 지내려고 하는 욕구를 갖고 있다. 국회와 언론이 밀착해서 나쁜 이유는 양쪽이 그 본래의 기능을 소홀히 하게 되기 때문이다.

예컨대 한 의원이 국정감사를 위해 조사 수집한 자료를 국회에서 공식 거론하기 전에 가까운 언론사에 제공해 놓는 일은 흔하다. 그 의원이 발언을 하자마자 언론사는 단독 입수한 자료를 이용해 확대 보도한다. 어떤 경우엔 의원의 발언도 안 나왔는데 언론 보도가 먼저 이루어짐으로써 언론계는 '특종'을 건지기도 한다. 언론도 옳지 못하지만 의원의 행태 또한 윤리적으로 문제가 있다.

국회와 언론의 이런 유착에는 두 가지 문제점이 생긴다. 하나는 의원의 조사 자료가 얼마나 중요한 사안이며 근거를 가진 것인지에 대한 평가가 원내에서 이루어지기 전에 외부의 언론에 의해서 크게 좌우된다는 점이다. 다른 하나는 언론도 의원의 발언이 옳은 것인지를 독자적인 취재로 검증하지 않고 특종 만들기에만 급급해한다는 것이다. 이런 예가 국회와 언론의 상호 보완 기능을 부정적인 유착 관계로 전락시킬 수 있음을 경계해야 할 것이다.

언론의 비판 기능과 정치권 매도

국회와 언론의 관계가 본래대로 이루어진다면 언론이 국회를 비판하는 것은 당연한 순기능이다. 그러나 언론의 비판이 과장되거나 또는 정치 자체를 희화화하는 경우가 많고 그런 것들이 누적돼서 정치권을 보는 국민의 인식을 지나치게 부정적으로 조성해 가는 경향이 있다. 이렇게 되면 유권자들이 정치 허무주의에 빠지고 따라서 정치 참여의 가치를 인정하지 않게 된다.

정치 과정에 대해서 긍정적이고 소중하게 생각하는 분위기를 이끌어주는 것이 정치 커뮤니케이션의 중요한 역할이다. 언론의 비판 기능 못지않게 순수한 커뮤니케이션 역할도 중요하다는 점이 강조될 필요가 있다.

최근 대검 공안부의 16대 총선 선거법 위반 수사 상황 보고서가 유출돼 언론에 대대적으로 보도된 사건은 그 본질과 함께 유출 의도에 관심이 쏠리고 있다. 누가 어떤 목적으로 그런 자료를 유출했느냐에 따라 이 사건의 성격이 달라질 것이다. 첫째는 검찰 내부에서 정치권의 압력 때문에 선거법 위반 행위에 대한 수사를 제대로 못하는 데 대한 불만으로 자료를 유출시켰을 가능성이다. 수사 내용을 공개해야 외압을 벗어나 법대로 처리할 수가 있다는 생각이었을 것이다. 둘째는 민주당 윤철상 전 사무부총장의 발언 사건 후 야당에도 선거법 위반자가 그렇게 많았다는 자료를 공개함으로써 야당의 정치 공세를 무력화하려 했을 가능성이다.

두 가지 경우 중 어느 쪽이든 16대 국회는 '선거법 위반자 집단'이라는 식의 매우 부정적인 이미지가 확산되는 결과를 가져왔다. 지역구 당선자 227명 중에서 200명이 선거법을 위반했으며 검찰이 그 위반의 경중을 따져 기소 여부를 결정해야 한다는 내용은 분명 의원 전체에 대한 매도가 될 수 있다.

여기서 언론은 두 가지 입장을 취할 수밖에 없다. 하나는 그렇게 많은 당선자가 선거법 위반을 했으니만큼 개혁 차원에서 정치적 고려를 완전히 배제하고 전면 재수사해야 한다는 요구다. 그것은 위반자 개인들에 대한 법 적용의 문제다. 다른 하나는 그러면서도 정치권 전체를 위법행위 집단으로 매도하는 결과가 되지 않고, 국회의 정상적 위상이 훼손당하지 않도록 의연하게 정치 커뮤니케이션 역할을 다하는 자세다. 오늘날 한국 언론에게는 후자의 역할이 매우 부족한 것으로 평가된다.

한편 여기서 국회 자체의 대처도 마련돼야 할 것이다. 수사 문건이 유출된 데 대한 경위 조사를 요구하는 것은 필요하다. 그러나 국회의원들의 자체 윤리 측면에서 선거 과정을 되돌아보는 자성 결의안 같은 것을 검토해 봄 직하다고 생각된다. 국회 윤리특위가 선거법 위반 행위를 다루기는 어렵겠지만, 준법 의지와 사법 처리 존중 의사를 선언적으로 피력하는 방안을 논의해 볼 필요가 있다고 본다.

의원의 언론 정치

정치인의 말과 행동은 언론을 통해 여과돼서 국민에 전달된다. 아무리 TV 시대고 인터넷 시대라고 해도 중간 전달자인 매체의 취사선택과 정리 기능은 사라지지 않는다.

언론은 정치권과 일반 국민 사이에서 기능하는 중간 집단이지만 있는 그대로 전달하는 '유리'이기보다는 자체 의사를 가미시켜 변형시키는 '프리즘'에 가깝다고 보아야 할 것이다. 그런 프리즘의 역할 덕분에 언론은 영향력을 확보하게 된다. 정치인이 언론에 대해 경외심을 갖고 로비 대상으로 여기는 이유도 이 때문일 것이다.

과거 의원들 중에는 자기 연설문이나 정책안 하나 작성할 능력이 없는데도 언론에 의해 의정 활동에서 뛰어난 정치인으로 묘사돼 온 경우가 비일비재했다. 이런 왜곡 현상의 심각성 때문에 정치인의 언행에 대해서 기자들이 가감하지 말고 있는 그대로 보도해야 한다는 자성론이 언론 내부에서 오래전부터 일었다. 그래야 유권자들이 정치인을 제대로 평가할 수 있고 선거에서 올바른 선택이 가능해진다. 정치 커뮤니케이션 이론에서 언론을 '인지의 지도(cognitive map)'라고 하듯이 그 지도가 잘못되면 유권자들이 잘못된 길로 들어갈 수밖에 없다.

문제의 심각성에도 불구하고 기자들의 의식을 왜곡시키는 것이 정치인들의 '언론 정치' 행위다. 그렇게 언론 정치만 해서도 정치권의 정상급에 오를 수 있었고, 실제로 그런 경우가 허다했던 것이 우리 현실이었다. 정치인과 언론이 함께 지양해야 할 일이다.

제3의 정치 언론 기능

최근 들어 언론의 정치권 감시와 비판을 넘어선 제3의 언론 기능이 대두되고 있다. 시민 단체들의 의정 감시 활동과 낙천 낙선 운동, 그리고 사이버 공간의 네티즌들의 자유분방한 커뮤니케이션 등이 그것이며, 이것이 결코 무시할 수 없는 비중으로 정착돼 가는 추세다.

시민사회의 다원화와 디지털 문화의 융성이 그 주요 배경이지만 다른 한편으로 언론이 제 기능을 다하지 못한 데도 큰 원인이 있다고 생각된다. 언론과 정치인의 유착 관계 같은 것이 전형적인 배경이다.

이는 곧 어떤 유형의 사회든 필수적인 기능들이 존재하며 그런 기능을 맡는 제도적 장치들이 제 임무를 다하지 못하면 제 기능을 맡을 제도 외적 주체가 생겨난다는 이론을 입증하는 예이다. 언론이 제대로 기능하면 시민 단체들이 직접 국회에 들어가 활동을 하겠다고 나설 여지가 없을 것이며 그렇게 해보았자 따로 영향력을 갖기도 어려울 것이다. 그런 점에서도 국회와 언론은 서로 건강한 긴장 관계를 유지하면서 주어진 본래의 기능을 다하는 데 최선을 기울여야 한다. 디지털을 이용한 정보화 시대에 그런 본령을 조금이라도 지키지 못하면 국회와 언론은 제3의 기능에 의해 압도당할 수밖에 없을 것이다.

그렇다고 해서 제3의 국회 감시 매체가 정당하지 못하다거나 완전히 없어질 수도 있다는 것은 아니다. 그런 기능이 존재하되 정상적 언론 역할이 중심에 서고 제3의 매체가 보조적 기능을 하는 형태가 바람직하다는 뜻이다.

국회 윤리특위 공청회 진술서, 2000년 9월 7일

정치인과 기자

가까울 수도 멀 수도 없는 긴장 관계

미국 대통령 선거에 공화당 후보로 뛰고 있는 조지 W. 부시 텍사스 주지사가 뉴욕 타임스 기자를 가리켜 "지겹게 싫은 놈"이라고 욕한 것이 공개돼 곤욕을 치르고 있다. 부시 후보는 유세장에서 마이크가 꺼진 줄 알고 측근과 은밀하게 얘기하다가 그 같은 표현을 썼는데, 그것이 확성기를 통해 공개되고 만 것이다. 부시 후보는 자신의 유세를 따라다니며 취재하는 그 기자가 질기게 사생활을 방해할 뿐만 아니라 기사 내용도 불리하게 쓰는 데 불만이 많았다고 한다.

정치인과 기자는 흔히 상부상조 관계라고 말한다. 부시 후보가 유세장에서 민생 문제를 이슈화하면 《뉴욕 타임스》 같은 유력 언론이 보도해야 널리 알려질 수 있다. 유세장의 연설이 많은 유권자들에게 전달돼야 득표전에서 유리한 것은 물론이다. 다른 한편 언론이 독자적으로 취재한 고발 기사는 정치인에 의해 정치 문제화돼야 그 보도가 영향력을 갖게 된다. 그것을 행정부나 국회가 의제로 채택하고 해결책을 논의하는 일도 많다. 그런 점에서 보면 정치인과 기자는 독자적으로 의제를 설정하면서도 서로 보완 관계라고 할 수 있다.

그러나 언론의 본령인 감시와 비판 기능을 생각하면 정치인과 기자

사이는 보완 관계라기보다는 긴장 관계로 보는 것이 옳다. 거물 정객일수록 기자의 감시로부터 벗어나기가 어렵다. 그렇다고 기자를 적대시하다간 불리하게 비판받을 것이 꺼려진다. 정치인들이 기자를 평할 때 흔히 쓰는 '불가근 불가원(不可近不可遠)'이라는 표현도 바로 그런 뜻을 담고 있다. 가까이 하자니 조심스럽고 멀리 하면 적대감을 살 뿐만 아니라 자신의 정치 활동을 알릴 통로가 없어진다는 얘기다.

과거 한국의 어느 거물 정객은 출입 기자들을 자신의 측근으로 만들어버리는 데 능숙했다고 한다. 그래서 그 정객과 가까운 기자들을 가리키는 말로 '○○○ 장학생'이라는 듣기 거북한 말이 언론계와 정가에 떠돌기도 했다. 그것을 라이벌 정객은 '○○○ 고학생'이라고 꼬집었다. 미국이라고 정치인과 기자의 유착 관계가 없으랴마는 부시 후보의 실언 사건으로 역시 언론과 정치인은 불가근 불가원의 관계임을 새삼 확인시켜 주는 것 같다.

≪동아일보≫, 2000년 9월 9일

공약 중심 보도, 어떻게 할 것인가

언론 수용자들의 구미도 보도 방향에 큰 영향

1. 머리말

대통령 선거나 국회의원 총선거가 있는 시기엔 언제나 공정 보도 문제와 함께 건전한 선거를 위한 언론의 본령적 역할에 관한 논란이 불거진다. 매일같이 선거 기사가 쏟아지고 과잉 보도 지적도 일지만 그중에서 머리기사는 언제나 여론조사에서 후보들에 대한 지지율 순위로 채워진다. 누가 1위인가, 그래서 선거 결과가 어떻게 나타날 것인가. 거기서 경마 저널리즘의 전형이 만들어진다. 마치 이 선거 결과만 제대로 맞추면 1등 언론이 되는 것처럼 그 문제에만 매달리는 것이다.

선거에 관한 한 당선 가능성이 가장 큰 관심거리인 것은 현실적으로 어쩔 수 없는 측면이 있다. 정당의 공천 과정에서도 최고의 기준은 당선 가능성이고 일반 유권자들도 자신의 후보 선택과는 별도로 과연 누가 이길 것인지를 가장 궁금해한다. 여기서 정책 개발 경쟁은 설 자리를 잃고 만다. 당내 공천 경쟁부터 당선 가능성과 정치자금 헌금 이 더 중요한 기준이 된다면 누가 정책 개발과 정치적 비전 쪽에 시간과 노력을 투자하겠는가? 일반 유권자들 또한 후보 간 정책 대결과 정치적 비전보다도 선거 결과 예측에만 관심을 보인다. 정책 대결을 보면서 후보에 대해 기존의 지지를 철회하고 새로운 후보를 선택하는 변화들로 이루어지는 선거 과정이란 존재하기 어려운 현실이다. 민주정치란 결과보다도 과정이 중요하다는 점에서도 이처럼 선거 결과에만 초점을 맞춘 보도 태도는 언론의 본령적 역할에 역행하는 행태로 비판받지 않을 수 없다.

언론이 당선 가능성과 선거 결과 예측에 가장 큰 비중을 두는 이유는 우선 취재 경쟁이라는 속성 때문이다. 그러나 언론 자체의 속성 외에 더 심각한 경마 저널리즘은 독자와 시청자들의 궁금증에 영합하는 태도에서 비롯된다. 또 언론사의 윤리와 관련되는 것으로는 선거 결과를 가능한 빨리 예측함으로써 승자 쪽에 줄 서기를 하기 위한 목적이 있다. 대통령 선거에서 승자란 차기 정권의 수임자를 뜻한다. 차기 정권의 향배를 조기에 알아냄으로써 언론사 간 사세 경쟁에서 유리한 고지를 선점하고자 하는 계산이 깔려있는 것이다. 당선 가능성이 높은 후보에 줄 서기 보도를 한 뒤 '킹메이커' 역할을 했다면서 새 정권에 자사 이익을 위한 로비에 나서곤 했던 것이 언론의 비행이었다.

언론의 잘못된 보도 행태가 선거를 과열시키고 또 후보 간 경쟁 내용을 정책 대결이나 실질적 삶의 정치로부터 괴리시켜 왔다. 정파 간 이전투구나 득표 전략만 부추겨 왔다. 그래서 언론이 공명선거를 유도하고 그런 분위기를 보호하는 데 앞장서기는커녕 오히려 그것을 해친다는 비판에 직면해 있는 상황이다. 이 글은 언론이 선거 보도에

서 후보들의 공약을 분석하고 평가하는 데 비중을 둠으로써 정책
대결의 정치 문화에 이바지하는 길을 모색하기 위한 것이다.

2. 정책 보도를 위한 취재 메커니즘과 전문성 문제

한국 언론의 취재 보도 관행 중 가장 뿌리 깊은 것 중 하나는 '관할권
불가침' 의식이다. 취재기자들과 편집 간부들 사이에 소관 업무에
대한 배타적 전유권(專有權)이 일종의 직업의식으로까지 굳어졌다.
그런데 이 관할권이란 사건의 발생지와 인물에 바탕을 두고 있으며
이슈와 정책 중심주의가 결코 아니라는 데 문제가 있다.

예컨대 통일·외교 문제를 담당하는 기자가 있으면 그가 정부뿐
아니라 야당이나 학계, 기업, 시민운동 단체 등이 주장하는 대북 정책도
취재해야 이슈 및 정책 중심주의와 전문 기자 제도가 정착될 수 있다.
그러나 한국 언론의 취재 보도 관행상 이것은 거의 불가능하며 이제
겨우 시험적인 단계에 불과하다. 통일 전문 기자가 정부와 국회, 정당,
학계, 기업, 시민 단체 등 어디든지 통일 문제가 논의되는 곳에 가서
취재할 수 있는 풍토는 아직 아니다. 정치인이나 정당이 주장하는
대북 정책은 정당에 출입하는 기자가 맡으며 통일부와 외교부가 주관
하는 일이면 그 출입 기자가, 또 기업이 방북한 기사는 경제부 기자가,
대학이나 시민 단체가 북한 관련 행사를 할 때는 사회부 기자가, 종교계
의 대북 사업에 대해서는 문화부 기자가 각각 맡게 돼있다. 기업이나
종교계의 북한 관련 사항을 통일 담당 기자가 직접 취재하면 경제부나

문화부는 전유권을 침해당한 것으로 생각하기 일쑤다.

사실 신문사 편집국이나 방송사 보도국의 조직 자체는 정치부, 경제부, 국제부, 사회부, 문화부, 체육부 등 이슈 중심으로, 기능적으로 돼있다. 오히려 한국 언론에 비해 미국 언론사의 뉴스룸 편제를 보면 전국부(National), 세계부(World), 도심권부(Metropolitan) 같은 식이어서 이슈보다는 관할지별로 구분한 느낌이다. 그런데도 실제로 취재하고 지면을 제작하는 방식은 한국 언론이 관할권 중심이며 미국은 이슈 중심 전담 기자제를 취하고 있어서 그 편제와 딴판이다. 공공 기관과 주요 사회단체들에 출입 기자를 제도화하고 있는 나라는 한국과 일본이 대표적인 예다. 영국, 프랑스, 독일 등 유럽 국가들의 언론사는 주요 단체에서 기자회견이나 취재거리가 생길 때마다 편집국 간부들이 그 전문 기자를 파견한다. 상주 출입 기자 개념이 아니다. 한국 언론의 취재 관행이 출입 기자제로 돼있는 것은 일본으로부터 도입됐고, 그 이후 언론사 내부의 실무 편의와 문책(問責) 방어 의식에 따라 뿌리 내렸다고 보아야 할 것이다.

이런 관할권 의식은 편집국 내에서 각 부서별로 할거주의를 키우며 보도 기사의 단세포화를 가져오게 마련이다. 그런데 이 같은 배타적 관할권 의식과 할거주의가 강한 부서가 정치부이며 그중에서도 국회·정당팀이 더 심하다. 심지어 같은 정치부 내에서도 관할권은 엄격히 지켜진다. 외교부장관이 국회 통일외무위에 출석해 정책을 설명하는데도 외교부 출입 기자가 아니라 국회·정당 출입 기자가 취재하는 것이다. 그러니 경제부총리가 국회에 나가서 중요 경제정책을 밝힌다 해도 경제부 기자가 현장에 가서 취재하는 것은 비정상적인 행태로 간주된다. 이것을 경제 기자가 사전 취재로 기사를 쓸 수는 있지만 국회 현장에서 벌어지는 경제정책에 관한 질의 답변은 국회 출입 기자가 처리하는 것이 관행 이상의 제도로 굳어있다.

마찬가지로 외교 안보 공약이든 경제 공약이든 대통령 후보가 발표하는 것은 그 이슈를 담당하는 기자가 아니라 정당과 후보의 모든 움직임을 취재하는 정당 기자가 맡는다. 이런 취재 보도 메커니즘 아래서는 기자의 전문성이 축적되고 그것이 기사에 반영되기를 기대할 수 없다. 평상시 정책을 분석하고 선거 때면 후보들의 공약을 중심으로 보도하기 위해서는 무엇보다도 언론이 그럴 만한 전문성을 가져야 할 텐데 그것이 구조적으로 어려운 실정이다. 정치 보도란 그저 정치권 내부의 역학 관계와 세력 판도, 거물 정치인의 동정성 언행이 주종을 이룰 수밖에 없는 것이 현실이다. 간혹 후보별 공약이나 정책을 검증하기 위해 전문 기자를 동원하기로 특별 기획을 세우는 경우만 예외적으로 그런 관행을 벗어날 수가 있다.

하지만 이런 특별 기획이란 정치부가 아닌 타 부서의 인력을 동원하고 지면도 따로 마련해야 하므로 타 언론사와의 경쟁에서 유리하다는 확신이 서기 전에는 좀처럼 시도하기 어렵다. 또 실제 그런 기획으로 정책 중심 보도를 해봐도 대중 독자층의 호응을 얻은 경험이 별로 없는 것이 우리의 현실이다. 언론사가 정치 보도에서 정책과 선거 공약을 다루는 것은 예상 소득에 비해 투자와 에너지 소모만 크다는 생각에 지배돼 있는 것이다.

이는 한국의 신문들이 발행 부수 경쟁에서 벗어나 고급 정론지를 지향할 것이냐, 아니면 역시 부수 경쟁 지상주의를 고수하면서 일반

대중지로 남느냐 하는 문제와도 직결된다고 볼 수 있다. 민주화와 언론 자유가 진전되면서 언론 경영 부문에서 무한 경쟁이 시작됐고 그러자 언론사에도 이른바 마케팅 전략이 핵심으로 부상했다. 신문의 열독률 조사, 방송의 시청률 조사가 언론의 편집 제작에 반영되게 된 것이다. 광고주나 판매 담당자들의 의견 조사는 언제나 정책 기사보다는 정치인과 정파 간의 갈등이나 이합집산에 관한 기사가 훨씬 더 많이 읽히고 인기를 끄는 것으로 나타난다. 따라서 부수 늘리기 경쟁에서 벗어나지 않는 한 정책과 공약의 검증이나 후보자의 자질 등에 관해 언론의 본령에 맞게 취재하고 보도하기란 거의 불가능하다고 할 수밖에 없다.

신문이 고급 정론지로서 영향력을 가지려면 단편적 사실 보도 수준을 넘어 사회 내 각 전문 영역에서 권위를 인정받을 수 있는 심층 분석 기사가 지면에 많이 반영돼야 한다. 이는 특히 유럽의 정론지들이 표방하는 제작 방침이다. 심층 분석 기사를 통해서 독자들은 기본적인 사실에 대한 인식을 넘어 그 배경을 이해하고 의견을 형성할 수 있게 되는 것이다. 어려운 정책에 대해서 인지하고 평가할 수 있게 되는 것도 그런 언론의 역할을 통해서다. 정치 보도의 이런 요건에 관해서는 독일의 대표적 정론지 ≪디 차이트(Die Zeit)≫의 공동 발행인 테오 좀머가 매우 명확하게 설파한 바 있다.

좀머는 1997년 5월 서울에서 행한 관훈클럽 창립 40주년 기념 초청 강연에서 "우리는 뉴스를 싣기보다는 사건의 뒷이야기들, 풍부한 정보를 가진 논평, 심층 보도, 인물의 프로필, 명쾌한 사설 등을 싣는다" 라고 말했다. 그는 '정치 보도의 유형'이라는 제목의 이 강연에서

"사실을 좇아서 뉴스를 보도하는 것도 중요하지만 가장 중요한 점은 트렌드를 구분하고 사건의 윤곽을 파악하도록 돕는 일이지 그것들을 단순히 보여주는 것이 아니다"라고 강조했다. 그러면서 미국 언론의 천박성엔 바로 뉴스의 배경과 흐름보다도 단편적인 사실 자체만을 중시하는 경향이 자리 잡고 있다고 지적했다.

이는 특히 정치 보도일수록 더욱 외면할 수 없는 요구다. 정치 행위들을 겉으로 드러난 사실만 가지고 그 의미를 이해하다가는 우매한 유권자 군으로 전락하기 십상이기 때문이다. 모든 중요한 정치 기사는 사실 자체를 알려주는 스트레이트 기사와 함께 반드시 해설이 뒤따르게 돼있다.

그러나 현재의 한국 신문들은 현상을 뒤쫓기에도 여력이 없으며 사실 자체만 그대로 보도한다는 것을 자랑처럼 내세운다. 좀머의 말대로 사실만을 보도하는 신문은 언론의 기초적 역할을 수행하는 것에 불과하다. 그 이상의 정책에 대한 심층 분석과 뉴스 배경을 설명해 주어야 그만큼 고급 언론이다. 여기에는 언론 자체의 문제도 있지만 보다 먼 원인(遠因)으로 언론 수용자들의 의식과 문화 수준을 따져보아야 한다. 이에 관해서는 후술한다.

정치 보도가 정당의 정책과 선거 후보의 공약에 대한 심층 분석과 전문성이 결여된 채 정치의 본질보다는 정파 간 다툼과 권력 향배만 뒤쫓는 식으로 돼온 것은 무엇보다도 출입처를 벗어나지 못하는 취재 관행에 가장 큰 책임이 있다. 출입처에는 보도 자료를 만들어 배포하고 설명해 주는 공보관과 그 직원들이 상근하며 기자들이 일할 수 있는 기자실과 통신 시설이 갖춰져 있다. 그리고 출입처의 주요 취재

원들이 발표 혹은 해명할 사항이 생기거나 기자들과 의견을 교환할
필요가 있을 때는 기자실에 온다. 따라서 기자실은 기자와 취재원이
접촉하기 용이한 장소로서의 의미도 크다. 기자실은 그러나 외국과
같이 단순한 브리핑룸이라는 장소의 의미보다도 기자단과 동일시되
고 있는 것이 한국의 현실이다. 어느 정부 부처나 공공 기관이든 출입
기자단이라는 명칭이 있으며 그 기자단이 기자실에 배타적으로 상주,
사용하는 것이 관행화되어 왔다. 기자단에 가입하지 못한 신생 언론사
소속 기자나 기자단에 의해 징계 중인 기자는 정부의 공공 시설물인
기자실에 들어가지 못한다. 이는 기자 사회의 자율적인 질서인 것처럼
지켜져 왔다. 새 시대의 대안 언론으로 등장한 온라인 미디어들이
취재 대상에 접근하는 데 가장 큰 걸림돌은 바로 이런 기존 매체들의
'취재 독과점 구조'다. 많은 독자를 가진 ≪오마이뉴스≫나 ≪프레시
안≫ 같은 인터넷 신문들이 정부 부처에서 취재의 장벽에 부딪친다는
것은 문제가 아닐 수 없다.

또 기자단은 어느 출입처나 하나뿐이다. 복수의 출입 기자단이나
기자 클럽이 존재하는 출입처란 없다. 그래서 기자실과 기자단은 일종
의 배타적 독점과 담합 구조를 이루고 있으며 기존 관행을 보존하고
수호하는 데 중심 역할을 한다. 기자단은 정부나 국회, 정당의 권력에
압력단체라는 의미도 가질 수 있지만 과거 언론의 부조리와 관련,
여러 가지 부작용과 부정적인 행태를 보인 적도 있다.

기자단과 기자실의 부조리 문제를 떠나 취재 관행에 대해서 본다면
그것은 단적으로 기자들의 취재 영역을 축소했다는 데 문제가 있다.
이 때문에 다양한 정치 현상을 취재한 정치 기사가 판에 박힌 듯

똑같이 나오며 새로운 흐름이나 바닥 민심과 동떨어진 기자단만의 인식이 보도되는 경우도 허다하다. 언론의 취재 보도 관행과 제도에서 이런 문제점들이 고쳐져야 정책 공약을 중심으로 한 보도가 활성화될 수 있을 것이다.

3. 언론 수용자들의 태도

신문의 독자나 방송의 시청자들은 갈수록 골치 아픈 이슈보다는 재미를 추구하는 경향이 강하다. 일부 식자층은 지식과 정보, 논쟁거리를 찾기도 하지만 다수의 언론 수용자들이 언론에 기대하는 것은 지루한 일상에서 벗어날 수 있는 청량제 같은 흥밋거리다. 뉴스도 새로움을 전달한다는 측면에서 그런 청량제임에 틀림없다. 그러나 뉴스의 본질적 의미와 문제점, 그리고 그 해결 방안 같은 것들엔 관심을 보이지 않는다. 오직 사건의 구성, 돈과 향락과 폭력, 일상에서 보기 어려운 인간 행동과 그런 일탈행위를 둘러싼 상황 등 영화나 소설 속에서 얻을 수 있을 법한 오락성을 요구한다. 그래서 정치 보도에서는 정책과 공약 중심이 아니라 정치인과 정파 간 갈등, 정치자금 비리, 스캔들, 기발한 말싸움 같은 것들이 더 큰 비중을 차지한다. 언론 수용자들의 구미가 보도 방향과 질적 수준을 결정하는 것이다.

어떤 사회문제나 그에 대한 정부 정책이 전체가 부정적이거나, 아니면 모두가 긍정적인 경우는 거의 없다. 그래서 정책과 공약에 관한 보도는 분석적으로 시시비비를 가려주어야 한다. 그런 해설과 논평이

어정쩡한 양비·양시론이라는 비판을 받는 것이 불가피한 경우도 많다. 거기에 언론의 고민이 있고 사색이 필요하다. 그러나 언론 수용자들은 복잡한 논리와 고민보다는 한쪽 방향으로 몰아가는 명쾌하고 단순한 논리를 선택한다. 정책의 실체를 가능한 있는 그대로 정확하게 알려주기보다 무조건 옳은지, 그른지만을 쉽게 압축해서 전달해 주기를 바란다. 그래서 극단주의적 논리가 많이 판매되고 그런 언론이 영향력을 갖는 것이 현실이다.

언론 구매자들이 이런 의식구조에서 탈피하지 않는 한 정책과 공약을 중심으로 한 보도가 자리를 잡는 것은 요원한 일이다. 언론의 상업주의도 문제지만 그에 못지않게 언론 수용자들의 문제의식과 지적 수준이 절반 정도의 책임을 져야 한다.

그렇다면 한국의 언론 수용자만이 정론을 키우지 못하는 문제를 안고 있는가. 어느 나라나 대개 대중지와 정론지가 공존하는 것이 보통이다. 예컨대 미국은 《뉴욕 타임스》 같은 정론지가 있는가 하면 가장 많이 팔리는 대중지는 《유에스에이 투데이》다. 프랑스의 《르몽드》, 독일의 《프랑크푸르터 알게마이네》, 영국의 《더 타임》 등과 같은 정론지가 다른 대중지들보다 정신적 영향력 면에서는 더 우위에 있다. 이에 비하면 우리는 모든 신문이 대중지에 불과하며 정론지, 지성지는 있어도 잘 팔리지 않아서 자립하기가 어려운 실정이다. 그런 점에서 언론 수용자들의 의식 개혁이나 올바른 언론관을 세우기 위한 정규 교육과 시민운동이 필요하다. 이런 언론의 환경이 개선되지 않는 한 정책과 공약 중심의 보도를 기대하기는 어려운 일이다.

4. 공약 중심 보도의 실제

최근의 선거 보도는 2002년 6·13 지방선거가 경험적 모델이다. 가장 큰 관심을 모은 것은 말할 것도 없이 서울시장 선거였다. 이 선거는 처음부터 한나라당의 이명박 후보와 민주당의 김민석 후보의 대결로 좁혀졌다. 이 선거가 여론조사와 TV 토론, 신문들의 후보 비교 등을 통해 상당한 수준의 정책 대결과 공약 검증 보도가 이루어진 것처럼 보였지만 사실상 그렇지 못했다.

필자는 2002년 3월부터 5월 사이 YTN의 서울시장 선거 후보 합동 TV 토론의 사회자였다. 질문 내용의 선정부터 토론의 진행, 정치권과 일반 시청자의 반응에 이르기까지 미디어 정치의 실제를 접할 수 있는 기회였다. 공약 중심 보도의 실제를 다룬 이 장은 특히 이러한 경험에 바탕을 둔 것이다.

두 후보가 벌인 정책 대결의 초점은 청계천 복원 문제, 서울의 강남·북 균형 발전, 교육 불균형 해소책, 구별 재정 자립도의 균등화 등이었다. 이 중에서도 가장 첨예하게 대립한 것은 청계천 복원이었다. 이는 당초 이명박 후보가 공약으로 내걸자 김민석 후보가 투자 대비 성과에 대한 회의론과 장기적 과제로 추진해야 한다는 신중론을 들어 견제함으로써 선거 이슈로 부상했다.

이 후보는 자신이 오랫동안 현대건설의 CEO였음을 내세우며 복원 공사의 건설 기술과 소요 예산에 대한 검토를 모두 끝냈다고 주장했다. 그는 자신의 4년 임기 내에 청계천 복원을 완공하겠다고 공약했다. 그러자 김 후보는 4년 임기 내 복원 공사의 타당성과 시공하는 동안의 교통난 해소, 그리고 엄청난 예산의 조달 문제 등을 충분히 검토해 완전한 사업 계획을 수립하는 것으로 만족한다고 응수했다. 이 후보는 서울시 예산 규모와 운용 계획을 매우 거시적인 수치로 제시하면서 공사에 투입될 재정을 마련하는 데 문제가 없다고 말했다. 그러나 이 후보가 제시한 소요 예산과 김 후보가 추산한 예산 규모에는 엄청난 차이가 있었다.

그런 엄청난 토목공사에 들어갈 예산이야말로 시민들이 부담해야 할 몫이어서 공약의 실현 가능성을 정확히 검증해야 함에도 TV 토론이나 신문 지상 비교에서 제대로 짚지 못한 채 후보 간 논쟁으로 끝나고 말았다. 게다가 그렇게 많은 예산을 투입하고 불편을 겪으면서 청계천을 복원해서 얻어야 할 가치가 무엇인지, 궁극적인 문제는 따지지도 못했다. 이 후보는 청계천에 다시 물이 흐르게 함으로써 환경을 복원하고 새로운 도시계획을 시행하겠다고 했지만, 그렇게 해서 얻을 경제적 이익과 시민 생활의 질 향상에 대한 실질적 검증은 이루어지지 못했다.

그러나 청계천 복원을 둘러싼 정책 대결은 후보들의 이미지에 큰 영향을 주었다. 그것을 추진하는 이 후보가 비전을 가진 일꾼으로서의 이미지를 얻은 반면, 신중론을 편 김 후보는 소극적이고 자신감이 없는 인물로 보였을 것이다. 정작 중요한 것은 공약의 합리성, 실현 가능성, 시민적 합의인데도 그것을 제대로 검증하지도 못한 상황에서 선거에 중요한 영향을 미쳤다는 점이 문제였다.

또 하나의 문제는 후보 토론이 정책 대결과 공약 검증 중심으로 돼야 한다는 명분을 내세워 개인 신상 점검을 거부하는 일이 벌어졌다는 것이다. 후보의 정치적 경력, 전과 기록 여부, 병역, 재산 형성

과정, 가족 관계 등에 대한 검증을 정책 공약과 관련이 없다는 이유로 거부한다면 이것이 타당한가의 문제가 제기된 것이다. 우선 전과 기록에서 이 후보는 1996년 총선 때 서울 종로에서 당선됐으나, 선거법 위반으로 기소돼 당선 무효 판결을 받았다. 김 후보는 대학 시절인 1988년 부산 미 문화원 방화 사건에 연루돼 실형 선고를 받았다. 그러나 정치인으로서는 선거법 위반 전력이 더욱 심각한 약점이 아닐 수 없었다. 그래선지 이 후보는 선거법 위반 전과와 재산 형성 과정에 관한 세간의 궁금증을 토대로 질문하는 TV 토론 사회자에게 불공정한 진행이라며 항의했다. 이후 그는 모든 TV 토론에서 정책 토론이 아닌 신상 문제 점검에는 응하지 않겠다는 입장을 고수함으로써 자신에 불리한 선거법 위반 전력 등이 이슈화되는 것을 막았다. 후보의 정치적 전력과 재산 형성, 가정 문제 등은 정책 공약 못지않은 비중으로 검증해야 하며, 어떤 명분으로도 회피돼서는 안 된다.

후보 토론과 정책 검증이 실제로 유권자의 선택에 도움이 되기 위해서는 언론이 공정성 시비를 넘어서 자신 있는 주도권을 확립하는 것이 필요하다. 특히 미디어 선거가 도입된 후 후보가 전략적으로 유불리를 계산해 토론회 참가를 선별한다면 그 의미가 반감될 수밖에 없을 것이다.

5. 결어

정책과 공약을 중심으로 한 정치 보도란 인물과 정치 집단, 파벌에 관한 보도와 대비되는 패러다임이라 할 수 있다. 흥미 본위의 경마 저널리즘에서 중심이 되는 용어들이 바로 정치인, 정파, 이합집산, 세력 판도 같은 것들이다. 이는 언론 수용자들에게 소설과 드라마를 보는 것과 같은 재미를 선사하려면 인물과 조직의 움직임에 초점을 맞추어 취재, 보도해야 한다는 언론 상품의 제조 기술에서 비롯됐다.

언론계와 식자층 일각에서 논의됐던 언론사의 후보 지지 표명도 이런 인물 중심 보도와 동질적 문제를 안을 소지가 크다. 물론 사설이나 오피니언 기사에만 국한하고 일반 보도 기사는 객관적인 중립성을 지켜야 한다는 원칙이 있지만 그렇게 구분되지 않는 것이 우리의 현실이다.

예를 들어 어느 언론사가 사설로 어떤 후보에 대한 지지 입장을 밝혔다 치자. 그 다음에 예상되는 사태란 그 언론사 소속 기자나 논설위원들은 그 후보의 정책공약 내용을 검증하기보다는 긍정적으로 평가하고 미화하는 데 급급할 것이다. 그래야 자사의 지지 표명이 정당하고 그 후보가 이겨야 자사의 입지가 올라가기 때문이다. 더 근본적으로는 사설의 후보 지지란 사실상 사주의 선택이기 때문에 그 언론사 소속원들에게 무서운 힘을 가질 것임을 알아야 한다.

또 현재 언론사들의 사시와 논조를 감안할 때 이른바 조중동 3대 보수 신문이 서로 다른 대통령 후보를 선택할 수 있을 만큼 후보들의 정치 노선이 다양하지도 못하다. 3대 보수지가 신문 시장의 74.5%를 독과점하고 있는 상황에서 그들의 후보 지지 표명은 선거 자체를 왜곡시킬 것이 뻔하다. 물론 유권자들이 그렇게 신문에 직접 영향을 받는 것은 아니다. 그러나 문제는 독자적으로 마음을 정하지 못한 유동층이 구독하는 신문의 강력한 논조에 따라간다는 점에 있다. 이 유동층이 대통령 선거의 경우 투표일 직전까지 대개 25% 선에 이르는데, 후보 간 당락을 가르는 득표율 차이는 10%도 안 되는 것이 우리의 현실이다. 먼저 언론 개혁이 이루어지고 언론 시장도 정상화되지 않는한 특정 후보에 대한 언론사의 지지 표명은 정책 공약 중심 보도를해치면서 선거 과정의 공정성을 무너트릴 것이다. 그것이 언론의 정직성을 드러내는 데는 기여할지 모르지만 선거를 희생하면서까지 얻어야 할 가치는 아니다.

그러나 언론이 정책과 공약에 대한 검증 보도를 하면서 그 과정에서 정책 내용별로 지지와 비판 입장을 표하는 것은 별 문제가 없다고본다. 후보에 대한 지지 표시가 그의 정책 공약을 총체적으로 지지하는 결과가 된다면, 정책 공약을 중심으로 한 보도는 분석적인 시시비비가 될 것이다. 그리고 후보별 공약 검증에서 종합 점수를 많이 얻는후보가 유리해지는 것은 당연하고 그것이 정책 경쟁에 의한 선거과정으로 건전한 정치 문화가 되는 것이다.

≪저널리즘비평≫, 제33호(2002.10.1)

21세기 한반도와 황해 경제권

동북아의 역동성과 한반도 위상

남남 갈등·남북 갈등 이전에 정치인의 성찰을

　남북한 관계에 관한 국내의 각종 세미나와 언론의 시평에 등장하는 논쟁들을 보고 있노라면 민족문제가 감정 대립과 정쟁의 희생물이 돼감을 절감하지 않을 수 없다. 이럴 때일수록 눈을 들어 동북아와 세계 속의 한반도가 어떻게 자리매김해 가고 있는지를 성찰하는 자세가 긴요하다.

　최근 수 년 동안 한반도 주변 동북아 정세는 전에 없는 역동성을 분출하고 있다. 1997년 외환 위기 이전만 해도 미국의 전문가들은 2020년 쯤 중국이 GDP에서 미국을 앞설 것으로 내다보았다. 중국의 경제개혁이 성공을 거둔 배경은 무엇보다도 정치 안정과 유능한 리더십에 있다고 보아야 할 것이다. 마오쩌둥(毛澤東)-덩샤오핑(鄧小平)-장쩌민(江澤民)에 이어 제4세대 그룹인 후진타오(胡錦濤), 원자바오(溫家寶), 쩡칭훙(曾慶紅)에게 권력 이양이 타협과 절충 과정을 통해 안정적으로 이루어지고 있다.

　공산주의 소련이 붕괴한 후 자유 시장 경제체제로 전환한 지 10여 년이 지난 러시아는 서서히 지역 열강의 위상을 회복해 가고 있다. 러시아는 특히 연해주를 중심으로 극동 지역 개발에 박차를 가하는 모습이다. 한편 일본은 제2차세계대전 후 이 지역에서 최고의 경제 부흥을 이루었지만 바로 그 아날로그 시대에 만들어진 기간 시설의 뿌리가 너무 깊은 것이 지금은 멍에로 작용하고 있다. 21세기 정보화 시대의 디지털 체계로 전환하기가 그만큼 더디고 비용이 많이 드는 것이다. 일본은 이 지역에서 정치·군사적으로 미국과 함께 이른바 미일양두(美日兩頭) 헤게모니를 구축해 가고 있지만 경제에서는 장기 침체를 벗어나지 못하는 것 같다.

우리에게 동북아의 역동성이 가지는 의미는 무엇보다도 남북한이 그 중심에 서있다는 사실이다. 중국의 경제개발에는 동아시아 화교 자본이 가장 큰 비중을 차지하지만 상품 교역과 산업 기술, 기업 경영 면에서 한국의 중간 역할이 갈수록 커지고 있다. 특히 전자와 이동통신 등 IT 산업에서는 한국의 기술 이전이 매우 중요하다. 올해로 한·중 양국은 수교 10주년을 맞았다. 현재 양국 교역에서는 한국이 연간 50여 억 달러의 흑자를 유지하고 있다. 그러나 중국이 핵심 산업 기술의 이전을 지속적으로 요구하고 있어서 우리가 계속해서 한 걸음 앞서 나가지 못할 경우 양국의 경제 관계가 역전될지 모른다는 우려도 있다. 우리의 기업들이 장기적인 연구 및 개발(R&D) 투자를 소홀히 해선 안 된다.

러시아의 경우 극동 지역 개발에 필요한 자본, 기술, 노동 인력을 남북한에서 찾을 수밖에 없을 것이다. 중국의 동북 3성에는 인력은 풍부하지만 자본과 기술은 없다. 뿐만 아니라 러시아가 자국의 극동 지방에 중국인들이 많이 들어와 세력을 형성하지 않을까 경계하기 때문에 그 인력에 의존할 가능성은 없는 편이다. 푸틴 러시아 대통령이 2001년 8월 김정일 북한 국방위원장과 정상회담을 갖고 8개 항의 '모스크바 공동선언'에 합의한 것은 장차 남북한과 러시아의 상호 경제협력 관계에 중요한 의미가 있다. 우선 러시아는 북한에 절실한 전력 시설의 재건 계획을 지원하기로 했다. 북한은 그에 대한 호혜 협력으로 모스크바 공동선언에 한반도 종단 철도(TKR)와 시베리아 횡단 철도(TSR)의 연결을 포함시켰다. 그 바탕을 이루는 것이 6·15 남북 공동선언에 근거하여 2000년 7월 31일 열린 제1차 남북장관급회담의 공동 보도문 제5항 '경의선 철도의 연결'이었다. 김 위원장이 1년 만에 다시 러시아 극동 지방을 방문하는 것은 그런 의미를 재확인해 주고 있다.

이 같은 동북아 정세에서 역외자인 것 같지만 실제로 핵심 변수 노릇을 하는 것이 미국이다. 미국에 보수적인 부시 행정부가 들어섬으로써 남북 당국 간 대화가 1년 가까이 경색된 데서도 알 수 있다. 남북 정상회담 직후 학계나 언론계에 유행한 이른바 '속도 조절론' 때문에 대북 정책에 제동이 걸렸었다. 그러다가 부시 행정부의 압박 정책으로 남북 관계가 정체기에 들어간 것이다. 국제정치 환경이 불리한 쪽으로 변하기 전에 남북 관계를 신속하게 일정한 단계 위에 올려 놓아야 한다는 '속도 조절 반대론'이 옳았다는 증거라 할 수 있다.

김정일 위원장이 2001년 봄 "미국의 새로운 대북 정책을 지켜본 뒤 답방 문제를 검토하겠다"라고 한 것은 실책이었다. 그냥 앉아서 부시 행정부의 정책을 지켜볼 것이 아니라 남북 간 합의 사항들을 능동적으로 실천해 나감으로써 미국에 영향을 주겠다는 철학이 필요하다. 북한이 서해교전 이후 비교적 빨리 유감을 표명하고 남북 회담은 물론, 미국이나 일본에 대화의 창구를 열어놓은 것이 그런 자세에 속한다. 대화에 나서는 북한을 압박한다면 미국 내뿐만 아니라 국제사회의 여론이 지지하지 않을 것이다. 미국이 2002년 8월 14일 마무리된 제7차 남북장관급회담 결과에 대해 긍정적인 논평을 내놓은 것도 그런 맥락에서 풀이할 수 있다.

남북한 관계는 현재의 양쪽 체제나 또는 정권 간 경쟁에 의해서만 평가되는 것이 아니다. 더구나 국내 정치 차원에서 여야 간 힘의 크기나 명분 싸움에 의해 대북 정책이 좌우돼서는 안 된다. 여야의 대결은 현실 정치에서 본다 해도 그 대결 자체가 아니라 유권자들이 어느 쪽에 점수를 더 주느냐로 승부가 정해진다. 더구나 현실 정치의 영역을 벗어나 역사적으로 본다면 합리성과 타당성에 의한 평가가 남는 법이다. 그래야 여야 감정 대립이나 포퓰리즘에 의한 시대 과제의 왜곡을 막을 수 있다. 남북 문제에 대해 국내 정치에서 갈등이 깊어질수록 정치 지도자들은 역사 앞에 자신을 비추어보고 또 한반도 바깥 정세를 살펴보아야 한다.

≪경기대학보≫, 2002년 8월 26일

동북아 시대의 황해 경제권

전북의 미래는 황해 경제권에

　고대와 중세 유럽 문명의 젖줄은 지중해였다. 지중해를 중심으로 그리스와 카르타고, 그리고 로마와 이집트와 에스파냐가 교역도 하고 패권 쟁투도 벌였다. 지중해를 장악하는 나라가 그들의 세계를 지배했다. 그 후 근대에 이르러 인류 문명은 대서양을 중심으로 다져졌다. 미주 대륙과 유럽이 대서양을 넘나들며 세계 정치와 경제를 요리했다. 서유럽과 미국 중심의 대서양 시대가 인류 근대사를 주도했다.

　그러다가 20세기 후반 아시아 태평양의 시대가 펼쳐졌다. 1980년대 후반을 기점으로 태평양의 해상 교역이 대서양을 오가는 교역량을 능가하기 시작한 것이다. 태평양 교역의 아시아 쪽 주요 국가들은 말할 것도 없이 한국·중국·일본이다. 경제학자뿐 아니라 역사가들도 세계 역사의 중심이 동북아시아로 이동했다고 규정했다. 특히 21세기 들어 한중일과 러시아 동부 연해주 지방으로 구성되는 동북아 경제권이 세계 경제의 중심부로 떠올랐다.

　유럽 문명의 근원에 지중해가 있었다면 21세기 동북아 시대의 내해는 말할 것도 없이 황해다. 그래서 황해 경제권 건설이야말로 새로운 시대사조나 다름없다.

황해는 그 연안에 인구 수백만 규모의 대도시와 주요 경제 거점들을 품고 있다. 우선 한반도 쪽에 전라, 충청, 경기 등의 해안과 그 배후 도시가 있다. 중국 쪽으로 길림성, 요령성, 산둥성, 광동성과 상하이 등이 황해 경제권을 구성하는 지역이다. 중국에서도 경제 수준이 높은 곳이 이 황해 해안이다.

1987년 한국은 중국과의 교역을 늘리기 위해 서해안 개발 구상을 발표했다. 황해 경제권을 염두에 둔 조치였다. 중국도 이에 호응이라도 하듯 1988년 산둥 반도와 요동 반도 개발 계획을 수립했다. 당시는 한국과 중국이 수교도 하기 전이었다. 지리적 근접성과 경제성이 정치적 장벽을 넘어선 것이다. 경제 교역을 바탕으로 한국과 중국은 1991년 상호 무역 사무소를 설치했으며, 그 1년 뒤 국교를 수립했다.

지금도 세계에서 가장 역동적으로 경제성장을 계속하고 있는 나라는 중국이다. 그 중국이 세계에 내보내는 물동량의 3분의 1이 바로 황해를 거쳐 나가고 있다. 황해 경제권의 태동을 알려주는 중요한 지표인 셈이다.

이 황해 경제권의 핵심적 위치를 찾으면 단연 전북 지역의 해안과 배후 도시가 나타난다. 군산항, 철도 및 육상 교통의 요충인 익산, 그리고 배후 도시로 전주, 김제, 부안 등이다. 물론 전북의 위쪽에는 인천과 서울이, 아래쪽에는 목포와 광양이 있다. 전북의 미래 비전은 이 황해 경제권에서 어떤 위상을 차지하느냐에 달려있다고 보아야 할 것이다.

더구나 전북은 황해 연안에 8,500여만 평의 새 땅을 안고 있다. 이 새만금이 황해 경제권에서 어떤 기능을 맡느냐가 중요하다. 최근 노무현 대통령과 김완주 전북지사는 전북을 변화시킬 세 가지 큰 사업 계획에 합의를 이루었다.

첫째, 농산물 가공과 식품 산업 클러스터를 익산·군산·김제 등에 건설한다는 구상이다. 익산의 닭고기 가공업체 '하림'은 이미 내수 시장을 석권한 것은 물론 미국에 냉동 삼계탕을 수출하고 있다고 한다. 순창의 고추장이나 고창의 복분자 같은 식품 산업도 전국적인 명성을 얻은 지 오래다. 그러나 과거 농공 단지 개념보다는 훨씬 더 원대하고 연관 효과가 큰 산업 클러스터로 건설해야 할 것이다.

둘째, 첨단 부품 소재 공급 기지를 구축한다는 계획이다. 현재 부품 소재 산업은 수도권과 영남권에 하나씩 있지만 전북에 자동차와 항공기, 나노 등 전략적 특화 산업 기지로 조성한다는 것이다. 특히 나노 기술은 10대 신성장 동력 중 하나다. 여기서 중요한 것은 전통적 굴뚝 산업이 아니라 지식 기반 신성장 동력 산업으로 건설해야 한다는 점이다.

셋째, 새만금 방조제 길을 높이기로 했다. 당초 새만금 사업의 목적은 농지 생산이었으나 그것을 대폭 관광산업 쪽으로 전환해야 한다.

이 모두가 중국과 가까운 거리에 있기 때문에 해볼 만하다는 얘기다. 곧 황해 경제권에서 식품 산업 클러스터와 첨단 부품 소재 공급 기지, 그리고 관광단지를 건설하는 구상이다. 정말이지 전북인의 소망을 걸고 한번 해볼 만한 프로젝트다.

여기에 아쉽게도 하나 빠진 것이 있다. 바로 예향 전북의 특성을 살리는 문화 예술 콘텐츠 산업이다. 춘향이라는 이름이 남원시 재정의 60%를 벌어들이지 않는가. 전북의 육자배기, 창, 한지, 서예, 그리고

서동요와 정읍사 같은 설화문학을 콘텐츠화하는 문화 산업 단지를
세워야 할 것이다.

≪전북일보≫, 2006년 8월 4일

동북아 평화 번영과 남북 동반 정책

물류·IT 융합·기술 인력의 중심인 한반도가 견인차가 되어야

동북아 시대 한반도의 위상

인류 역사는 어느 국민이 시대 조류를 견인하는 지혜를 갖고 투지를 발휘하느냐에 따라 그 중심이 바뀌어왔다. 로마인들의 지혜와 투지가 고대 지중해 중심의 문명사를 남겼고, 서유럽 중심의 대서양 시대가 근대사를 장식했다. 20세기 후반엔 미국과 일본이 주도한 아시아 태평양의 시대가 전개됐다.

이제 21세기 들어 세계 역사의 중심이 동북아시아로 이동하고 있다. 21세기 초반에 한국, 중국의 동북부, 러시아의 극동 지역, 몽골, 그리고 일본 등으로 구성되는 동북아 경제권이 세계 경제의 중심부로 떠오른다는 것은 이미 세계 경제학자들의 공통된 전망이다. 미국의 정치경제 학자들은 특히 중국이 2020년까지는 국민총생산에서 세계 1위의 경제 대국으로 부상할 것이라고 보았다.

러시아의 극동 지구와 시베리아에 매장된 미개발 천연자원들이 동북아 산업 경제를 뒷받침하는 원자재와 에너지의 공급원 노릇을 할 것이다. 동북아가 갖는 자산과 새로운 가치의 세계사적 재인식은

이런 배경에서 확산돼 왔다.

한반도를 중심으로 반경 1,000km의 원을 그려보면 서울, 도쿄, 블라디보스토크, 선양, 베이징, 상하이 같은 세계적 대도시가 떠오른다. 이것이 동북아의 상품 생산력과 시장 규모를 말해주는 하나의 지표가 된다.

그 동북아에 한반도는 지정학(geopolitics)뿐 아니라 지경학(geoeconomics)적으로도 중심부로 인정받게 됐다. 원자재, 천연가스, 상품의 물류가 한반도를 통과하지 않고서는 지역 내 경제 소통이 원활해질 수 없기 때문이다. 동북아 경제개발에 투자할 세계의 기업을 불러들일 금융 센터의 입지 조건도 한반도가 제일이다. 시베리아의 천연가스를 동북아 전 지역에 공급하는 파이프라인 건설을 위한 국제 컨소시엄을 추진하는 역할 역시 한국이 가장 적임이라고 할 수 있다. 잠자던 아시아 대륙의 새로운 용틀임과 무한대에 가까운 잠재적 개발 가치가 동북아 시대의 배경이며 한반도가 그 주역으로 자리 잡을 수 있는 비전인 것이다.

노무현 대통령은 이미 2003년 7월 중국 지도자들과 회담하는 자리에서 '한중일 경제협력 공동선언'에 합의를 이끌어냈고, 같은 해 10월 20일 아시아태평양정상회의장에서 3국 정상이 공동선언을 발표한 바 있다. 이 공동선언을 발전시켜 한중일 자유무역지대협정(FTA)으로, 더 나아가 동북아공동체(North East Asian Community: NEAC)로 추진해 갈 수 있을 것이다.

이러한 공동 번영의 구상은 평화가 전제되지 않고서는 실현될 수 없다. 특히 동북아의 한가운데서 교류 협력과 소통의 교량에 해당하는 한반도의 평화는 무엇보다도 중요한 선결 과제가 된다. 북한 핵문제 해결을 위한 6자회담은 동북아 지역에서 최초의 다자 안보 협력 회의라는 의미가 있으며, 향후 동북아 지역 협력은 현실적으로 6자회담에서 발전돼 갈 가능성이 크다. 북한은 한반도와 동북아의 평화 번영을 위해서 하루빨리 6자회담장에 나와야 한다.

대북 정책에서 남북 동반 정책으로

역대 한국 정부의 대북 정책은 일정한 차이가 있었지만 북한을 직접 대상으로 했다는 공통점을 갖고 있다. 군사 권위주의 정부 때와는 달랐던 김대중 정부의 대북 정책도 북한의 대남 적개심을 완화시키고 교류, 협력함으로써 안보 위협을 해소하는 데 1차적 목표를 두었다. 북한을 직접적인 대상으로 삼은 정책이라는 점에서는 권위주의 정부와 동질적이었다.

그러나 그렇게 북한을 직접 대상으로 한 대증요법적(對症療法的) 정책은 시행 과정에서 남북한 양쪽의 저항에 시달리는 약점이 있다. 협상 과정에서 북한은 북한대로 줄다리기를 하는 데다가 거기서 겨우 합의해 놓으면 남한 사회 내부에서 이른바 '퍼주기' 논란으로 남남 갈등이 불거지는 것이다.

이런 난점을 개선하고 남북한 양쪽으로부터 긍정적인 반응을 얻을 수 있는 대전략이 강구돼야 한다. 지금까지 대북 정책이 '북한에 대한 정책'이었다면 이제는 그것을 넘어서 '남북한이 함께하는 정책'이 되어야만 하며, 그것을 통해 윈-윈을 추구해야 하는 것이다.

'북한에 대한 정책'에서는 북한이 그것을 남한의 전략이라고 보기 때문에 자기들도 대응 전략을 궁리하고, 따라서 불필요한 저항이 생기게 마련이다. 또한 남한 사회에서는 진보 성향의 정권이 북한에 대해 퍼주기를 하는 것 아니냐는 시비가 일어나 국론이 분열되는 모습까지도 나타났다.

그러나 '남북한이 함께하는 정책'이라면 양쪽 모두 대응 전략도, 퍼주기 논란도 불거질 이유가 없을 것이다. 정책의 효과도 남북한이 공동 목표를 향해 함께 일함으로써 자연스럽게 화합하게 된다.

대북 포용 정책과 교류 협력은 1970년대 초 서독 빌리 브란트 정부의 동방 정책을 입안한 에곤 바르가 제시한 '접촉을 통한 변화'가 목표였다. 그러나 남북한이 함께하는 정책은 '동반을 통한 화합'으로 한 단계 더 발전된 목표를 갖는다. 여기서 중요한 것은 무엇을 함께 하느냐는 방향과 그 정책의 콘텐츠를 정하는 일이다.

남북한이 함께하는 정책의 방향은 말할 것도 없이 한반도 평화와 번영이라 할 수 있다. 혹시 북한이 이것을 부정하고 아직 한반도 적화 통일을 목표로 고수하고 있다는 반론도 있을 법하지만, 소련과 동구 공산권이 붕괴된 1990년대 이후 북한의 대남 전략은 공격적인 적화통일 목표에서 방어적 공존 관계로 바뀌었다고 보아야 한다.

북 '민족경제 균형 발전'은 적화 혁명과 달라

북한 노동당 규약이 한반도 전역에서의 적화 혁명을 목표로 명시해 놓기는 했지만, 1972년 개정된 사회주의 헌법은 노동당 규약과 다르게 남한과의 협상을 반영하고 있다. 북한도 일방적 적화 혁명의 비현실성을 인식하고 있으며, 2000년 6·15 남북 공동선언 이후 '민족경제의 균형적 발전'을 희구한 것도 한반도 공동 번영의 다른 표현이었다.

남북한이 함께하는 정책의 방향을 전략적으로 달성할 정책의 콘텐츠 또한 중요하다. 이는 곧 무슨 일을 함께 하느냐, 즉 합작 사업의 내용을 의미한다. 노무현 정부의 동북아 시대 신구상이야말로 남북한이 합작하지 않으면 실효성이 떨어지는 정책으로, 남북한이 함께 추진해 나갈 동북아 진출 사업은 다음과 같은 것들이 있다.

첫째, 남북한 철도와 도로를 연결해서 그것을 시베리아 및 중국 동북 지방 철도와 잇는 사업이다. 이렇게 해서 한반도 분단의 장벽을 뚫지 않으면 동북아의 소통은 불가능하다. 우선 한반도 철도와 도로가 연결되고 그것이 아시아 대륙으로 이어지면 한반도와 일본 사이 쓰시마 해협에 해저 터널 프로젝트가 논의될 것이다. 북한의 김정일 국방위원장은 이미 블라디미르 푸틴 러시아 대통령과 정상회담을 갖고 한반도 철도와 시베리아 철도의 연결 사업에 합의한 바 있다. 그러나 그것은 남북한 철도가 연결되지 않으면 아무런 소용이 없다.

둘째, 러시아 연해주와 시베리아 지방의 천연가스와 광물, 삼림 등 자원 개발에 남북한이 합작 진출할 수 있다. 여기서 남한의 자본, 과학 기술, 기업 경영 능력에 북한의 노동력과 투지를 결합한다면, 동북아 지역을 개발하는 역사적 프로젝트를 우리 한민족이 주도할 수 있을 것이다.

셋째, 북한의 개성공단뿐 아니라 동북아의 요충지에 남북한 합작 생산 공단을 건설하는 일이다. 이 역시 남북한이 각기 가진 장점을 상호 보완적으로 결합함으로써 시너지 효과가 창출될 것이다.

넷째, 남북한이 공동 생산한 상품을 유라시아와 미국에 수출하기 위한 시장 개척 전략의 수립이다. 남북한이 합작한 것은 세계 평화의 의미를 가지므로 지구촌 공동체의 환영을 받을 것이다. 특히 일본처럼 남의 나라를 침략한 적이 없는 남북한은 아시아 시장 진출에 별다른 거부감이 없다. 이 지역의 수출 경쟁에서도 유리한 역사적 자산을 갖고 있는 것이다.

이렇게 동북아 시대 '남북한의 동반 정책'은 분단 체제의 적대적 대결주의를 해소하는 데 훨씬 더 효과가 크며 그 결과 자연스럽게 한반도에 평화와 번영을 가져올 것이다. 따라서 남북한은 이제 동북아 시대 신구상의 틀 속에서 서로 융합할 수 있는 구체적 방안을 모색해야 한다.

국회 정치커뮤니케이션연구회 주최 국제 심포지엄
'동북아 시대 평화 번영' 기조 발제문
2005년 1월, 블라디보스토크

남한의 경제, 북한의 정신?
물질과 정신 모두 통 크게 개혁 개방해야

한말 우리 선비들은 밀려드는 서양 문물을 보고 어떤 느낌을 받았을까? 몰랐던 저쪽 세계에 물질문명이 발달돼 있구나 하고 그저 신기해했을 수도 있고 아니면 충격을 받거나 기가 질렸을지도 모른다. 그래도 지구상에서 해가 처음 떠오르는 동방의 불빛으로서 한반도가 세계의 중심이라는 정신을 가지고 흔들림이 없었던 선비도 적지 않았다.

임진왜란 직전 일본을 방문하고 돌아온 두 벼슬아치가 일본의 동향에 대해 보고한 내용이 서로 상반됐다는 것은 이미 알려진 사실이다. 통신정사 황윤길은 일본이 매우 강성했으며 옆 나라를 쳐들어갈 준비가 다 돼있더라면서 대비책을 건의했다. 물론 그의 보고가 옳았던 것으로 2년 뒤 입증됐다. 그러나 그와 함께 일본을 다녀온 부사 김성일은 일본 민족이 보잘것없고 열등해서 두려워할 것이 전혀 없다고 했다. 이것을 당시 당파 싸움 탓으로 보는 견해도 있다. 서인인 황윤길의 보고에 동인인 김성일이 일부러 상반되는 주장을 했다는 것이다. 그러나 다른 한편 김성일이 황윤길보다도 민족자존 의식과 주체성이 강한 선비라서 일본의 위세를 우습게보았기 때문이라는 해석도 있다.

임진왜란이 나자 선조가 대로해서 김성일을 잡아들이려 했으나

유성룡이 적극 변호해 화를 면했다. 그러나 김성일은 경상 지방 초유
사로 내려가 홍의장군으로 유명한 곽재우의 도움으로 의병을 일으켜
싸우다 진주성에서 병사한다. 자신이 잘못 보고한 탓에 나라가 전란에
대비하지 못한 것을 자탄하다가 정신적 충격을 받은 것이 병의 원인이
됐을지도 모른다.

동도서기론의 한계

북한의 김정일 국방위원장은 제2차 남북장관급회담에 참석 중인
박재규 통일부장관을 면담하는 자리에서 15명 정도의 경제 시찰단을
남한에 파견하겠다고 밝혔다고 한다. 북한 인사들이 남한의 산업체와
대도시들을 둘러보면서 어떤 느낌을 받을지가 궁금하다. 이것을 유추
할 만한 발언이 최근 김정일 국방위원장에게서 나왔다. 김 위원장은
지난 2000년 8월 초 방북한 남한 언론사 사장단을 만난 자리에서
"남조선 경제를 이용해서 북한의 정신으로 통일을 이룩할 수 있다"라
고 말했다. 그는 남한 언론사 사장들에게 여러 가지 의미 있는 얘기를
거침없이 토로했지만 그중에서도 이 '북한의 정신' 대목이 특히 식자
층의 관심을 끌고 있다. 무슨 뜻으로 이런 언급을 내놓았으며 어떤
복선은 없느냐에 대해 여러 가지 풀이를 할 수 있을 것이다.

김정일 위원장의 그런 언급에서 우선 생각나는 것은 한말 선비들이
서양 문물을 보고 자존 의식을 지키기 위해 이론화한 이른바 동도서기
론(東道西器論)이다. 이는 동방의 정신을 바탕으로 서양의 과학 기술을
수용한다는 논리로, 중국에서는 중체서용(中體西用), 일본은 화혼양재

(和魂洋才)라고 했다. 여기에는 모두 서양 문물을 받아들이면서 기존 체제를 유지하고자 하는 논리가 담겨있다. 기본적으로 도(道)와 기(器)는 성리학의 이(理)와 기(氣)에 해당하는 개념이고, 여기서는 이가 기보다 우위에 선다. 그래서 우리의 정신인 도가 서양 문물인 기보다 우위에 있다는 생각이 핵심에 깔려있는 것이다.

우리의 동도서기론은 여러 갈래의 해석과 평가가 있지만 그 연원은 후기 실학자로서 개국 통상을 주장한 박규수였고 그 뒤 개화파에 의해 발전됐다. 박규수는 유교적 윤리 질서와 전통적 정치·사회 제도는 지키고 서양의 군사·과학 기술만을 취하려 했다. 과학 기술과 물질 문명이 뒤떨어진 근본 원인을 찾아내 혁신하려 했다기보다는 임시 미봉책에 가까웠던 것이다. 개혁 사상으로서 한계가 분명했다. 조선왕조의 봉건적 질서를 유지하고자 했던 위정척사(衛正斥邪)파도 개혁 개방의 불가피성을 인정하면서도 그것을 물질적 측면에만 국한시키자고 했다. 이것을 점진적 개화론으로 보기도 한다. 그러다가 본격적인 개화파에 의해 동도서기론도 문명 개화로 범위를 넓히면서 한때 체제 개혁 사상으로까지 발전했다. 그럼에도 불구하고 동도서기론은 과도기적 논리였지 본격적인 개혁의 비전으로서는 한계가 많았다.

주체사상 고수한 채 상황 타개될까

김 위원장의 발언도 남한의 경제협력을 이끌어내고 과학 기술을 받아들이려는 상황 타개의 논리일 수 있다. 그러면서 북측의 정신을 내세운 배경이 또한 궁금하다. 대부분의 남한 식자들은 김정일 위원장의 그 말속에 북한식 사회주의 이념과 주체사상을 고수하겠다는 의지가 들어있다고 생각하는 것 같다. 동도서기론을 여기에 적용하면 북도남기론(北道南器論)이 되기 때문에 북의 도에 해당하는 주체사상을 지키겠다는 해석이 가능하다. 그뿐만 아니라 그 주체사상이 남한의 기(器)인 경제와 과학 기술을 지배한다는 뜻이 배어나오는 것이다.

그러나 김정일 위원장이 북한 체제의 통치 이데올로기인 주체사상과 사회주의를 내세우려 한다면 그것은 남한에서 설득력을 가지기 어려울 것이다. 지금 북한에서 주민이 굶어죽는 비극은 전적으로 그 통치 이데올로기와 정치 체제가 잘못된 것이기 때문이라고 보아야 할 것이다. 남한 같은 자유민주주의 사회라면 어느 개인이나 가족이 가난한 것은 거의 대부분 그 당사자들 자신의 책임이랄 수 있다. 그러나 북한처럼 주민의 의식주와 교육에서부터 직업까지 국가가 정해주는 사회주의 체제 아래서 주민들이 아사하는 것은 거의 전적으로 그 국가 책임이다. 그렇게 잘못된 통치 이념에다 아무리 좋은 경제력을 결합시켜 보았자 결국은 또다시 오늘의 북한 상황으로 귀착하고 말 것이다.

소련도 매우 유효한 역사적인 교훈이다. 스탈린주의에 따라 무자비한 개발독재를 강행해 한때는 미국과 함께 세계의 양대 슈퍼 파워였던 소련도 결국엔 망하지 않았는가. 능력 개발과 노력에 대한 정당한 대가와 사유제가 아니고서는 생산력이 발전할 수 없다는 증거다. 인간의 본성에 걸맞지 않는 정치 이념과 제도로 실험을 해본 것이 공산주의였다. 남북한의 현 상태 또한 그 정치 이념의 타당성 여부를 알려주는 좋은 예가 아닐 수 없다.

친일파 청산과 민족정기 문제라면

그러나 김정일 국방위원장의 언급이 반드시 정치 이념만의 문제였을까 다시 생각해 볼 필요가 있다. 북한 측 역사가들을 비롯한 관변학자들은 비록 남한이 경제성장에서 앞섰지만 정치 이념 말고도 역사관과 정신 면에서는 북한이 우위에 있다고 주장할 것이다. 대표적으로 드는 것이 남한 정부가 일제 식민 지배 유산을 제대로 청산하지 못해서 민족정기를 세우지 못했다는 지적이다. 미 군정에 이어 정부 수립 후 이승만 정권도 일제시대 관료와 경찰, 군 장교를 지낸 인사들을 그대로 유임시키거나 더 중용했기 때문이다. 항일 공산주의 빨치산 세력이 정권을 세운 북한에서는 친일파가 머리를 들기 어려웠다. 그러나 남한에서는 일제의 경찰 간부가 그대로 자리를 유지했고 일본 정규 육군사관학교나 일제 괴뢰정권이던 만주국 군관학교를 나온 일본군 장교 출신이 국군 창설을 위한 간부 요원으로 대거 기용되기도 했다.

명분상 「반민족행위자처벌법」을 만들고 국회에 반민특위도 설치됐지만 친일파 청산이 거의 이행되지 못한 이유도 그래서였다. 친일파 경찰의 전횡에 대한 첫 항거가 1946년 가을, 대구를 중심으로 폭발한 영남폭동이었다. 당시 좌우합작위원회 대표인 김규식이 민심을 가라앉히기 위해서라도 친일파 경찰을 숙정하라고 요구하자 미 군정 경무부장이던 조병옥은 이렇게 답변했다. "일제시대 먹고 살기 위해 어쩔 수 없이 친일을 한 프로-잡(pro-job)은 처벌하기 곤란하다. 하지만 그것 이상의 진짜 친일을 한 프로-잽(pro-Japanese)은 문제다."

그러나 남한에서는 프로-잡이건 프로-잽이건 친일파 청산이 제대로 이루어지지 못했다. 지금 북측이 이런 면에서 정신과 민족정기를 강조한다면 우리는 자성할 점이 없을지 역사를 되돌아볼 필요가 있을 것이다.

김정일 국방위원장이 남한의 경제와 북한의 정신을 결합시키겠다고 한 발언은 우선은 개혁과 개방을 시사한 것이라고 볼 수 있다. 그러나 그것이 동도서기론과 같은 맥락의 생각이라면 현재 북한의 사정에 비추어서도 개혁의 비전으로서는 좀 옹색한 것 같다. 좀 더 과감하고 근본적인 체제 개혁이 병행되지 않는다면 경제개발도 그 추진력이 결코 클 수가 없을 것이다. 기왕에 문을 열어 내부의 뒤떨어진 것을 외부로부터 수혈하는 마당에 물질이고 정신이고 구분할 게 아니라 통 크게 해서 그 효과를 극대화하는 편이 현명하지 않을까.

≪관훈저널≫, 2000년 가을호

개성(開城)

개성 부기와 차인제 등 경영의 본고장

고려 500년 도읍지인 개성은 역사가 살아 숨 쉬는 도시다. 전설도 많고 볼 것도 많아 여러 가지가 생각나게 한다. 풍류객이라면 재색 겸비의 기생 황진이를, 한국 철학을 아는 사람들은 화담 서경덕을 떠올릴 것이다. 그리고 이 두 사람과 함께 따라다니는 명물이 박연폭포다. 어떻게 해서 뛰어난 인물과 명승을 같은 반열에 놓고 송도삼절(松都三絕)이라 불렀는지 모르겠다.

"청산리 벽계수야 수이 감을 자랑 마라……." 황진이가 당시 왕가 종친 벽계수의 계책에 빠져 지었다는 이 시조는 지금도 유명하다. 벽계수가 거문고 반주와 함께 한 곡을 근사하게 뽑자 다소곳이 옆에 앉은 황진이. 그러나 벽계수는 그녀의 마음을 달구려고 일부러 본 체도 않고 말을 타고 떠나려 했다. 말이 몇 발자국을 뗐을 때 황진이가 이 시조를 지어 부르자 그는 뒤돌아보다 그만 말에서 떨어지고 말았다. 그러자 황진이는 "명사가 못 되는 풍류랑이구먼"이라며 웃고 가버렸다고 한다.

조선 중종조의 유학자 서경덕은 벽계수와는 달리 황진이의 존경을 받았다. 황진이는 학문과 인격 도야에만 심취해 어떤 유혹에도 넘어가지 않을 선비가 있다는 풍문을 듣고 서경덕을 찾아갔다. 몇 차례 수작을 건넸으나 서경덕은 흔들림이 없었다. 서경덕은 학문 탐구에서 독서나 탁상공론을 배격하고 격물치지(格物致知)를 중시했다. 요즘 용어로 하자면 실사구시(實事求是)에 가깝다.

개성 이야기에서 빼놓을 수 없는 것이 개성 부기(簿記)와 차인제(差人制)다. 서양의 복식부기는 13~14세기 이탈리아에서 발생했다. 베네치아의 상인들이 만들어 쓰기 시작했다. 개성 상인들은 그보다 훨씬 앞서 송나라나 아라비아 무역상들과 거래하면서 화폐 유통과 산술법에 따라 고유의 개성 부기를 만들어 썼다. 또 개성 상공인들은 2세에게 가업을 넘겨주기 전 반드시 남의 가게에 맡겨 수습 훈련을 시켰다. 이런 관행이 차인제다. 현대그룹이 연내에 개성 육로 관광을 트기로 북한과 합의했다는 소식이다. 남녘 동포가 개성에 갈 수 있게 된다면 북녘 손님들도 서울에 와 조선 500년의 역사를 돌아볼 수 있게 되기를 기대한다.

≪동아일보≫, 2000년 8월 12일

일왕(日王)을 천황(天皇)이라 부르신다면
일본의 과거사 반성 같은 심리 치료가 있어야

김대중 대통령이 일본 방문에 들어가는 1998년 10월 7일 전후 일본의 과거사 문제와 한·일 관계가 뜨거운 관심사로 떠오를 전망이다.

청와대 측은 이미 김 대통령이 일본 국왕을 '천황'으로 불러주기로 했다고 발표했다. 천황이 그들의 고유명사이기 때문에 그대로 불러주는 것이 옳다는 것이다. 미국이나 중국 지도자의 호칭 같으면 통할 수 있는 논리다. 그러나 일본 천황이란 호칭은 우리에게 저항감을 준다. 그 이유는 두말할 필요 없이 과거 일본이 우리를 가혹한 식민 통치로 수탈했기 때문이다.

중국과 타이완도 천황으로 부르는데 우리만 동떨어지게 구는 것은 세계화에 역행한다는 지적도 있다. 하지만 중국이 일본군의 침략으로 난징(南京) 대학살 같은 참변을 겪었다고는 해도 우리처럼 장기간 일본의 직접 지배를 받지는 않았다.

특히 한국인들은 '덴노 헤이카(천황 폐하)'라는 구호 아래 얼마나 악독한 탄압을 받았던가. 강제징용도 농산물 공출도 모두 '덴노 헤이카'라는 말과 함께 자행됐다. 현재 50대 후반의 한국인들에게 '덴노 헤이카'는 그야말로 몸서리치는 저주였다. 그것을 그 나라의 고유명사로 담담하게 받아들이려면 응분의 심리 치료가 있어야 했다. 한국인 들에게 심리 치료가 될 기초적 조건은 일본의 과거사 반성과 진정한 사과이다.

언젠가 사과성 발언을 하지 않았느냐는 항변도 있다. 그러나 중요한 것은 일회성 사과가 아니다. 그 후 자성하는 자세가 지속적으로 이어 지느냐가 문제다. 일본 정부가 한번 사과하고 나면 얼마 안 있어 정치 인이나 우익 단체가 식민 통치를 정당화하는 각본과도 같은 쇼가 반복돼선 곤란하다.

유럽에서 독일이 프랑스, 영국, 러시아 등에 보여준 과거사 단절 노력과 자성은 장기간에 걸쳐 진지하게 이루어졌다. 독일 시민 모두가 히틀러 정권을 독일의 전체 역사로부터 분리시켜 범죄 집단으로 단죄 했다. 그리고 인접국이 경계할 만한 군사력 증강은 결코 꾀하지 않았 으며, 대부분의 유럽 국가들과 평화 우호 조약을 체결했다. 이에 비하 면 아시아에서 일본의 과거사 해결 노력은 독일의 절반 수준에도 못 미친다는 것이 유럽 학자들의 지적이다.

그런 일본에 우리가 나서서 천황 호칭과 대중문화 개방을 선물하겠 다는 의도가 무엇인지 의아해하는 사람들이 적지 않다. 그러면 언제쯤 이나 한·일 두 나라가 미래지향적이고 건설적인 관계로 발전할 수 있는가. 일본이 진정으로 과거사를 반성할 때만 가능하며 그것을 그냥 뛰어넘을 수는 없는 일이다. 반성의 수준은 독일의 예가 좋은 기준이 될 것이다.

1998년 3월 말 일본은 우리 새 정부가 내정한 주일 대사의 아그레망 을 신청한 지 하루 만에 내주었다. 아그레망은 "우리가 귀국에 이런 사람을 대사로 주재시키려 하는데 동의해 달라"라고 요청하는 의전적 절차로 하루 이틀 만에 나오는 것이 아니다. 2주 정도 걸리는 것이 보통이다. 따라서 아그레망을 하루 만에 내준 것은 일본이 한국을 그만큼 중요한 외교 파트너로 생각한다는 제스처였고, 우리 외교통상부 관계자들이 기분 좋아한 것도 당연했다. 하지만 한·일 관계의 현주소는 그렇게 간단치 않다.

일본은 1997년 대통령 선거 전후 한·일어업협정을 일방적으로 파기 선언하더니 엄연히 공해인 어로 규제 수역에서 조업하는 한국 어선을 여러 차례 납치했다. 이에 대해 김 대통령은 당선 직후 일본이 한국의 정권 교체기라는 취약 시기를 이용하려 한다며 비난한 바 있다.

김 대통령이 취임한 후엔 1973년 8월 도쿄에서 일어난 그의 납치 사건이 국내 신문에 대대적으로 보도됐다. 일본으로서는 매우 난처한 과거사 중 하나다. 자국 영토 내에서 벌어진 한국 중앙정보부의 불법적 공작 사건에 대해 제대로 진상 조사도 하지 않은 채 넘어갔기 때문이다. 당시 일본 정부는 박정희 정권과 비밀 협상 끝에 "불법행위가 발견되지 않았다"라고 사건을 호도했다. 이에 대해 김 대통령은 계속해서 일본 정부의 사과와 진상 규명을 요구해 왔다. 김 대통령이 야당 정치인일 때는 그럭저럭 덮어두었지만 이젠 그런 상태로 지내기도 어렵게 됐다.

한·일 관계에서 오랫동안 잠재해 온 문제는 독도 영유권 다툼이다. 한국 정부는 이에 대해 영유권 분쟁이라는 표현을 금기시한다. 일본 측이 독도를 분쟁 대상으로 기정사실화하려 하지만 우리가 그것에 응해주어서는 안 된다는 것이다. 또 한반도와 일본 사이의 공해를 우리는 분명히 동해라고 불러왔다. 이를 일본해라고 표기하는 일본의 이기주의적 발상도 시정이 필요한 문제다.

일본의 영유권 시비는 비단 한국만 겪는 것이 아니다. 일본은 중국, 러시아와도 오래전부터 섬들을 둘러싼 영유권 분쟁을 벌여왔다. 중국과는 댜오위다오(釣魚島)를 둘러싸고 1997년 초 무력 충돌 일보 전까지 가기도 했다. 러시아에는 쿠릴 열도 등 북방 도서를 내놓으라고 계속 요구 중이다.

일본의 영유권 요구를 분석해 보면 문제의 섬들이 실질적인 경제 가치가 있어서가 아니라 상대국에 대한 정치적 견제용이라는 의미가 강하다. 소련이 미국과 함께 양극을 구성하는 초강국일 때 일본은 북방 도서에 대한 영유권 주장을 강하게 제기하곤 했다. 그러다가 소련이 붕괴하고 러시아가 경제난으로 허약해지자 이 주장은 뜸해졌다. 더 이상 러시아를 견제할 필요가 없어졌기 때문이다. 대신 중국과의 댜오위다오 분쟁 쪽으로 비중을 옮겼다. 이제 중국이 강성해지는 것을 견제할 필요가 생긴 것이다.

국경 간 거리와 대일(對日) 호감도

유럽이나 미국 식자층이 일본을 보는 시각은 비현실적이어서 일본과 이웃하면서 살아가는 동아시아인들에겐 받아들이기 어려운 부분이 많다. 일본과 직접 부대껴본 경험이 없는 그들의 관점은 현실과 거리가 있다는 것이다. 국제정치 체계를 세계적 차원과 지역적 차원으로 나눈다면 일본은 세계적 차원에서 경제 대국이며 문명 선진국 대우를 받고 있다. 그러나 동아시아 지역에서는 딴판이다. 일본에 대한 호감도는 지리적 거리가 멀수록 비례해서 높아진다. 같은 아시아라도 일본과 이웃한 한국, 중국 등의 동북아 국가들에 비해 거리가 좀 먼 말레이시아, 인도네시아, 싱가포르 등 동남아 국가들은 적대감이 덜한 편이다.

동아시아에서 일본은 유럽에서의 독일과는 정반대의 길을 걸었다고 볼 수밖에 없다. 독일에 대해서는 제2차세계대전 중 직접적인 피해를 보았던 유럽 지역 인접 국가들의 평가가 우선적으로 통용됐다. 그러나 일본에 대해서는 동아시아 국가들의 시각과 미국·유럽의 시각이 서로 다른 경우에는 동아시아의 시각이 도외시됐다. 동아시아 지역 바깥의 열강들에게는 잘 보이면서 인접 국가들을 공략하는 것이 일본의 전략이라고 분석할 수 있다. 바로 원교근공(遠交近攻) 전략인 것이다.

전형적인 원교근공 전략에 속하는 일본의 대외 정책 중 하나가 러시아의 남하 팽창을 봉쇄하기 위해 영국과 맺은 동맹조약(1902)이다. 즉 러시아의 팽창을 유럽에서는 영국이 저지하고, 동아시아 지역에서는 일본이 막겠다는 것이었다. 그 후 한반도를 삼키기 위해 태평양 세력인 미국과 비밀 협상을 한 것이 가쓰라-태프트 밀약(1905)이었다.

일본과 열강은 한통속

가쓰라-태프트 밀약은 영·일 동맹을 갱신한 것으로, 러시아 봉쇄 정책의 대가로 얻은 조선 경략권을 미국으로 하여금 보장하게 한 것이다.

가쓰라는 일본 군국주의 침략 정책의 원흉 중 한 사람이다. 청일전쟁 때 일본군 제3사단장이었던 그는 전후 타이완 총독을 거쳐 세 차례나 일본 총리를 지냈다. 영·일 동맹과 러·일 전쟁, 그리고 조선과 맺은 을사조약은 모두 그가 총리일 때의 작품이며 그의 2차 내각 때 한일병합이 자행됐다.

1905년 미국 루스벨트 대통령의 특사인 태프트 육군장관은 필리핀을 시찰하고 일본에 들러 가쓰라 총리와 비밀 각서를 교환했다. 미국이 일본의 조선 지배를 묵인하는 대신 일본은 필리핀을 침략하지 않겠다는 것이 밀약의 내용이다. 이 자리에서 가쓰라는 러·일 전쟁의 직접 원인이 조선 문제였으며, 조선이 외국과 마음대로 조약을 맺도록 놔두면 다시 국제분쟁이 일어날 것이라고 했다. 이에 태프트는 조선이 일본의 허락 없이 대외 조약을 체결할 수 없도록 하는 정도의 보호는 동아시아 평화에 이바지할 것이라며 동의했다. 루스벨트도 이 비밀 각서의 내용을 지지했다. 이후 일본의 조선 침략이 본격화됐다.

일본은 이렇게 영국, 미국 등을 상대로 교섭과 협상을 벌여 세계 열강의 일원이 됐다. 일본이 제1차세계대전 이후 세계 질서에서 전승국의 일원이었다는 사실이 우리에게 주는 의미는 쉬이 파악이 안 되는 대목이다. 우리가 항일 독립운동에 다른 열강의 지원을 받기 어려웠던 이유는 바로 일본이 제1차세계대전 이후 제2차세계대전 이전까지 약소국을 지배한 전승 연합국의 일원이었기 때문이다.

윌슨 미국 대통령의 주창으로 제1차세계대전의 전후 처리를 위해 1919년 3월 파리 강화회의가 소집되자 피식민 약소국들은 독립의 희망에 부풀었다. 그러나 그것은 세계 열강 정치에 대한 이해 부족일 뿐임이 드러났다. 당시 상하이의 우리 독립운동 지도자들은 신한청년당을 결성하고 국민 대표로 김규식을 파리로 파견했지만 파리에서의 그의 외교 활동은 각국 대표들의 지지를 거의 얻지 못했다. 심지어 미국에서는 이승만, 정한경이 그해 1월 파리행 여권을 신청했으나 일본과의 외교 관계를 고려한 미국 정부가 이들의 출국을 막기도 했다. 열강들이 모두 일본과 한통속이었기 때문에 약소국 한국은 설움을 겪어야 했던 것이다.

일본의 아시아 정체성

이렇게 세계 정치와 동아시아 지역 공략에 분리 대처해 온 일본의 태도는 오늘날에도 별로 변하지 않았다는 것이 인접 국가들의 인식인 듯하다. 1997년 체결된 미·일 신방위조약 역시 과거 영·일 동맹이나 가쓰라-태프트 밀약을 바탕으로 동아시아에서 패권을 추구한 것과 동일한 성격으로 보고 경계하는 분위기다. 미국으로서는 일본을 내세워 동아시아-태평양 지역의 질서를 안정시키겠다는 구상이지만 이 지역 당사국들은 커다란 거부감을 나타내고 있는 실정이다.

일본은 아시아 국가지만 별도의 선진 문명권을 형성하고 있는 것처럼 인식되고 있다. 서방 선진국들의 모임인 7개국 정상회담(G7)에 참석하는 유일한 아시아 국가가 일본이다. 역사적으로나 문화의 뿌리로 볼 때 일본이 아시아 국가임은 분명하지만 섬나라가 갖는 지정학적 요소들과 경제 수준 때문에 그 아시아적 정체성이 논란의 대상이다.

최근 세계 질서를 분석하는 새로운 패러다임으로 '문명 충돌'이라는 개념을 제시한 새뮤얼 헌팅턴 미국 하버드 대학 교수도 일본을 아시아보다는 서구에 더 가까운 문명권으로 분류했다. 헌팅턴은 앵글로색슨 국가는 아니지만 서구 문명에 통합될 수 있는 대상으로 남미와 일본을 들었다. 헌팅턴은 종교와 문자를 핵심 기준으로 8개 문명권을 구분하며 유교권인 동아시아나 회교권인 중동 등은 모두 미국·유럽 문명권에 궁극적인 위협 세력으로 규정했다. 일본은 이런 동아시아와 다른 친서구권이라는 것이다.

헌팅턴의 문명 충돌론에서 의아스러운 것은 그리스조차 서구 문명권에 속할 수 없는 이질적 존재라고 본 점이다. 그리스야말로 서구 정신사와 학문의 발상지다. 그런 그리스가 헌팅턴에 의해 이단시된 이유는 종교 때문이다. 정교회를 믿는 그리스가 기독교 사회인 서구와 같은 문명권이 될 수 없다는 것이다. 러시아도 같은 이유에서 배제됐다.

그러나 일본은 그리스보다 더 서구 문명권에 가까운 나라로 대접받고 있으니, 이에 대해 기꺼워만 할 것인가. 오늘날 일본인들은 이것 때문에 고민하고 있을지도 모른다. 정치·경제적으로 미국과 가장 가깝고 중요한 관계지만 과연 문화적으로도 동아시아 국가들보다 더 진한 동류 의식을 느낄 수 있을지는 의문이기 때문이다.

제2차세계대전 이후 일본에는 친아시아주의와 친미주의의 갈등이 상존한다. 우파가 친미주의, 좌파가 아시아 소속감을 견지하고 있다.

미국과 유럽인들 상당수가 메이지(明治) 유신을 거쳐 강성해진 일본이 서양과 아시아의 중개국이 되기를 희망해 왔으며 그 첫 대상이 한국이었다고 생각한다. 제국주의적 식민지 구상인 대동아공영권도 그 동일 선상에 있는 것으로 보았다. 이 과정에 한국이 거부하고 중국도 저항했기 때문에 강압이 가해졌다는 얘기다. 강압이란 일제의 침략이다. 그런 역사 인식은 동아시아 현실과 너무도 거리가 멀다. 또 일본이 한반도를 36년간 지배할 수 있었던 것은 당시 한국의 엘리트층이 식민지 정부에 적극 협력했기 때문에 가능한 일이었다는 시각도 있다. 이는 한국 내 비판적 지식인의 지적인데 결과적으로 과거사를 정당화하는 일본 우파의 주장과 맥을 같이하는 내용이어서 아이러니컬하다.

지금은 동남아와 한국이 외환난으로 경제 위기에 빠지면서 달라졌지만 동아시아의 경제성장은 일단 서구의 주목을 끌어왔다. 한국, 중국과 말레이시아, 싱가포르, 타이완 등 신흥 경제성장국들에 의한 신아시아 개념이다. 서구의 자본주의 시장경제를 배워 경제 기적을 이룩한 신아시아가 처음엔 서구인들에게 대견해 보였을 것이다. 그러나 많은 전문가들은 동아시아 국가들에게 현재의 번영 때문에 잠재적인 위기를 간과해서는 안 된다고 지적했었다. 미국의 폴 크루그먼 같은 경제학자가 대표적이다. 크루그먼은 일본의 경제력도 사상누각같아서 허무하게 무너질 수 있다고 보았다.

중·일·러 사이 세력균형자의 역할 모색해야

이에 대해 마하티르 말레이시아 총리는 한 세대 동안 이룩한 경제발전을 과소평가하려는 음모이자 동아시아 위협론이라고 반박했다. 제프리 삭스 하버드 대학 교수도 크루그먼과 견해가 다르다. 동아시아가 잠재적 자원과 동태성으로 발전 가능성이 매우 크다는 것이다. 현재의 국제통화기금(IMF) 관리 체제 아래서는 크루그먼이 판정승인 것 같지만 그 자신이 최근 견해를 바꾸는 듯한 발언을 내놓았다. 그는 최근 홍콩에서 열린 아시아투자국제회의에서 "아시아 경제는 최악의 시기가 지났으며 이제 더 이상 나빠질 것이 없다. 특히 한국과 태국은 3년 안에 다시 회복될 것"이라고 말했다.

동아시아의 발전에 대해 위협을 느끼며 경계하는 분위기도 서구인들 사이에 확산되고 있다. 동아시아 신흥국가들의 지역화 움직임을 꺼리는 눈치다. 그래서 마하티르 총리가 주도한 동아시아경제그룹(EAEG)도 장애에 부딪혔다. 아시아 국가들이 주도적으로 참가하는 국제기구로는 아시아태평양경제정상회의(APEC)와 동남아국가연합(ASEAN)이 있다. 그러나 APEC은 미국, 캐나다, 호주 등 서구 국가들이 핵심 역할을 하고 있어 별 문제가 없다. ASEAN도 정회원국 외에 미국, 일본 등이 옵서버인 대화 상대국으로 참여하고 있다. 이에 비해 EAEG는 동아시아 국가들만의 모임으로 제안된 것이 문제라고 생각하는 것이다.

이 모임은 결국 미국, 캐나다, 호주, 뉴질랜드 등의 압력으로 덜 야심적인 동아시아협의체(EAEC)로 변형되고 말았다. 오늘날 동아시아의 세력화가 이를 우려하는 서구인들의 저지로 무산된 예의 하나인 셈이다. 그러나 아사히 신문 칼럼니스트로 일본의 세계적 저널리스트인 후나바시 요이치(船橋洋一)는 "아시아가 마침내 스스로를 규정하기 시작했다"라면서 "신아시아 개념이 제국주의적 광기에서 나온 것은 아니다"라고 해명했다.

동아시아, 더 좁혀서 동북 아시아의 지역화는 가능한가? 동북아란

한국, 중국, 일본, 그리고 러시아와 중국이 나누어 가진 만주 지역을
가리킨다. 여기서 가장 장애가 되는 것이 바로 남북한 분단이라고
국제정치학자들은 보고 있다.

통일 한반도는 중국과 일본 사이에서 완충 역을 할 정도의 힘을
가져야 한다. 그렇지 않을 경우 가쓰라-태프트 밀약 당시 '조선 보호
조치'의 명분이 됐던 '국제 평화를 위협하는 씨앗'으로 전락할 위험성
이 크다. 스스로를 지킬 힘을 갖고 동북아 지역의 세력균형자 역할을
모색해야 할 것이다.

≪신동아≫, 1998년 10월호

역사와 지식인

사실의 신성성 지키는 선비 정신을 기대한다

일본의 교과서 왜곡에 대한 주변국들의 반발이 거세지고 있다. 중국은 이미 외교 채널을 통해 우려를 전달했고 다음 달 초 열리는 전국인민대표대회에서 대응책을 논의할 것 같다는 보도다. 일본인들의 역사 왜곡은 우리 정치권에도 충격을 주어 여야 의원 100여 명이 당적을 초월하여 일본의 역사 왜곡 중단을 촉구하는 결의안을 마련하기로 뜻을 모았다고 한다.

역사는 사실에 바탕해 기록하는 것이고 사실은 신성하다. 조선왕조실록의 편찬은 사실의 신성성을 최대한 보호하는 역사 기록 과정이었다. 실록의 가장 중요한 기본 자료는 사관이 날마다 일어나는 사실들을 작성해 둔 사초(史草)다. 그러나 왕조차도 이 사초는 볼 수 없게 돼있었다. 그리고 실록 편찬은 왕이 죽은 뒤에 다음 왕의 책임 아래 하게 돼있었으므로 왕이 자신의 치적에 관한 역사 기록에 개입할 길이 없었다. 그런 원칙이 무너진 일도 더러 있긴 하지만 그것은 폭군이나 저지른 역사 파괴 행위였다.

조선조의 사초 중에서 가장 큰 사건을 불러일으킨 것이 세조 때 사림파 유학자인 김종직이 세조의 왕위 찬탈을 비난하기 위해 쓴

조의제문(弔義帝文)이다. 후에 김종직의 제자 김일손이 사관으로 있으면서 스승의 곧은 역사관과 선비 정신을 후세에 전하기 위해 이 글을 사초로 올려놓았다. 실록 편찬을 맡게 된 정파는 유자광(柳子光)계의 훈구파로 사림파와 숙적이었다. 훈구파가 조의제문이 대역죄에 해당한다고 보고하자 연산군이 김일손 등을 처형하고 타계한 김종직을 부관참시(剖棺斬屍)했다. 사초 때문에 일어난 이 무오사화(戊午士禍)로 많은 유학자가 참변을 당했다.

역사와 사실의 신성성을 지키는 것은 양식 있는 지식인들의 선비 정신이다. 역사가 왜곡된 교과서를 일본 정부가 채택한다면 그것은 일본 지식인 사회의 양식에 도전하는 것이다. 그러나 작년에 일본의 한 거물급 고고학자가 일본의 구석기시대를 70만 년 전으로 조작하려고 유물을 몰래 파묻은 사건까지 일어난 것을 보면 지식인들의 양식 자체가 미심쩍기도 하다. 일본 지식인의 양식은 역사 왜곡을 어떻게 보고 있는지 궁금하다.

≪동아일보≫, 2001년 2월 28일

중국의 역사 왜곡 바로잡기

'강소국(强小國) 대한민국'으로 다가서야

2004년 중국 산둥성 웨이하이(威海)를 방문했을 때 몇 가지 재미있는 경험을 했다. 산둥성은 중국에서 한반도와 가장 가까운 거리에 있는 지역이다. 인천에서 청명한 날이면 아스라이 그 동쪽 끝이 보인다고 할 정도다. 산둥성 사람들은 새벽녘에 인천에서 닭 울음소리가 들린다고 말한다. 웨이하이는 칭다오나 옌타이와 함께 한국인에게 가장 많이 알려진 산둥 반도의 도시다. 통일신라 시대 해상왕 장보고의 중국 쪽 거점이기도 했다.

그런데 관광 안내원이 장보고를 당나라 사람이라고 선전하는 것을 보고 필자는 너무 어이가 없어 자빠질 뻔했다. 장보고의 부친이 당나라 사람인데 신라에 건너가 살다가 그를 낳았다는 얘기였다. 그러잖아도 중국의 '동북 공정'과 고구려사 왜곡 문제로 국내 여론이 들끓고 있을 때였다. 필자는 화가 치밀어 공무원인 여성 안내원에게 "그 말이 어떤 자료에 근거한 것이냐"라고 물었다. 대답은 더욱 걸작이었다. "한국인 역사학자의 논문에 근거한 것이다."

필자는 추호도 그럴 리가 없다는 확신에서 다시 따졌다. "내가 돌아가 공식적으로 조사하겠다. 근거가 확실하게 밝혀지기 전에 장보고가 중국인이라고 말한다면 한국인 관광객은 더 이상 이곳에 오지 않을 것이다.”

　필자는 귀국한 뒤 국회 문화관광위에서 국립박물관장에게 이 사실을 알리고 국내의 장보고 관련 연구 논문을 모두 조사하도록 요청했다. 물론 결과는 ‘뻥’이었다. 나는 산둥성과 웨이하이 시 정부에 관광 안내서 등을 시정하라고 문서로 요구했다. 한 달여 만에 그들은 시정하겠노라는 답신을 보내왔다.

　필자는 또 웨이하이에서 있었던 공식 오찬과 만찬에서 고구려사 왜곡 문제를 비난했다. 그랬더니 시 간부들은 동북 3성이 관광사업 등을 위해서 그러는 모양이라고 변명했다. 필자는 “후진타오 주석과 베이징 정부가 나서서 하는 일”이라고 반박했다. 그로부터 사흘 후 그들은 “베이징 중앙정부에 진상을 알아보겠다”라는 답변을 내놓았다.

　웨이하이 당국이 이처럼 순순히 필자의 주장을 받아들였던 이유는 아마도 경제적 이해관계 때문이었을 것이다. 웨이하이 시 재정 수입의 60% 이상은 현지에 진출한 한국의 1,800여 개 중소기업들이 내는 세금이기 때문이다. 이 모두가 황해를 넘나드는 우리 기업인들 덕택일 것이다. 경제력이 중요하다는 경험적 사례일 것이다. 경제가 정치를 규제할 수 있는 시대이다. 그래서 국가 규모가 큰 강대국보다도 첨단 산업을 비롯한 핵심 경제력이 단단한 강소국(强小國)이 우리에겐 더 중요한 지향점이어야 한다.

≪한경비즈니스≫, 2006년 8월 12일

반전 평화운동의 정치적 의미

모든 나라들이 민주주의 실천해야 평화 정착

미국의 이라크 침공으로 지구촌에 평화가 깨진 후 결국 전쟁의 광기가 번지고 있다. 이라크 땅에 들어간 미군이 어린이와 여자들만 탑승한 밴 차량을 포격해 10여 명을 살상했다. 곳곳에서 비무장 민간인에 대한 총격 사건이 빈발하고 있다. 한시 빨리 전쟁을 끝낼 방안을 찾아야 한다. 정부가 이라크전 파병을 결정한 뒤 국회와 시민운동계, 대학가에 반전 평화운동이 확산되고 있다. 진보 개혁 세력은 거의 모두 여기에 뜻을 같이한다. 그래서 노무현 대통령과 가까운 정치적 동지들이 그의 결정에 반대하고 나선 형국이다. 민주당의 천정배 의원도, 개혁국민정당의 김원웅 의원도 파병에 반대다.

반전운동 측에서는 노무현 대통령이 평소 정치철학으로 미루어 어떻게 파병 결정을 그렇게 빨리 내렸느냐며 비판하는 목소리도 나왔다. 답은 뻔하다. 국정 책임자의 행위 규범과 일반 정치인이나 시민운동가의 그것은 다를 수밖에 없기 때문이다. 그도 대통령이 아니고 일반 의원이었다면 반전운동 대열에 앞장섰을 것이다. 그는 2003년 4월 2일 국회 연설에서 지금껏 명분의 정치를 해왔다고 밝히면서 "그러나 대통령이 된 지금 저의 선택은 제 개인의 선택일 수 없습니다"

라고 강조했다. 미국의 파병 요청은 새 정부의 대미 정책에 대한 첫 시험 성격도 강하다. 그것에 전략적으로 응할 필요가 있다. 나는 대통령의 파병 결정이나 개혁파 의원들의 파병 반대가 각기 전략적 의미를 갖는다고 본다. 그런 의미에서도 반전 시위가 노무현 정부에 대한 공격으로 변질돼서는 곤란하다.

평화를 유지하는 방법으로 세 가지를 생각해 볼 수 있다. 그 첫째가 접촉과 교류, 대화와 협상을 통한 갈등의 해소다. 이념과 체제가 다르고 전쟁까지 치른 남북한의 경우 특히 당국 간 대화를 활성화해야 적대감과 대결 의식을 해소시킬 수 있다. 그래서 북한과 미국도 하루빨리 국교를 수립해야 한다.

두 번째 평화 유지 방법으로 군사력 강화를 주장하는 사람들도 있다. 양쪽이 군사력을 비등하게 건설함으로써 힘의 균형이 유지되면 전쟁을 방지할 수 있다는 가설이다. 냉전 시대 미국과 소련이 그런 예에 속한다. 똑같이 엄청난 핵무기를 갖고 있기 때문에 싸워보았자 공멸한다. 그것이 전쟁 억지의 효과를 냈다는 얘기다. 그러나 핵무기에 의한 이른바 '공포의 균형(balance of terror)'은 사실상 위험한 평화라 할 수밖에 없다. 지금 북한이 미국에 대해 취하고 있는 입장도 그런 공포의 균형이라는 가설과 같은 맥락이다. 미국의 공격 위협에 대항하기 위해선 자기도 핵무기를 가질 수 있다는 주장이다. 그러나 핵에 의한 공포의 균형은 진정한 평화가 아니다. 평화주의 운동이 반전과 반핵으로 나타나는 것도 그래서다.

세 번째의 평화 유지책은 모든 나라가 진정한 민주주의 체제를 발전시키는 것이다. 칸트가 말한 "공화제 국가들은 서로 싸우지 않는다”라는 명제가 그런 아이디어를 제공했다. 절대군주 시대에는 군주 1인이 욕심을 채우기 위해 혼자서 전쟁을 결정할 수 있었기 때문에 전쟁이 빈발했다. 이에 비해 공화제 시민혁명 이후엔 전쟁 수행을 위해서는 국민 동원과 전비로 인한 조세 부담에 대해 국민적 동의가 있어야 한다. 북한도 여론이 살아 움직이고 진정한 민주적 대의 기관이 기능한다면 전쟁 위험을 감수한 ‘벼랑 끝 전략’을 구사하기가 쉽지 않을 것이다. 어느 나라건 시민사회가 개방돼 있다면 전쟁 위험은 최대한 피해야 한다는 공론이 상존하게 마련이다. 그래서 민주화와 군부에 대한 문민 통제가 군사행동을 방지하는 관건이다. 공산주의 소련은 군사적으로 위협적이었지만 그 군사력을 그대로 갖고 있는 러시아는 그렇지 않은 이유도 마찬가지다. 러시아가 민주국가이기 때문이다.

한반도 평화 보장책은 어디까지나 대화와 협상이고 군축이 우선이어야 한다. 미 행정부는 우리의 반전 평화운동이 궁극적으로 북핵 의혹에 대한 군사적 해결을 반대하는 것임을 알아야 한다. 노 대통령이 파병을 결정한 이유도 그것 때문이다.

≪경향신문≫, 2003년 4월 3일

침략적 파병은 안 된다

부대의 임무와 규모 등을 명확히 해야

이라크 추가 파병 문제로 나라가 들끓고 있다. 미국 국방부의 부차관보가 2003년 9월 초 서울에 와 정부 당국자들을 만난 자리에서 파병을 요청했다고 한다. 미국의 부차관보라면 우리 정부로 치면 국장급도 안 된다. 그 리처드 롤리스 부차관보가 이번엔 방미 중인 최병렬 한나라당 대표를 워싱턴에서 만나 오찬을 함께 하며 파병을 요청했다는 보도다.

미국 정부가 사절로 지명해 임무를 준 바에야 지위의 고하가 중요한 문제는 아닐 수 있다. 그러나 아무리 동맹국 사이라 해도 파병을 요청할 때는 부대의 임무와 규모, 비용 부담 등을 분명하게 해야 한다. 그래야 우리도 타당성에 대해 토론하고 국민 여론을 수렴할 것 아닌가? 애매모호하게 구두로 요청했기 때문에 여러 가지가 아직 불투명한 상태에서 논란이 더욱 심화되고 있다. 이렇게 우리의 국내 절차에서 시민사회가 제대로 토론하지 못하게 하는 불투명성을 걷어내야 한다. 정부는 하루속히 미국 측의 요청을 분명하게 정리해서 공개해야 한다.

야당 총재에 파병 요청한 미국, 한국의 외교 협상 카드 없애

롤리스는 미 CIA의 서울 주재원으로 근무한 경험이 있어 한국 정치에 밝은 편이라고 한다. 파병은 국회에서 동의 안이 가결돼야 하며 거기엔 원내 지배적 다수당인 한나라당의 협조가 필수라는 사실을 잘 알 것이다. 노무현 대통령의 지지층은 파병에 반대라는 점도 파악하고 있다. 그래서 해결 방안은 국회 의결권을 장악하고 있는 한나라당 지도부로부터 파병에 긍정적인 답변을 받아내는 데 있다고 간파했을 것이다. 야당 대표가 파병에 대해 지지하는 발언을 하면 한국의 언론들이 크게 보도할 것이다. 그렇게 되면 야당도 미리 찬성하는 것으로 알려진 파병을 정부가 나서서 반대하기는 매우 어렵게 된다. 미국 측은 노무현 대통령과 정부에게 "일은 우리가 다 작업해 놓았으니 그저 파병 동의안을 국회에 제출해 주기만 하면 된다"라는 식으로 얘기할 것이다. 우리 정부가 활용해야 할 '국회와 야당의 반대'라는 외교 협상의 카드가 사전에 무효화되는 셈이다. 이는 정부의 외교권이나 국정 주도권이 무시된 사례가 될 것이다.

한나라당의 최 대표는 미국에서 "한국은 지난 50년 동안 미국으로부터 엄청난 도움을 받았고 미국은 지금 이라크 문제로 어려운 상황"이라며 "한국 대통령은 복잡한 한미 관계를 생각해 분명한 리더십을 보여야 한다"라고 말했다. 미국에 진 신세를 갚아야 한다는 메시지다. 이렇게 되면 외교권을 가진 행정부의 입장은 파묻힐 수밖에 없다. 미국 측의 교묘한 접근법에 의해서 우리의 정치 과정이 거꾸로 진행돼 가고 있는 것이다. 미국 측이 우리의 외교적 협상 창구인 행정부에 얘기를 다하지도 않은 단계에서 야당 대표에게 요청하는 방식은 거부해야 한다. 우리의 정치 과정이 외국의 각개격파에 지배당하는 결과가 되는 것은 역사적 교훈에 비추어도 안 된다. 조선조 말 청나라와 일제를 각기 등에 업은 당쟁이 나라를 결딴낸 경험이 있지 않은가?

유엔 결의 없는 파병은 침략 행위

지금 당장의 국내 정치 과정이 문제지만 이라크 파병의 본질은 국제 안보의 관점에서 따져야 한다.

첫째, 정당성과 당위성을 인정받을 수 있는지 여부가 중요하다. 이라크 파병의 근원은 미국의 일방주의적 침공에서 비롯됐다. 이라크가 생화학무기를 비롯한 대량 살상 무기를 다량 보유하고 있어서 테러리스트들에게 넘겨줄 위험성이 크다는 게 침공의 명분이었다. 그러나 지금까지 밝혀졌다시피 이라크에는 대량 살상 무기가 없었다. 그뿐만 아니라 이라크의 사담 후세인 대통령은 9·11 테러와 아무런 관련이 없다고 조지 부시 대통령도 시인했다. 후세인이 빈 라덴과 관계를 맺고 있다는 것이 부시가 끌어안고 있는 마지막 침공 명분이다. 이런 상황에서 이라크 전쟁과 점령 통치는 아무런 정당성이 없다. 다만 기왕 저질러진 전쟁 상황과 무질서를 바로잡아야 할 당위성은 강하다. 그 당위성이야말로 유엔이 안보리와 총회에서 평화유지군 파견을 결의하지 않으면 공인될 수 없다. 따라서 유엔 결의가 없는 파병은 거부돼야 한다.

둘째, 이라크의 현지 정세가 국군의 임무에 비추어 얼마나 위험한지가 우리에겐 가장 현실적인 판단 기준일 수밖에 없다. 지금까지 나온 정보들을 종합해 보면 미국 국방부는 이라크의 최북부 지역인 모슬에 배치한 제101공중강습사단을 교체할 계획이다. 북부 지역은 후세인의 고향으로 이슬람 강경파인 수니파의 본거지여서 외세의 점령에 완강하게 저항하는 게릴라전이 벌어지고 있는 곳이다. 공중강습사단이란 공수특전부대를 말한다. 미국이 그런 특수전 부대를 보낸 것도 산악 게릴라전에 대비해야 했기 때문이다. 그러나 상황은 갈수록 악화일로여서 이라크의 일반 민간인들까지 미군에 대한 게릴라적 테러에 가담하고 있다는 소식이다. 미국 측은 우리 정부 당국자들에게 사단과 여단급 중간 규모의 경보병 파병을 요청했다는 보도다. 그 경보병이란 용어가 비전투 요원에 가까운 보병이라는 뜻으로 알려진 것도 왜곡 중 하나다. 경보병이란 군장을 가볍게 해서 기동성을 높인 것으로 산악 게릴라전을 위한 특수전 부대다. 바로 우리의 특전사 예하 공수 부대가 여기에 해당한다. 다시 말하면 미국의 요청은 게릴라전에 대비한 본격적인 전투병을 보내달라는 얘기다. 이는 과거 베트남전 못지않은 인명 피해 위험을 상정해야 한다. 이런 내용이 정확히 알려지면 제아무리 한미동맹을 중히 여긴다 해도 여기에 동의할 국민은 없을 것이다.

이념으로든 실용주의든 국익 손실이 득보다 훨씬 커

셋째, 파병으로 얻어질 국익상의 손익 계산을 해봐야 한다. 일각에서는 이라크의 전후 복구 사업에 우리 기업들이 진출하기 위해서도 파병해야 한다는 논리를 펴고 있다. 그러나 '외세 침공군'의 일원으로서 얻는 대가보다도 장기적으로 이라크뿐 아니라 아랍권 지역의 반감 때문에 잃는 국익이 훨씬 더 클 것이다.

외교는 이념이 아니라 현실과 실용주의가 더 중요하다. 이라크 추가 파병은 평화주의라는 진보 개혁적 이념에서 본다면 여러 말이 필요치 않은 비정(秕政)이 될 것이다. 뿐만 아니라 실용주의적 관점에서 보아도 얻을 것보다 잃을 게 훨씬 더 많다.

≪경기대학보≫, 2003년 9월 23일

파병, 이라크 민심 잡는 작전이 관건

미국식 '힘의 국제정치'는 성공 못 한다

2003년 10월 21일 한국 언론들이 일제히 톱뉴스로 보도한 한미 정상회담의 합의 사항은 요약하면 두 가지 골자를 담고 있다. 하나는 국군의 이라크 추가 파병이고 다른 하나는 미국이 북한을 침공할 의사를 갖고 있지 않다는 것이다. 이라크 추가 파병은 국내 논의도 제대로 거치지 않은 채 남의 나라 대통령에게 결정을 통보한 꼴이 됐다. 그것에 대한 보상이 북한에 대해 무력을 쓰지 않겠다는 언급인 모양이다.

이라크 파병에 대한 우리의 국내 논의 절차를 보면 정부와 청와대는 혼란의 극치였고, 야당과 보수 신문은 '외세 야합상'을 그대로 드러냈다. 거기다 학자를 비롯한 지식인 계층도 양식 있는 대응책을 제시하지 못한 채 그저 정부만 들볶았다. 그야말로 소시민적 비판주의나 비판 지상주의만 난무한 것 같다.

상호 영향 주고받아야 진정한 동맹

나는 한미 동맹을 결코 가볍게 생각하지 않는다. 그러나 아무리

가까운 동맹국 사이라 해도 국익이 합치하지 않는 부분이 있는 법이다. 그래서 상호 협상이 필요하며 거기엔 게임의 룰이 중요하다. 그러나 이라크 파병에 관해서 우리 정부는 미국을 상대로 협상다운 협상한 번 해보지도 못했다. 그 책임은 전적으로 야당과 보수 신문과 보수적 시민 단체들에 있다. 이제 마지막 남은 것은 한미 정상회담의 언론 발표문대로 "파병 부대의 성격과 형태, 규모와 시기 등에 대해서는 국내 여론을 지속적으로 수렴"해서 결정하겠다는 원칙뿐이다.

진정한 동맹은 상호 영향을 주고받을 수 있어야 한다. 동맹인 상대가 잘못된 대외 정책을 펴갈 때 무비판적으로 따라가기보다 분명하게 수정을 요구해야 한다. 조지 부시 미 행정부는 처음부터 '힘의 국제정치'를 내세웠다. 2001년 9·11 테러에 자극받은 결과가 아니라 그 이전부터 그랬다. 어쩌면 9·11 테러도 힘의 국제정치에 대한 반발 중 하나라고 해야 할 것이다. 지금까지 미국의 국제정치학계가 주도한 평화 연구도 군사력이라는 힘의 개념을 중심으로 한 것이었다. 그러나 국가 관계에서 힘은 언제나 '안보 보장'과 함께 '위협'이라는 두 얼굴을 지녀왔다.

미국은 과연 '가장 덜 위험한 열강'인가

미국에게 붙여진 '가장 덜 위험한 열강'이란 이름은 아마도 20세기 국제사회에서 그 나라가 얻은 가장 명예로운 애칭일 것이다. 그러나 그 자체가 바로 힘을 가진 강대국에 대한 불안을 내포하고 있다. 미국의 국제정치학자들이 가끔 썼던 이 표현은 "열강은 본래 위험한 존재지만 미국은 그렇지 않다"라는 뜻이다. 대개의 전쟁이 강대국의 영토 넓히기와 패권주의 때문에 일어났다. 제2차세계대전 때의 일본과 독일이 대표적으로 위험한 열강이었다.

위험하지 않은 열강이 되기 위한 첫째 조건은 국내적으로 합리성이 통용되는 민주정치다. 민주정치를 제대로 하는 나라들이 전쟁을 도발하지 않으리라는 것은 군주국이나 독재국가와 비교해 보면 금방 이해가 간다.

왕이나 소수 권력자가 지배하는 나라는 전쟁도 쉽게 결정할 수 있겠지만 다수가 합의해야 할 때는 결정이 그만큼 어려워진다. 이렇게 다수가 결정권을 갖는 공화제 국가들이 서로 싸우지 않으리라는 가설은 칸트가 처음 제시했고 대체로 틀리지 않았다.

그러나 국내의 민주정치보다도 더 중요한 '덜 위험한 열강'의 두 번째 조건은 국제 여론을 존중하는 태도다. 민주국가도 그 국정 주도 세력이나 국민 여론이 한때 국수주의로 흘러서 국제 평화를 위협할 수 있다. 그래서 국제 여론이 더 중요한 조건이다.

부시 행정부의 이라크 침공과 점령 통치는 미국의 우방인 유럽 국가들로부터도 지지받지 못했다. 최근 유엔 안보리가 미국 주도의 다국적군 파병을 결의했지만 그것은 기왕 저질러진 전쟁과 그로 인한 무질서를 바로잡기 위한 조치라는 의미가 강하다.

전쟁에서의 승리와 힘은 국제사회에 안정보다도 오히려 불안을 초래한다는 인식이 점차 보편화돼 가고 있다. 이 같은 힘의 국제정치에 대한 비판적 견해는 미국의 베트남전 패전 경험에서 구체화됐다.

베트남전 패전의 교훈은 민심 외면

1960~1970년대 베트남전 당시 미국은 힘으로 보면 전성기였다. 거기다 전쟁을 지휘한 국방장관 로버트 맥나마라는 베트남 공산 정권을 이끌었던 호치민, 중국의 마오쩌둥, 볼리비아의 체 게바라 등과 함께 손꼽히는 게릴라전의 천재였다.

그럼에도 불구하고 미국은 베트남전에서 패배했다. 패전의 원인에 대해 당사자 격인 맥나마라는 1996년 출간한 자서전에서 "모든 것을 전통적인 힘의 관점에서만 해결하려 했기 때문"이라고 토로했다. 힘의 국제정치는 성공할 수 없다는 경험적 교훈을 미국 최고의 전략가가 내놓은 셈이다. 부시 행정부는 엄청난 대가를 치르고 얻은 그 값비싼 경험을 무시해서는 안 된다.

나는 이라크에서 힘의 구사가 아니라 민심을 잡는 것만이 성공적인 전후 처리라고 믿는다. 미국의 베트남전 패전 원인은 무엇보다도 민심을 외면했기 때문이었다.

힘의 국제정치는 실패한다. 이라크에 국군의 추가 파병이 불가피하게 됐다면 전쟁의 상처를 치유하는 건설 공병과 의료 지원 부대가 주력이 돼야 한다. 민심을 잡는 작전만이 성공의 길이다.

≪오마이뉴스≫, 2003년 10월 22일

반미 테러와 문명권 충돌

미국 내 보수화와 비서구권 불관용도 문제

케냐와 탄자니아 주재 미국 대사관에 5분 간격으로 폭탄 테러가 자행돼 209명이 사망하고 4,900여 명이 부상했다. 사건 현장에서 1.5km 떨어진 건물이 흔들렸다니 가히 슈퍼 테러다. 사건 직후 '거사'를 주장한 '이슬람교 성역 해방군'이 발표한 7개 항의 요구는 표적이 미국임을 분명히 한 내용이다. 전문가들이 더 혐의를 두고 있는 국제이슬람교전선의 지도자 라덴도 '미국의 적'임을 자처해 왔다.

이슬람교 단체의 반미 테러는 종교적 이질감에 뿌리를 둔 증오심의 산물이다. 문자 또한 이질감의 또 다른 원천이다. 문명 충돌이라는 새 국제정치 패러다임을 내놓은 헌팅턴은 이 두 인자(因子)로 문명권을 구분했다. 국가나 정치 이념보다도 문명권 개념이 국제질서의 바탕이라는 것이다. 냉전 시대 "너는 어느 편이냐"라는 물음이 "너의 본질이 어떤 것이냐"로 전환된다면 훨씬 더 심각한 갈등을 예고한다.

테러가 반인류 범죄라는 규탄에 이견이 있을 수 없다. 그럼에도 불구하고 '팍스 아메리카나'에 대한 반작용이 반미 테러를 자극할 수 있다는 지적도 나온다. 레이건 행정부 이후 미국의 정치·군사적 대국주의 징후는 별반 없지만 통상 압력이 문제다. 우리 정부의 관용

차를 미국산으로 사라는 요구가 있었다는 보도도 그런 맥락이다. 냉전
이후 유일 초강국의 간접적 '힘의 횡포'로 보는 시각이 만만치 않다.

　헌팅턴이 미국과 서구 연합을 주창한 것은 팍스 앵글로색슨이라
볼 수 있다. 그중 서구 정신사의 발상지인 그리스조차 정교회를 믿는
다는 이유로 배제한 것은 지나친 '적과 동지'의 이분법이다. 미국
정부 책임자들은 이번 테러범을 끝까지 추적, 응징하겠다고 밝혔다.
테러에는 그래야 마땅하다. 그와 함께 미국 내 보수화와 비서구권에
대한 불관용의 문제점도 점검해 보는 것이 필요하지 않을까.

≪동아일보≫, 1998년 8월 10일

문명권 대화, 민족 내 대화

유엔총회 대화의 원칙에 북한도 공동 발의

유엔총회가 2001년을 '문명권 간 대화의 해'로 선포했다. 지금까지 지구촌에 만연해 있던 불신과 갈등, 군사적 대결을 청산하기 위해 21세기 첫해의 화두를 '대화'로 정하자는 뜻이다. 이란의 첫 발의와 영국, 독일, 덴마크, 스웨덴 등 40여 개국의 공동 발의로 표결 없이 쉽게 합의가 이루어졌다. 북한이 공동 발의에 나선 것도 눈에 띄는 대목이다. 국제사회의 떳떳한 일에 동참하는 태도는 국가 위상을 높일 수 있다.

문명권 개념을 정립한 헌팅턴은 세계를 8대 권역으로 나누었다. 제1차세계대전 후 세계는 서구 통치권과 신생 독립국으로, 제2차세계대전 후에는 자유세계·공산권·비동맹권이라는 3개 권역으로 구분됐다. 이런 정치적 지형의 의미가 1990년대 이후 약해진 것은 사실이다. 1993년 《뉴욕 타임스》가 자유세계라는 용어를 44회 등장시킨 데 비해 서구라는 문명권 표현을 144회나 쓴 것도 그런 증거가 될 수 있다.

훌륭한 합의도 실천이 뒤따르지 않으면 공허하다. 유엔의 경우도 그렇다. 6·25 당시 유엔군이나 인종 분규 지역의 유엔평화유지군이 실천력의 상징이었다. 그러나 걸프전 때는 유엔군이 아닌 다국적군이 동원됐다. 최근에는 이라크가 유엔의 무기 사찰을 거부하자 미국이 또 공격을 준비 중이라고 한다. 유엔이 군사력보다 대화가 더 효과적임을 입증한다면 새 세기는 평화를 누릴 수 있을 것이다.

독일 시사주간지 ≪슈피겔≫ 최근 호는 20세기를 '히틀러와 원자탄'으로 압축해서 표현했다. 21세기에도 평화와 안전을 확실히 보장할 장치는 없다. 그래서 모든 갈등을 대화로 풀자는 합의는 더욱 소중하게 지켜져야 한다. 아직 끝나지 않은 분단 체제의 대립과 문명 내부의 전쟁 위험도 당사자들에겐 유엔이 우려한 문명 충돌 못지않은 위기다. 한반도에서도 대화의 원칙이 금과옥조로 받들어져야 하겠다.

≪동아일보≫, 1998년 11월 8일

교황의 미국 비판
자본주의와 신자유주의 문제점에 주의 기울여야

교황 요한 바오로 2세가 빌 클린턴 미국 대통령에게 쓴 소리를 해서 화제다. 1999년 1월 26일 미국에 도착한 교황은 세인트루이스 공항으로 마중 나온 클린턴에게 "미국은 마음을 활짝 열어 불행한 나라들을 도와야 한다"라고 주문했다. 불행의 경우는 다양하겠지만 우선 궁핍한 나라들을 경제적으로 지원하라는 뜻이다. 때마침 통상 압력법인 「슈퍼 301조」를 부활시킨 미국에 직격탄이 된 것 같다.

교황은 또 국가 간의 갈등을 군사행동으로 해결하려는 미국의 대외 정책을 비판했다. 최근의 이라크 공습을 지적하는 발언이다. 무력 응징은 갈등의 해소 방법이 될 수 없으며 거꾸로 적대감만 더 깊게 한다고 그는 역설했다. 같은 맥락으로 교황은 쿠바에 대한 미국의 경제제재와 고립화 정책을 반대했다. 미국의 테러 국가 리스트에 쿠바와 동일한 지위로 묶여있는 북한을 생각나게 하는 대목이다.

쿠바는 종교를 인정하지 않지만 그래도 가톨릭 신자가 많다. 교황이 관심을 갖는 이유일 것이다. 북한에는 장충동이라는 이름의 성당이 하나 있다. 북한의 전체 신앙인은 3만 5,000여 명으로 알려졌지만 가톨릭 신자 수는 정확히 알 수 없다. 북한에 진정한 종교의 자유가

허용된다면 개방에 큰 도움이 될 것은 물론이다. 그러나 교황은 북한
에 대해서는 아무런 언급도 하지 않았다.

교황은 미국에 가기 전 멕시코에서 '권고문'을 발표했다. 24쪽 분량
의 권고문에서 그는 사제들에게 자본주의와 신자유주의의 문제점에
주의를 기울이라고 촉구했다. 그는 미국 경제계가 주도하는 신자유주
의가 이익과 시장 경쟁만을 내세워 빈부 격차를 심화시킨다고 비판했
다. 세계화가 약소국에 미치는 악영향을 우려하기도 했다. 가톨릭
신자가 전체의 3분의 1을 차지하는 미국민이 교황의 경고에 귀 기울였
으면 한다.

≪동아일보≫, 1999년 1월 29일

고엽제와 미국의 양심

1968년 우리 비무장지대에도 상당량 뿌려

전쟁의 승패를 좌우하는 것은 말할 것도 없이 군사력이다. 재래식 군사력이란 무기와 병력을 뜻한다. 그러나 현대전에서는 과학 기술력이 새로운 핵심 요소로 등장했다. 직접 전투에 쓰이는 첨단 무기뿐만 아니라 적의 동태를 살피는 정보 수집 장비와 작전 환경을 유리하게 만드는 수단들이 매우 중요해졌다. 베트남전에서 밀림의 나무들을 제거하기 위해 살포된 고엽제도 그런 '간접 무기'로 과학 기술력의 산물이다.

고엽제는 미국의 대표적 화학 회사인 다우케미칼이 생산했다. 미국 중북부의 미시간 주에 있는 이 회사는 본래 가정용 플라스틱 제품으로 돈을 벌었다. 그러나 제1, 2차세계대전 때 발포성 가스 '머스터드'와 베트남전 때 고엽제 및 네이팜탄을 납품해 가장 크게 돈을 벌었을 것이다.

베트남전 당시 미국의 7개 화학 회사가 '에이전트 오렌지'라 불리는 고엽제를 미군에 납품했다. 이 약품은 근사한 색감을 자아내는 그 이름과 달리 맹독성이다. 실험 동물에 노출시키면 유산, 불치 피부병, 선천적 결손아 출산, 화학성 암 등을 유발하는 것으로 나타났다. 그래서 미군이 베트남전에서 고엽제를 살포할 때는 방독면을 쓰고 저공비행하는 헬기를 이용했다.

주한미군이 1968~1969년에 휴전선 남쪽 비무장지대에 상당한 양의 고엽제를 뿌렸다는 보도는 충격적이다. 지금까지 우리 땅에 그런 맹독성 화학물질이 살포됐다는 것을 몰랐기 때문에 놀라움은 더욱 크다. 미국 정부도 베트남전 때 이외에는 고엽제를 살포한 일이 없다고 말해오지 않았는가. 30년 전 군사작전이라서 그동안 기밀에 갇혀있다가 이제야 비밀이 해제된 모양이지만 거짓말과 기밀 보호는 다르다. 더군다나 미군이 베트남에서 고엽제를 직접 뿌릴 때는 인체 보호에 만전을 기했으면서 한국군이 뿌릴 때는 아무런 장비도 갖추지 않은 채 작업하도록 방치했다는 대목에 이르러서는 할 말을 잃는다.

≪동아일보≫, 1999년 11월 17일

앞당겨진 '핵 공멸 시계'

구원이냐 파멸이냐의 운명 이분화를 연상시켜

인류 공멸의 순간을 타종할 '운명의 날' 시계가 지금 '디타임 14분 전'을 가리키고 있다. 이 시계가 세계 평화의 청신호를 나타냈던 때는 미국과 러시아 사이에 전략무기감축협정이 체결된 1991년. 당시 시계는 운명의 시점 17분 전이었다. 1947년 미국 시카고 대학의 교수 12명이 운영위원회를 구성해서 작동해 온 이 시계의 분침이 인도의 핵실험으로 앞당겨질 전망이다. 1953년 미국이 수소폭탄 실험을 했을 때 이 시계는 불과 2분 전을 가리키고 있었다.

인도가 세 차례의 핵실험 사실을 발표했을 때 국제사회는 비난을 쏟아냈다. 사전 정보가 없었다는 점 때문에 지구촌의 위기감은 더욱 증폭됐다. 세계 경찰 역을 자임해 온 미 중앙정보국(CIA)의 무능도 거론됐다. 이틀 뒤 핵실험을 두 차례 더 했다는 인도 측 발표에 세계는 경악했다. 예상대로 파키스탄도 보복 핵실험을 준비 중이다. 핵실험이 터질 때마다 운명의 시계는 몇 분씩 더 당겨질 것이다.

운명의 시계는 '최후의 심판'을 뜻하는 'Doom'이라는 명칭을 쓴다. 이 단어는 인간 의지를 초월하는 힘을 함축한다. 철학자 헤라클레이토스는 "운명을 깨닫고 그에 따르는 것이 이성적"이라고 했다. 고대의 운명론이다. 그 후 운명을 '구원'과 '파멸'로 이분화한 사람이 16세기 종교개혁가 칼뱅이다. 그는 두 가지 운명이 신에 의해 예정되는 것이라고 했다. 어느 경우에도 인간 의지는 배제되어 있는 셈이다.

인도 핵실험은 올 3월 취임 초부터 '핵무기 보유'를 천명한 바지파이 총리가 주도했다. 인도라는 국가 자체를 응징하기는 어렵다. 책임 있는 개인을 처벌할 수 있을 뿐이다. 제2차세계대전의 전범 재판도 일본의 도조 같은 개인을 처벌했을 뿐이다. 국가 개념엔 왕실까지 포함됐다. 과학자들은 이제 지구 밖에 생활 혹성을 하나 개척하는 것이 좋겠다. 인류 공멸의 핵무기를 고집하는 개인들이 모두 지구촌을 떠나게 하기 위해서다.

≪동아일보≫, 1998년 5월 15일

국가미사일방어(NMD) 체제

중국, 러시아는 다탄두미사일 개발로 대응

2000년 조지 부시 미국 대통령이 후보 때 선거 공약으로 내세웠던 국가미사일방어(NMD) 체제 건설이 결국 실행에 옮겨질 것 같은 분위기다. 딕 체니 부통령도 지난 2001년 1월 28일 NMD 추진을 공언했다. 이 NMD는 로널드 레이건 대통령이 추진했던 전략방위구상(SDI)을 원전으로 하고 있다. SDI는 영화 <스타워즈>에 나오는 레이저빔 같은 우주 무기를 현실화하려는 것으로 당대 최고 수준의 과학 기술과 함께 엄청난 예산이 뒷받침돼야 하는 계획이었다.

1983년 3월 23일, 레이건 대통령은 미국 전역에 중계된 TV 연설을 통해 소련의 핵공격을 사전에 방어할 초첨단 무기를 개발하겠다고 선언했다. 그때까지 미국의 전략은 소련이 핵무기로 선제공격을 해오면 그 몇 배의 위력으로 대량 보복 공격을 하겠다는 '사후 응징 위협'이 골자였다. 한 번의 선제공격으로 미국을 완전히 쓰러뜨릴 수 있는 무기가 개발되지 않는 한 이 전략에 의한 견제력은 유효했다. 그러나 미국의 완전한 우위를 추구한 레이건 대통령은 가상 적국의 어떤 선제공격에도 그냥 앉아서 얻어맞지 않을 '미사일 방어망'을 만들고자 했다.

　　SDI의 아이디어는 적국이 미사일을 발사하면 그 미사일 기지를 감시하는 미국의 조기 경보 위성이 방공사령부에 정보를 전달하고 이 정보에 따라 요격미사일로 격추시킨다는 것이다. 적 미사일이 기지에서 발사되자마자 파괴하는 초기 요격, 우주 공간을 날아오는 동안에 추적하는 중도 요격, 미국 본토 상공의 대기권 진입을 전후해서 명중시키는 종점 요격의 3단계로 나누어진다. 레이건 시대에 미국은 종점 요격 능력을 개발했고 패트리어트 미사일이 그중 하나였다.

　　SDI는 구소련이 붕괴된 후 백지화됐다. 그러나 미국은 소련 외에도 이른바 '불량 국가'의 비이성적 공격 위험은 상존한다고 보고 있다. 불량 국가에는 이란, 이라크, 시리아, 쿠바뿐만 아니라 북한도 포함된다. SDI가 탈바꿈해 되살아난 NMD는 사실상 중국과 러시아를 겨냥하게 된다. 중국과 러시아는 NMD에 반발해서 그것을 뚫을 수 있는 다탄두미사일 개발에 나설 전망이다. 제2의 무기 경쟁이 어떻게 전개되고 극복될지 주목거리다.

≪동아일보≫, 2001년 1월 30일

군사력과 경제력

혈세 바친 만큼 방위력 증강 안 된 건 비리 탓

미국의 정치사학자 폴 케네디는 『대국의 흥망성쇠』라는 책에서 경제력이 큰 나라가 결국 군사력에서도 우위에 서게 된다고 주장했다. 그런 가설이 들어맞지 않는 것이 남북한 관계다. 식량난에 허덕이면서도 미사일을 쏘는 북한의 강성 대국 노선을 굳이 들먹일 필요도 없다. 우리 자체가 문제다. 천문학적 액수인 전력 증강 예산을 엉망진창으로 집행하니 국민이 혈세를 바친 만큼 방위력이 개선될 턱이 없다.

율곡사업이란 이름을 고쳐 불러야 할 만큼 비리 문제로 홍역도 치렀다. 그 방위력 개선 사업이 계획 단계부터 문제라는 불만이 군 내부에서조차 나오고 있다. 무기와 장비의 실제 수요자며 전문가인 일선 군부대의 성능 요구서(ROC)가 무시되기 일쑤라는 것이다. '서울'의 실력자들은 무슨 이유에선지 성능 미달품이나 유사 장비를 선호한다. 그것을 개조하는 추가 사업에 들어가는 적지 않은 돈이 떡고물을 남기기 때문이라는 의혹이다.

긴밀한 안보 동맹 관계인 미국에 무기 도입선이 지나치게 편중돼 있어서 구매 협상이 자유롭지 못한 것 아니냐는 지적도 많았다. 그러나 인도네시아와 맺은 방산 물자 상호 구매 계약 하나도 제대로 관리하지 못해 국방 예산에 손실을 가져왔다. 또 정비용 부품을 시장가격보다 수백 배나 더 주고 사온 예가 수두룩하다고 한다. 이러니 전력 현대화며 정예화가 가능할 리 없다. 말만의 전문성이 여실히 드러난 셈이다.

개선 방안이 빈곤한 것도 문제다. 1993년 율곡비리 특감은 인적 사정으로 끝난 감이 있다. 이번엔 담당자의 개인 비리보다도 제도 개선에 초점을 뒀다는 것이 감사원 측 얘기다. 그래도 장성급 몇 명은 문책당하는 모양이다. 일벌백계도 재발 방지에 효과적일 수 있지만, 더욱 근본적인 치유책은 제도와 환경 개선이다. 국민은 세금을 부담한 만큼 안보를 보장받아야 한다는 사실을 잊어서는 안 된다.

≪동아일보≫, 1998년 12월 4일

네트 포스(Net Force)
전산망 무력화시키는 특수부대

날로 과학화돼 가는 각국의 군사력이 이제는 컴퓨터 하이테크 전쟁을 위한 특수 전자전 부대의 육성으로 발전하고 있다. 최근 미국의 국방 전문 주간지 《디펜스 뉴스》는 중국이 하이테크 전자전을 수행하기 위한 특수부대인 '네트 포스'를 훈련 중이라고 보도했다. 이 전자전 부대는 상대국의 군사용 전산망을 교란하고 파괴하는 것이 주 임무다. 고도의 컴퓨터 조작 능력을 주축으로 하는 이 부대는 전통적인 육·해·공군과는 그 구성과 전략 개념이 전혀 다르다.

거의 모든 작전 지휘와 군수 보급 체계가 전산화돼 있는 선진 군사 강국일수록 그 전산망은 치명적인 약점인 셈이다. 그 전산망만 무력화시키면 꼼짝할 수 없다는 것이 '네트 포스' 전략이다. 미국이 군사 정보 강국으로 행세하는 데 중요한 장비인 군사위성이나 조기경보기(AWACS)는 컴퓨터 덩어리다. 일본 해군을 무시할 수 없게 하는 최첨단 구축함인 이지스 함도 마찬가지다. 위력 있는 첨단 장비들이지만 컴퓨터가 고장을 일으키면 아무 쓸모가 없게 마련이다.

그렇다고 해서 컴퓨터 선진국의 전자전 장비들이 네트 포스의 공격에 무방비인 것은 아니다. 오래전부터 '지휘통신전자정보체계(C4I)'를 발전시켜 온 우리 국군만 해도 컴퓨터 해킹 등에 대비 계획이 수립돼 있다. 네트 포스 같은 공격형보다도 방어형 컴퓨터 전략이 상당한 수준이다. 예를 들면 국군의 '전자방어전대책(Electronic Warfare Counter Measure)'은 통신 전파의 주파수를 지속적으로 단기간에 바꿈으로써 적군의 교란작전을 피한다.

상대에 따라 전산망에 침투하는 '전자전지원계획(Electronic Warfare Support Measure)'도 수립돼 있다. 적군의 전산망에 대한 교란작전과 함께 정보를 수집하고 암호와 음어들을 해독하는 것도 이 전문 부대의 임무다. 갈수록 군사력의 우열이 과학 기술력으로 판가름나게 될 것이다. 앞으로는 전쟁도 인명 살상과 시설 파괴를 하지 말고 이렇게 상호 컴퓨터게임 방식으로 승부를 가리도록 해서 영구 평화의 꿈을 실현한다면 얼마나 좋을까.

≪동아일보≫, 2000년 11월 28일

폴 포트의 부메랑
부하에게 체포당한 독재자의 말로

미국 캘리포니아 거주 캄보디아인들 중에는 시각장애인이 많다. 전문의들의 진단은 시각거부증. 인간으로서 못 볼 일들을 너무 많이 본 충격 때문에 생긴 신경성 질환이다.

특히 이들에게 시각거부증을 안겨준 것은 가족이 무참하게 학살당하는 광경이었다. 1975년부터 1979년까지 캄보디아 곳곳에서 벌어졌던 200여만 명의 생죽음이 그것이다. 공산주의 망령에 빠진 동족에게 전 인구의 4분의 1이 도륙당했다.

뉴욕 타임스의 샌버그 기자는 1974년 캄보디아 내전 취재차 특파된다. 그는 현지인 프란을 고용해 수차 죽음의 위기를 넘기며 취재했다. 내전은 폴 포트, 키우 삼판, 손 센 등이 이끄는 크메르 루주와 친미 성향의 론 놀 정권 사이에 벌어졌다. 퓰리처상을 받은 샌버그의 현장감 넘치는 기사 내용을 극화한 영화 <킬링 필드>가 아카데미 작품상을 받으면서 폴 포트도 '세계적인 인물'이 됐다.

폴 포트는 1949년부터 4년간 정부 장학생으로 프랑스에 전자공학을 배우러 갔다가 공산주의에 심취해 돌아왔다. 농민의 아들인 그의 머릿속에서는 공산주의와 루소적 자연주의가 결합됐다.

그의 집권 동안 '농민 유토피아' 구호 아래도 시민들이 집단농장으로 내쫓겼으며 지식인들은 손이 부드럽다는 이유만으로 숱하게 처형당했다. 이데올로기 속의 이상향으로 가야 한다며 광기를 부린 그는 후진국 공산주의자 중에서도 '선무당'이었다.

1997년 7월, 그는 30년 동지인 손 센 전 국방장관과 그 일가족 14명을 무참히 처형했다. 이유는 그가 정부군과 협상을 기도했다는 것. 희생자 중엔 젖먹이까지 포함됐다. 당시 전황도 불리해 폴 포트 일당은 정부군에 쫓겨 태국으로 도주해야 할 판이었다. 태국이 그들을 받아줄리 없었다. 폴 포트의 부하들은 등을 돌려 그를 체포해버렸다. 악행의 부메랑은 던진 자에게 되돌아가는가. 그 폴 포트가 죽었다는 소식이다.

≪동아일보≫, 1998년 4월 18일

단죄받는 피노체트

반인륜적 범죄는 국적에 관계없이 단죄 대상

칠레의 군부독재자 피노체트가 런던에서 영국 경찰에 체포됐다. 피노체트에게는 '인간 백정'이란 끔찍한 별명이 붙어있다. 1973년부터 17년간 그의 통치 아래에서 3,000여 명이 학살당하고 수천 명이 실종됐으며 100여만 명이 국외로 추방당하거나 도피했다. 더욱 충격적인 것은 비밀경찰에 의한 고문 만행이었다. 고문으로 장애인이 된 사람이 10만여 명에 이른다고 한다.

실리주의 외교의 나라 영국이 그를 체포한 것도 예사로 보이지 않는다. 칠레가 영국의 비중 높은 수출 대상국이어서 그렇다. 특히 피노체트 권력의 기둥인 칠레 군부는 영국제 무기를 다량 구입해 왔다. 영국 보수당 정권의 대처 총리는 피노체트의 반좌파 시장경제 노선을 칭찬했고, 영국을 좋아하기 시작한 피노체트는 영국에 갈 때마다 대처에게 꽃을 보내곤 했다. 그러나 블레어의 노동당 정부는 달랐다.

피노체트는 1973년 군사 쿠데타로 철권통치자가 된 후 개발독재 경제정책으로 국민의 추앙을 받기도 했다. 인플레 억제와 급속한 경제성장으로 가난을 잊게 해준 공이었다. 이를 바탕으로 의회 해산, 정치 활동 금지, 민주 세력 탄압을 자행했다. 야당 지도자나 반체제 인사를 좌파 지도자들과 함께 구속, 협박, 고문하고 처형했다. 그가 내세운 명분은 반공이었다. 그것으로 미국의 인권 외교 공세도 면제받았다.

칠레 정부는 외교관 여권을 가진 피노체트를 영국 경찰이 체포한 것은 국제법 위반이라며 항의했다. 피노체트는 자신에 대한 형사소추를 모두 면제하도록 칠레 헌법도 고쳤다. 이에 따라 그는 칠레 실정법상 '양민'이다. 그러나 칠레 내 스페인 국민 수십 명을 살해한 그의 범죄가 '반테러유럽협약' 발동의 근거가 됐다. 반인류적 범죄는 국적에 관계없이 단죄 대상이라는 것이 국제사회의 합의다.

≪동아일보≫, 1998년 10월 19일

스탈린을 이긴 사람들

잔혹성 알린 저술가 월프 부부, 그리고 고려인들

스탈린으로부터 심하게 탄압받았지만 결국 그를 이긴 사람들이 있다. 러시아 공산혁명에 관한 명저로 꼽히는『혁명을 만든 세 사람』(1948)을 쓴 미국의 버트람 월프가 그렇다. 이 책을 통해 그는 스탈린의 잔혹성을 세계에 알렸다. 펜은 칼보다 강하다는 금언이 있듯이 그의 저술로 스탈린은 역사적 패배자가 되고 말았다 해도 과언이 아니다. 이 책의 속표지를 보면 '엘라에게 바침'이라고 쓰여있다. 월프의 아내 엘라는 그가 방대한 책들을 쓸 때 자료를 정리해 주고 문장을 다듬는 편집자 노릇까지 한 반려자였다. 그 엘라가 2001년 1월 8일, 후버 연구소가 있는 캘리포니아의 팰러앨토에서 타계했다.

미 유력지 ≪뉴욕 타임스≫는 최근 엘라의 부음과 일대기에 관한 기사로 한 면의 3분의 1 정도를 할애했다. 사랑과 인간미가 넘치는 월프 부부와 냉혈한 스탈린이 대조되는 내용이다. 1929년 미국 공산당 간부로 모스크바에 간 월프는 스탈린의 독재 노선을 비판하다가 억류 당한다. 6개월 후 월프는 코민테른의 사무당원이던 엘라를 볼모로 남겨둔 채 혼자서 귀국해야 했다. 엘라는 2년 후에야 그의 곁으로 돌아왔다. 이런 쓰라린 경험 끝에 월프 부부는 맹렬한 스탈린 비판자가 됐다.

엘라의 사망 소식에 이어 모스크바에서는 스탈린 치하에서 1930년대에 학살당한 고려인 1,000여 명의 명단이 발견됐다. 스탈린의 잔혹성을 다시 한 번 생각하게 한다. 1860년대를 전후해 러시아령 연해주에 이주한 고려인들은 '개척리'라는 마을을 형성했다. 이것이 후에 항일운동의 근거지인 신한촌(新韓村)으로 개명된다. 1920년대 연해주 일대의 고려인은 20~30만 명에 이르는 일종의 자치 민족으로 발전했다. 이런 기반으로 전노(全露)한족대표자회의가 조직됐다.

스탈린은 가족 관계도 비인간적이었다. 첫 부인 소생의 아들이 제2차세계대전 중 독일군에게 포로로 붙잡혔을 때 그는 아들을 경멸하며 독일 측의 협상 제의를 거절했다. 후처는 스트레스에 못 이겨 자살했으며 그 아들은 심한 알코올중독으로 죽어야 했다. 고려인들이 대량 학살당한 1930년대는 스탈린의 광기가 극에 달한 때였다. 솔제니친에 따르면 그로부터 스탈린이 죽은 1953년까지 구소련에서 4,000여만 명이 강제 수용됐다. 저항 정신이 강한 고려인들은 이 과정에서 비밀경찰의 공격을 받은 것으로 추정되고 있다. 그 비운의 진상이 낱낱이 밝혀져야 한다.

《동아일보》, 2001년 1월 20일

콜린 파월

군인이 목숨 걸어야 하는 전쟁 결정은 신중해야

미국의 차기 부시 행정부에서 대외 정책을 책임질 콜린 파월 국무장관 지명자는 몇 개의 '최초'를 기록한 인물이다. 1989년 미국 역사상 최초로 흑인 출신 합참의장에 임명된 데 이어 최초의 흑인 국무장관이 됐다. 그를 합참의장에 임명했던 사람이 조지 부시 대통령이었는데 이번에는 아들인 조지 W. 부시 대통령 당선자가 그를 국무장관으로 발탁했다. 우리나라 같으면 가신(家臣) 관계 아니냐는 비판이 나올지 모르지만 미국 여론은 대체로 그의 경력을 들어 국무장관감으로 무난하다고 보는 것 같다.

미국에서 국무장관 직은 명성 있는 국제정치학자에게 돌아가는 것이 보통이었다. 헨리 키신저가 대표적이고 지금의 매들린 올브라이트도 마찬가지다. 군 장성 출신이 국무장관이 되기는 제2차세계대전 직후의 조지 마셜과 레이건 행정부 당시 알렉산더 헤이그에 이어 파월이 세 번째다. 그는 뉴욕의 빈민가에서 태어났고 학벌도 화려하지 않지만 유니폼을 입은 군사 전문가로서 그 직무에 충실했고 합리적이었기에 좋은 점수를 얻었다.

그가 군인으로서 안보 정책 전문가의 안목을 기른 것은 1981년

레이건 행정부의 국방부에 들어가서였다. 당시 캐스퍼 와인버거 국방 장관의 수석비서관으로 있던 리처드 아미티지와 파월 장군은 '군사력을 배경으로 한 미국의 대외 전략'이라는 관점에서 말이 통했다. 파월과 친구가 된 아미티지는 부시 행정부에서 중요한 안보 책임자로 중용될 것이 틀림없어 보인다. 그는 1999년 2월 대북 포용 정책을 바탕으로 페리 보고서 초안이 만들어졌을 때 그에 비판적인 입장에서 공화당 쪽의 대북 정책을 작성했던 인물이다.

그러나 파월은 군사력을 상시적으로 도구화하는 데 반대한다. 이것이 학자 출신과 다른 점이다. 베트남전에 일선 지휘관으로 참전했던 그는 군인들이 목숨을 걸고 수행하는 전쟁을 정부가 결정하려면 그만큼 신중해야 한다고 강조한다. 그는 1973년부터 1974년까지 주한 미2사단의 대대장으로 동두천에서 근무한 경험도 갖고 있다. 미국의 사활적 국익 수호를 위한 선별적인 군사 개입만 지지하는 '파월 독트린'이 북미 관계와 남북 관계에 어떤 영향을 줄지 주목된다.

≪동아일보≫, 2000년 12월 21일

CIA 지도

전제 국가에서 정확한 지도는 제작 금지

독일 통일이 이루어지기 전, 동독의 정확한 지도는 민간에 시판되지 않았다. 시중에 나도는 일반 지도는 대부분 도로 방향이 엉터리였다. 특히 베를린 장벽으로 가는 길들이 지도상에 정밀하게 표시되지 않았다니 이유를 금방 알 수 있다. 서독으로 가려는 동독 주민들의 길잡이를 없애버린 것이다. 정확한 동독 지도는 30여 년간 슈타지(국가안전부) 총수를 지낸 에리히 밀케가 쓰던 동베를린의 집무실에 지금도 보존돼 관광객들의 눈길을 끌고 있다.

지도는 교역과 여행을 위해 만들어졌고 전쟁 때문에 발전해 왔다. 지도의 영어 표기인 맵(map)이라는 단어는 고대 카르타고에서 '신호용 천'을 뜻하는 마파(Mappa)라는 라틴어에서 유래했다. 해양 도시국가였던 카르타고는 무역이 번창했으며 로마제국과 포에니 전쟁을 벌일 만큼 군사 강국이었다. 바깥 세계와 상거래가 활발했기에 카르타고가 지도의 기원을 세운 것이다.

콜럼버스의 대서양 횡단과 마젤란의 세계일주 덕으로 지구가 둥글다는 사실이 입증되면서 근대적 세계지도가 탄생했다. 그러나 신대륙 발견 이후에도 남극과 북극은 아직 미지의 세계로 남아있었다. 20세기

들어 미국인 로버트 피어리가 북극을, 노르웨이의 로알 아문센이 남극을 각각 탐험해 양극이 세계지도에 추가됐다. 이로써 지구의 확실한 모습을 그리게 된 것이다.

나토가 유고 내 중국 대사관을 오폭하더니 이번에는 코소보 민간인 마을을 폭격해 말썽이다. 코소보 난민 100여 명이 사망하고 수십 명이 중상이라니 나토 공습 이래 최대의 민간인 폭격 사건이다. 미 중앙정보국(CIA)이 지도상의 위치를 잘못 찍은 것이 중국 대사관 오폭의 원인이라지만 중국 측은 의도적이라는 의심을 풀지 않고 있다. 위성 탐사 기법이 군사지도에 이용되고 있는 점을 감안하면 중국이 의심하는 것도 무리는 아니다. 민간인 오폭도 같은 종류의 실수인지, 유고의 잔인한 인간 방패 전술에 당한 것인지 조사 결과가 주목된다.

≪동아일보≫, 1999년 5월 17일

노예와 자유인

"영혼은 노예로 삼을 수 없다"

"영혼은 노예로 삼을 수 없다." 한때 노예 노동력으로 광활한 땅을 갈았던 나라의 지도자가 그 노예들의 고향에 가서 던진 말이다. 수사(修辭)의 주인공은 빌 클린턴 미국 대통령이다. 그는 1998년 4월 3일 아프리카 6개국 순방을 마무리하면서 과거 노예무역항이던 세네갈의 고레 섬을 방문했다. 인권을 전가의 보도처럼 구사해 온 미국 대통령이 노예제의 과거사를 언급하지 않을 수 없었을 것이다.

클린턴 대통령이 아프리카 순방 중 넬슨 만델라 남아공 대통령과 가진 '감방 정상회담'은 인상적이다. 만델라가 인종차별에 맞서다 투옥됐던 로벤 섬 감방에서 철창 바깥을 내다보는 클린턴의 모습도 인권 존중 몸짓과 어울린다. 그러나 그는 만델라가 감방에 갇혀있을 당시 미국이 남아공을 지지했던 데 대해서는 사과하지 않았다. 미 행정부는 국내 반(反)인종주의자들의 시위가 확산되자 1980년대 중반에서야 비로소 입장을 바꿨다.

클린턴은 과거 노예무역의 중심지였던 세네갈에서도 과거사를 비켜갔다. 미국에 노예가 처음 상륙한 것은 1620년, 이후 링컨 대통령이 노예해방을 선언한 1863년까지 아프리카에서 끌려간 노예 1,200~

1,500만 명 중 태반이 미국으로 팔려갔다. 그로부터 300여 년 뒤 소설가 알렉스 헤일리는 아프리카 자유인에서 미국의 노예로 운명이 바뀐 쿤타킨테의 애처로운 삶을 그려 세계인을 울렸다.

법률이 발달했던 로마 시대, 노예는 부동산에 속했다. 스스로 움직일 수 없는 재산으로 보았기 때문이다. 자유의 땅을 찾아 모인 미국인들이 비자유인을 생산수단으로 삼았던 것은 아이러니다. 이란, 리비아, 쿠바 등 미국의 적국과 남아공 간의 우호 관계를 비판하는 클린턴에게 만델라는 '적과의 협의'가 평화의 길이라고 반박했다. 그의 이러한 반론은 자유로운 사고가 아니고서는 생각해 내기 어려운 훈수다.

《동아일보》, 1998년 4월 4일

김대중 전 대통령 단독 면담록

■ 일시: 2006년 5월 18일 오후 4시~5시 10분
■ 장소: 김대중 전 대통령 동교동 자택

김재홍 오랜만에 뵙습니다. 지난 2003년 여름에 제가 오마이뉴스 논설주간일 때 오연호 대표이사와 함께 뵙고는 2년 반 만입니다.

김대중 아, 그렇게 됐지.

김재홍 그때보다 얼굴이 좋아 보이십니다. 건강이 좋아지신 것 같습니다.

김대중 그래요, 좀 좋아진 것 같긴 한데…….

김재홍 제가 대통령님 뵙고 말씀 드릴 게 있어서 남북 관계에 관한 정책 자료를 만들어 갖고 왔습니다. 이 분야에 대해서는 저보다도 훨씬 더 권위자이시고 전문가이신데, 이걸 여기서 다 읽어드릴 필요는 없고, 시간 나실 때 한 번 참고 자료로 보시지요. 다만 자료 내용 중에서 아이디어 차원에서 몇 가지만 말씀 드리겠습니다.

무엇보다도 대통령님의 이번 방북이 성과를 거두어야 하는데, 크게 서너 가지만 꼽겠습니다. 첫째, 제2차 남북 정상회담입니다. 정확히 말하면 김정일 위원장의 답방이지요. 2000년 6·15 때도 말씀하셨듯이 "나이가 10년 이상 더 고령인 내가 평양에 왔는데 김 위원장이 서울로 답방을 해야 하지 않겠는가"라고 분명히 지적하실 필요가 있습니다.

김대중 나는 만나서 분명히 서울 답방을 얘기하려고 해요. 그런데 노 대통령이 얼마 전에 "장소를 불문하고 언제 어디서든 만나자"라고 말했기 때문에…… 그것은 정부가 알아서 해야겠지.

김재홍 저도 작년에 평양에서 열린 6·15 남북 공동선언 5주년 기념행사에 참석했습니다. 그 뒤에 추석 전후해서 민족 가극 <아 고구려 고구려, 광개토호태왕>의 평양 공연 추진단장으로 또 방북했고, 개성에 불교 천태종 영통사 복원 낙성식에도 참석했습니다. 그러면서 북한 요원들과 남북 정상회담 얘기를 해보면 "남쪽에서 꼭 서울 답방을 요구하는가"라고 묻습니다. 그래서 그것이 껄끄러우면 개성도 좋고 제주도도 괜찮다고 생각한다고 말해준 적이 있습니다. 우리 정부도 크게 개의치 않을 것으로 안다고요. 그랬더니 굉장히 좋아하는 눈치였습니다.

남북 정상회담 반드시 서울 답방 아니라도 한반도 내에서

김재홍 중요한 것은 노무현 대통령이 장소를 어디서든 좋다고 했지만 한반도 내에서 만나야지, 중국이나 러시아에서 남북 정상회담을 한다면 그 의미는 반감될 것입니다.

김대중 노 대통령이 말한 것이 있는데 북한 측이 블라디보스토크나 길림성에서 만나자고 해올 경우 어떻게 해. 반대할 수 있겠어? 그렇지 않아도 6·15 전에 푸틴이 나하고 김정일 위원장, 자기랑 세 사람이 이르쿠츠크에서 회담을 하자고 제의해 온 일이 있어요. 내가 반대해서 성사 안 됐지만.

김재홍 김정일의 제주 답방에 대해서는 장남인 김정남 계가 반대한다는 정보입니다. 성혜림 소생인 김정남이 계모인 고영희의 고향이 제주이기 때문에 반대한다는 겁니다. 그래서 고영희 소생인 2남 김정철과 김정운

쪽에서 김정일의 제주 방문을 선호한다는 얘기입니다. 그런데 지금은 김정남이 이복동생들보다 10년 이상 연상이기 때문에 그쪽에 줄을 선 당료, 군 장령, 정부 관료가 많다는 겁니다. 예를 들면 최근에 복권된 장성택도 김정남을 후계자로 옹립하려는 측근이구요.

김정일 후계 세습 준비는 늦어…… 집단지도체제 들어설 수도

김재홍 그런데 정치학자들 사이에서는 김정일의 후계 구도가 지금 누구를 정하기가 무리라는 것이 중론입니다. 너무 늦었다는 것입니다. 김일성이 김정일을 후계로 정하고 여러 가지로 경험하게 하고 권력을 이양해 온 것에 비하면 준비가 안 된 상태라는 지적입니다. 잘못하다간 김정일의 이복 아들들 간에 왕위 계승 투쟁이 벌어질 것이고, 거기에 당료와 군부가 연결될 가능성이 크다는 분석입니다. 왕위 계승 투쟁은 한 사람만이 승자가 되고 나머지는 모두 제거되는 유혈 사태를 뜻하는 것이지요 그래서 김정일 이후엔 북한에 그런 왕위 계승 투쟁을 피하기 위해서도 집단지도체제가 들어설 것이라는 전망도 있습니다.

김대중 아, 고영희가 재일교포 출신이라는데 그 원적이 제주인 모양이군. 김정일의 후계 구도는 예측 불허지…….

"북한이 먼저 핵 포기하고 미국의 안보 보장 기다리기 어려울 것"

김재홍 대통령님의 방북 성과로 만들어야 할 두 번째 사안은 역시 북한 핵문제의 해결에 관한 김정일의 결단 아니겠습니까? 최근에 국내 언론들 이 리비아식 해결 방안을 많이들 보도했습니다. 이것은 미국이 북한에

제의해 놓은 것과 같은 방식이지요.

김대중 그렇지만 북한이 그것을 받아들이겠어요? 북한이 먼저 핵을 모두 포기할 수 있겠어? (강한 어조로 부정적임을 표시)

김재홍 북한은 미국의 안보 보장 등과 동시 조치를 주장하고 있습니다만…….

김대중 북한이 6·15 이후 많은 것을 했어요. 금강산도 내놓았고, 개성공단도 내놓지 않았어요? 6·15가 아니었다면 어떻게 그런 일이 가능했겠어요.

김재홍 북한 인권 문제에 대해서 말이 많은데요. 지금 한국을 방문 중인 코피 아난 유엔 사무총장 같은 사람도 한반도 평화가 중요하기 때문에 핵문제를 먼저 해결하는 협상에 집중하기 위해서도 인권 문제를 제기하는 것은 적절하지 않다고 했습니다.

김대중 그런데 북한의 인권 문제는 유럽 여러 나라들도 제기하는 것이어서 북한 측이 잘해야 합니다. 세계가 모두 관심을 갖고 지켜보고 있으니까.

김재홍 동·서독 분단 시절에 서독은 동독의 인권 문제를 직접 거론하지 않았잖습니까. 다른 나라들이 동독 인권 문제를 비판하면, 동독에게 인권 개선을 위해서 정치범을 서독으로 보내라고 하고선 몰래 돈을 준 것 아닙니까.

김대중 우리도 그렇게 했으니까 탈북자가 중국을 통해서 들어오고 해도 북한이 심하게 반발하지 않는 것 아니겠어요? 우리가 탈북자 데려온 것이 8,000여 명이나 되는데, 미국은 불과 몇 명을 정치 망명이라고 받아놓고는 인권을 말하고 있어.

김재홍 탈북자 가족의 망명 허용 여부에 대해서 부시 대통령이 직접 그렇게 하라고 지시했다는 보도가 있었습니다.

김대중 탈북자들도 그렇게 하면 안 되지. 남한에서 정착 자금도 수천만 원씩 받고 살다가 미국으로 가서 그렇게 하면 안 되지.

납북자 문제 해결해야

김재홍 셋째로는 역시 납북자 귀환 문제입니다. 이것만 해결해도 특히 보수 진영에서는 성과로 인정해 줄 것입니다. 일본인 납북자 메구미의 부모가 방한해서 그 남편이 된 김영남 부모와 만나지 않았습니까. 국민 여론상 해결해야 할 문제로 떠오른 것이지요. 김정일 위원장을 잘 설득하면 이것은 성과를 낼 수 있을 것 같은데요.

김대중 김정일 위원장이 내 말은 잘 들으니까……. (자신감을 표명)

김재홍 작년 추석 전후 때 북한에 가서 아리랑 집단체조를 관람했습니다. 그 내용 중에 북한 인민군이 우리 국군을 총검술로 때려눕히는 장면이 나옵니다. 관람객들이 박수를 치는데, 그걸 보고 남한 관광객들이 박수 치기는 어렵더라고요. 그런데 그런 지적을 김정일이 전해 듣고 그걸 삭제시켰다고 합니다. 이런 것을 보더라도 김정일은 개방적이고 개혁하려고 하는데 군부와 당료 강경파들이 제대로 따라주지 않는 측면이 있는 것 같습니다. 그런 강경파들을 데리고 덩샤오핑의 남순 강화 코스를 견학시키곤 하지 않습니까.

김대중 군부 강경파들이 김정일을 따라가지 못하는 것 같아.

"통일 방안에 관해서는 내가 할 말이 있어"

김재홍 그런데 통일 방안에 관해서는 어떻습니까? 6·15 공동선언에도 명기된 남한의 연합제와 북한의 낮은 단계의 연방제를 논의할 수 있겠습니까. 지금 보수 진영이 반대 시위도 하고 있는데요.

김대중 그 문제는 내가 알아서 할 테니까요. (김정일 측에 통일 방안과 관련해서 무엇인가 말할 것이 있다는 표정)

김재홍 연합제를 하려면 남한이 지방자치를 발전시켜서 '연방성'을 심화시키면 도움이 될 텐데요.

김재홍 보수 진영의 방북 반대에 대해서, 대통령님의 이번 방북은 국가 원로로서뿐 아니라 노벨평화상 수상자로서 세계가 주목하고 있다는 점을 강조해야 할 것 같습니다. 세계 언론이 관심을 갖고 보도할 것입니다. 국내 정치에서 남북 문제를 둘러싼 남남 갈등 같은 것과는 차원이 다르다는 것이지요.

지난주 저는 김원기 국회의장님을 모시고 국제의회연맹(IPU) 총회에 다녀 왔습니다. 그 뒤에 이집트를 공식 방문해서 양국 국회의장 회담을 갖기로 예정돼 있었는데, 그만 김원기 의장께서 심한 발목 부상을 당해서 취소됐어 요. 그 결례를 해명하기 위해서 저하고 손봉숙 의원이 이집트에 갔습니다. 이집트 국회의장은 16년째 한 사람이 그 자리를 맡고 있었어요. 무바라크 대통령은 26년 집권 아닙니까. 이집트 국회의장은 1997년 서울 IPU 총회에 참석 때 한국을 방문했었고 당시 대통령을 만났다고 했습니다. 그래서 그때면 아마 김영삼 대통령일 것이라고 했더니, "그 대통령은 지금 잘 있느냐. 당신네 나라에서는 대통령을 지내고 나면 감옥에 가고 그러던데" 라는 것이었어요.

제가 그냥 지나칠 수가 없어서, "우리나라에서 과거 군부 쿠데타로 정권을 잡은 대통령의 경우 임기 후에 국가 내란죄로 처벌받은 일이 있다. 그러나 시민혁명과 민주화 이후 국민이 직접 민주적으로 선출한 대통령들의 경우 그런 일이 없다. 노벨평화상 수상자인 김대중 대통령도 그런 민주화 지도자로서 대통령으로 선출된 분 중 한 사람이다." 저는 이 얘기를 하면서 우리가 노벨평화상을 수상한 지도자를 한 분이라도 모시고 있다는 게 얼마나 다행인지 모른다고 생각했습니다. 그랬더니 이집트 측 국회의장과 배석했던 의원 몇 명이 술렁거리더니 "아, 우리도 안와르 사다트 대통령이 노벨평화상을 받았지" 하는 것 아닙니까. 속으로 웃음이 나왔습니다.

남북 문화 공동체 형성을 6·15 시대 제2단계 교류 협력 사업으로

김재홍 이제 남북 관계가 국내 정치에 영향을 미치는 것이 불가피하게 되어있습니다. 이번 대통령님의 방북도 그럴 텐데요. 지금 국내 정치와 관련해서는 5·31 지방선거가 끝난 후 정계 개편이다, 개헌이다 해서 여러 가지가 본격화될 것 같은데요. 판세는 보수 진영이 한나라당을 중심으로 결집해서 정권이 넘어가게 생겼습니다. 최소한 몇 가지 큰 변수가 생기지 않는 한 어려울 것 같습니다. 첫째는 범민주 세력의 대통합이고, 둘째, 남북 관계의 극적 돌파구 마련, 셋째, 경제성장의 성과가 실질적으로 느껴져야 한다는 것입니다. 이 중에서 경제성장의 성과를 인정받기가 가장 어려운 것 같습니다. 그러면 범민주 세력의 대통합과 남북 관계의 극적 돌파구 정도가 큰 변수가 되지 않겠습니까.

남북관계를 돌파하려면 북측을 끌어내야 하는데, 6·15 시대 제2단계의 남북 교류 협력 사업을 새로운 차원에서 제기할 필요가 있다고 봅니다. 예를 들면 6·15 시대 제1기는 남북 경제 공동체 형성을 위한 사업들로 채워졌습니다. 제2단계로 남북 문화 공동체 형성을 제안하고 새로운 차원의 정책을 펴면 좋을 것 같습니다. 남북 간에 사회문화적 이질화 현상이 심각한데, 남북 문화 예술인들이 모여 공동 창작을 해나가고 그 콘텐츠를 해외에 수출도 해서 산업 효과도 거두는 방안입니다. 지금 한류가 세계적으로 뜨고 있기 때문에 남북 합작으로 문화 산업을 일으키면 경제적 수익도 클 것입니다.

김대중 (자료 중 남북 문화 공동체 부분을 접어두며) 내가 한 번 검토해 보고.

중국을 시베리아 가스관 종착점으로 하면 북한 경유해도 문제없어

김재홍 또 북한이 지금 가장 원하는 게 에너지 지원 아니겠습니까. 남한의 석유공사가 러시아 측과 시베리아 천연가스를 가져오는 송유관 협상에서 북한 땅을 경유하지 않고 황해 밑으로 해서 남한에 들여오도록 했다고 합니다. 북한에게 중간 통관의 키를 주면 우리의 에너지 안보를 그들에게 맡기는 꼴 아니냐는 지적도 있었고요. 이에 대한 해결 방안, 아이디어가 하나 있습니다. 송유관을 '시베리아 → 북한 → 남한 → 인천 쪽 황해 → 중국 산둥 반도'로 가설하면 북한이 중국 때문에도 중간에 가스관을 폐쇄하지 못하는 것입니다.

이것은 지금 인도가 이란의 가스를 들여오는 사업에 아이디어로 내고 있는 것이지요. 이란의 가스 송유관이 파키스탄을 경유해야 되는데 파키스탄은 인도와 적대 관계여서 에너지 안보상 곤란하다는 지적이 일었어요. 그에 대한 해결 방안이 송유관의 종착점을 파키스탄의 우방인 중국으로 하면 파키스탄이 중간에 장난치지 못하리라는 것입니다.

김대중 그럼 지금 시베리아 가스 송유관 통로에서 북한이 배제돼 있단 말이오? 북한이 반발하겠지. 그런데 중국이 그렇게 북한 → 남한 → 황해를 거쳐 가는 가스를 받으려 하겠어?

김재홍 시베리아에서 직접 중국으로 가는 가스관은 서북 지방에 가는 것이 있는 것 같습니다. 그러나 남한에서 황해를 통해 산둥 반도로 들어가면 광둥성 등 동해안 경제지구의 에너지로 경제성이 크다는 점에서 반대하지 않을 것이라는 분석입니다. 남한이 이것을 추진해서 북한의 에너지 문제를 대폭 해결해 주겠다고 제의하면 북측이 좋아하지 않겠습니까. 큰 선물이 되지요.

김대중 우리 정부와 중국이 받아주어야 하겠군.

김재홍 이번 6월 방북은 수행원 규모와 의제 같은 것이 아직 다 정해지지 않았지요?

김대중 협상을 더 해보아야 정해질 거야.

김재홍 정부 인사, 학계 등의 자문단도 포함됩니까? 정치인은 안 데리고 가십니까?

김대중 통일부 차관이 지원단장으로 간다고 했고, 지금 협상 대표인 정세현 씨도 함께 갈 것이고 그런데 정치인은 자기 당 입장에서 얘기들을 하니까 포함시키지 않기로 했어.

김재홍 올해 6·15 행사는 광주에서 할 계획이지요. 광주 시민 항쟁을 통일 운동으로 연결시키자는 것입니다. 오늘이 마침 5·18 광주 시민 항쟁 26주년입니다. 저는 어제 광주에 가서 전야제를 보고 오늘 기념식에 참석하고 올라왔습니다. 열린우리당 의원 70~80명이 전야제부터 참석했습니다. 박근혜 대표도 18일 기념식에 왔다가 광주 시내 충장로에서 유세했습니다. 여기 기념식 팸플릿 가져왔는데, 매년 유족회장이 경과 보고를 낭독하지 않습니까. 이번 경과 보고를 보니까 5·18의 역사적 의미에 대해서 흐름을 잘 정리했더군요. 문장도 아주 훌륭하고요. 1980년 5·18 이후 1980년대 민주화 운동에 영향을 주고 1987년 6월 시민 항쟁으로 다시 분출되는 과정을 잘 짚은 것 같습니다.

김대중 이 팸플릿 내가 한 번 읽어볼게. 5·18 때 광주 시민이 외친 요구 사항은 세 가지였어요. "김대중 석방하라, 전두환 물러가라, 계엄 철폐하라." 5·18이 일어난 이유가 그것이지요. 이것 다 그 당시 신문에도 났던 거야. 전두환 물러가라는 것은 검열에서 삭제됐지만. 그런데 그 후에 기사를 쓰는 사람들이 "김대중 석방하라"라는 것을 빼버렸어요.

신군부의 계엄 확대 조치, 정부 내 유일한 반대자가 고건 전 총리

김재홍 당시 신군부가 대통령님을 구금했기 때문에 광주 사람들이 들고 일어난 직접적인 도화선이 됐다는 것은 역사적 사실입니다. 그것이 민주화를 요구하는 시민 항쟁으로 이어진 것 아니겠습니까?

당시 서슬이 퍼런 신군부의 계엄 확대 조치를 반대하기란 쉽지 않았습니다. 정부 내에서는 고건 청와대 정무수석이 유일하게 반대하고 사표를 제출한 것으로 알고 있습니다. 고건 정무수석은 그 뒤 일절 나가지 않았다는데요, 그것도 어려운 결단 아니겠습니까?

김대중 그거 어려운 일이지.

김재홍 그래선지 광주 사람들이 고건 전 총리를 상당히 좋아하는 것 같습니다. 광주에서 떠야 유력 대권 후보가 되는 것 아닙니까. 그런데 아직 다른 후보 얘기는 별로입니다.

제가 작년에 광주에 시민 단체 등에 특강을 하러 두 차례 갔었는데, 시민 단체 간부들과 얘기해 보니 대권 주자들 중에서 고건 전 총리를 가장 많이 지지했어요. 그 분들이 진보 개혁파여서 좀 의외라는 생각도 들었는데요.

김대중 고건 총리가 좀 뜰 거야. 잘될 거야. 나하고도 협력이 잘됐고. 1998년에 새 정부 출범 때 김종필 씨가 국회 인준을 못 받아 어려웠는데, 고건 총리는 김영삼 정부 때 총리인데 새 정부의 각료 제청 과정을 잘해주었어. 서울시장으로서도 잘했고. 원래는 상암 구장이 아니었는데……. (무슨 사연인지 불명)

김재홍 지금 한나라당을 중심으로 보수 진영의 결집이 대단합니다. 민주 개혁 진영이 정권 재창출을 하기가 어려워 보입니다. 과거 민주 개혁 진영과 그 지지 세력을 다시 모두 끌어 모아야 가능하지 않겠습니까? 그럴 때 대통령님께서 보이지 않게라도 역할을 해주셔야 하지 않겠습니까.

김대중 광주 등 호남에서 민심이 이반한 것은 대북 송금 특검법 때부터지. 박지원이 같은 사람을 돈도 안 먹었는데 잡아넣어 조사하고 그러니……. 나는 이제 국내 정치에는 관여하지 않을 거야. 건강도 좋지 않고. 이제는 남북 관계와 통일 문제에만 국한해서 할 수 있는 역할을 해야지 이것저것 할 수도 없어.

김재홍 현실적으로 열린우리당과 민주당, 국민중심당, 그리고 정치권 안팎의 여러 양심 세력까지 통합해야 하지 않겠습니까. 그래야 정권 재창출이 가능할 것 같은데요.

김대중 그런 과정에서 큰 인물을 맡을 사람이 있어야 하는데…….

정치자금의 부패 방지를 위한 제언

■ 2003년 11월 2일 반부패국민연대와 국제투명성
기구가 공동 주최한 심포지엄 주제 발표문

1. 머리말

한국 사회의 고질적인 부패와 비리는 급격한 경제성장에 비해 국민의
식이 함께 향상되지 못했기 때문에 더욱 악성화됐다. 돈 많은 기업인에서
부터 권력을 행사하는 정치인, 인·허가권을 가진 관료 등의 의식이 경제
성장에 걸맞을 정도로 합리화되지 못한 것이 화근이었다. 경제성장 제일
주의만 판쳤지 그것과 균형을 이루어야 할 도덕과 윤리, 정신적 가치에
대한 인식은 뒷전이었다. 정규교육을 맡은 학교도 그랬고 시민사회를
지배한 언론도 책임이 컸다. 졸부 경제가 정치를 타락시키고 시민사회를
오염시켰지만, 아무런 정화 장치가 없었다.

서구 사회의 산업혁명과 자본주의 발전 과정에서 물질적 쾌락과 무절
제, 부패를 방지하는 데 중요한 기둥 노릇을 한 것은 청교도 윤리였다.
종교개혁 이후 형성된 프로테스탄티즘이야말로 부의 축적에 따른 사회
윤리를 강조하는 서구 자본주의의 정화 장치였다. 이는 독일의 사회사상
가 막스 베버가 『프로테스탄티즘 윤리와 자본주의 정신』에서 갈파한 내
용이다.

그에 비하면 우리의 기업가 정신과 사회윤리는 너무도 미미한 수준이다. 개발독재 아래서 성장한 기업이 사회윤리와 경제민주주의를 제대로 알지 못한 채 돈벌이에만 급급했기 때문이다.

개발독재에 의한 경제성장 이전에는 뇌물도 소규모였다. 힘을 가진 정치인이나 인·허가권을 행사하는 공무원들에게 윤활유나 급행료를 쥐어주는 정도였다. '관존민비형 부패'의 전형이었다. 그것은 독재체제하에서 민주화가 억압됐기 때문에 정치인과 관료 같은 힘을 가진 계층이 일반 국민 위에 군림하는 사회문화 속에서 고질화된 부패였다. 거기서는 돈을 주는 자보다는 돈을 받는 관료의 전근대적 행태가 주범이었다.

그러다 개발독재와 함께 부패도 훨씬 대규모로 바뀌었다. 경제개발 시기 가장 흔했던 부패는 해외에서 들여온 차관을 배정받기 위해 기업들이 벌인 비자금 로비였다. 검은돈이 큰 만큼 그것에 비례해서 정권이 주는 특혜도 커졌다. 해외 차관은 일반 은행 빚보다 훨씬 싼 이자로 장기간 쓸 수가 있어서 엄청난 금융 특혜였다. 국민 부담을 담보로 들여온 외국 차관의 배분권을 정부가 독단적으로 행사하는 것이 전형적인 개발독재 체체의 모습이다. 그런 특혜를 얻기 위해 기업의 비자금 로비, 즉 검은돈의 역사가 시작된 것이다. 그것은 관존민비형 소규모 부패로부터 대규모 '기업형 부패'로의 타락이었다.

2002년 대통령 선거는 과거에 비해서 돈과 조직이 아니라 미디어와 바람으로 결정지어졌다는 평가가 일반적이다. 그런데도 최근 검찰의 정치자금 비리에 대한 수사를 보면 검은돈이 대규모로 오갔다. 기업들이 권력에 줄을 대기 위한 보험료 성격으로 갖다 바친 것이 대부분이다. 부패 방지를 위해서 불법 자금을 받는 정치인과 관료만 처벌해서 될 일이 아닌 것이다.

불법 공여자인 재계의 기업 윤리가 문제의 핵심을 차지하고 있다.

2. 부패와 비리의 유형과 일반적 대책

부패를 근절시키는 방안을 모색하기 위해서는 그것이 실제로 어떤 형태로 존재하는지 살펴볼 필요가 있다. 이 글의 주제인 정치자금보다 더 광범하고 일반적인 부패의 실상과 그에 대한 방지 대책을 알아보는 것도 도움이 될 것이다.

첫째, 가장 전형적인 것이 기업의 정치인과 관료에 대한 금품 공여 로비다.

둘째, 건설업계의 사전 모의에 의한 입찰 비리와 각종 기업 간부들이 그 하청업체로부터 대가를 상납받는 관행이다.

셋째, 이미 일반화된 정치인들의 비자금 수수 자체도 문제지만, 그것이 야기하는 연쇄 부패 현상은 더욱 심각한 문제다. 기업인-관료-정치인-사정기관(-언론) 식의 먹이사슬이 존재하며 그 시발은 바로 정치인들의 비자금 수수라고 보아야 한다. 정치인들의 비자금 수수가 이권 개입을 전제하지 않은 경우 '비대가성 정치자금'이라는 이유로 처벌하지 않아왔지만, 이것의 사회적 파급효과를 고려해서라도 근절책이 마련돼야 할 것이다. 특히 선거 시기에 기업들이 유력 정치인에게 바치는 보험료 성격의 대규모 비자금은 기업 재무관리상 부조리이기도 하지만, 은행 여신이 큰 비중을 차지하는 거의 모든 기업들의 재무구조를 감안하면 결국 그것이 국민의 부담이라는 점에서도 커다란 문제가 있다. 경제민주주의가 확립된 기업이라면 자금 운용 실태를 이사회와 주주총회에 투명하게 보고하고 인준받아야 하므로 비자금 같은 것을 관리할 리가 없다.

넷째, 검찰·경찰 등 사정 권력 기관에 대한 관내 업자와 업무 관계에 있는 민원인들의 상납 비리가 구조화돼 있다. 심지어 성매매 업소들이 단속 경찰에게 상납하는 원시적 부패가 아직도 온존해 있는 실정이다.

다섯째, 교육과 병역 등 국민 2세를 담보로 한 금품 수수 행위는 많은 가정이 겪고 있는 일반적 부조리로 고질화돼 있다. 이것 또한 국민의식이 바뀌고 담당 인·허가권자들의 일탈행위를 지속적으로 단속해 나가지 않는 한 단기적으로 사라지지 않을 부패의 형태다.

부패 방지 대책을 논의할 때 이런 실태들을 범주화해서 근절책을 세우는 것이 효율적이다.

요즘 반부패특별위원회의 활동이 본래 취지대로 이루어지는지 의문이다. 이 위원회는 검찰과 경찰이 정규 사정기관으로서 그 고유 업무가 부패에 한정돼 있지 않기 때문에 부패 척결을 위한 전문적인 국가기구의 역할이 필요해서 만들어졌다. 그러나 이 기구가 과연 종합적인 부패 근절 대책을 기획하고 사정기관들의 업무 중점도 조언하는 고위 전문 기관으로서 역할을 제대로 하는지 의심스럽다.

우선 특별 검사는 한국적 현실에서 실질적 기능과 그 효과보다도 정쟁과 여론의 포로가 되는 경우가 많았다. 이런 문제점들을 보완해서 긍정적인 제도로 정착시킬 수 있는지 검토해 보아야 할 것이다.

부패에 대한 언론의 감시와 사회 고발 기능은 매우 중요하지만, 자체 정보력과 취재력이 국가기관보다는 전반적이지 못하기 때문에 이들로서는 검찰과 경찰에 접수된 사건 중에서 중요한 것을 선별적으로 이슈화하는 2차적 역할이 불가피한 실정이다. 사정기관에 인지된 심각한 부패 사건이 정치적 입김이나 담당자의 자의적 결정으로 제대로 수사되지 않을 경우 그것을 지적하고 방향을 제시하는 역할은 언론이 맡아야 한다.

한편 시민단체들의 경우 국가 사정기관이나 언론 등 이른바 제도권에서 담합이나 또는 온정주의 때문에 부패 사건이 은폐되고, 그로 인해 사회적 병리 현상이 심화되는 것을 막는 최후의 보루 역할을 해야 할 것이다. 시민단체가 상시적으로 부패 사건을 조사하고 고발하는 것은 정상적인 제도화와 반부패 장치가 아니다. 부패 추방 운동에서 시민단체가 사정기관을 압박하는 것이 일반적이지만 제보와 수사 방향 등의 측면에서 지원하는 역할을 하는 것도 중요하다.

부정 축재 재산은 철저히 몰수하는 제도를 위헌이 안 되는 근거 규정을 따로 마련해서라도 정착시켜야 한다. 이와 관련해 전두환 씨의 재산형이 아직도 진행 중이지만 그는 여유 있는 활동비를 쓰고 있다는 비판이 많다. 검찰에는 남는 재산이 없다고 버티면서 사생활은 어떤 부유층 못지않게 영위하고 있으며, 또 그 직계 자녀가 사업을 계속 팽창해 나가는 것도 국민들의 의구심을 사고 있다. 헌법상 연좌제가 폐지됐고 자녀 개인들의 재산권은 부모와 별개로 보장돼야 한다는 형식논리보다도 부패 근절 차원에서 대책을 세워야 한다는 것이 중론이다.

이번 정치자금 사건에서 유죄를 선고받는 사람들에게도 재산형을 병행할 필요가 있을 것이다. 정치자금을 유용하거나 착복한 경우 공금 횡령과 같은 차원에서 환수해야 한다.

3. 자금 공여자: 재계의 태도

한국 정당의 정치자금 모금은 오랫동안 베일에 가려져 있었다. 집권당의 경우 정부 예산과 공공기업으로부터 돈을 떼어냈고, 압력적인 분위기를 조성해 민간 기업에서도 돈을 받았다. 정당에서 쓰는 돈 이외에도 대통령이 별도로 관리하는 통치 자금이 있었다. 통치 자금은 박정희 전 대통령 시절부터 관행이 되었는데, 대통령이 행정 관료나 군 장교, 심지어 야당 지도자들에게까지 주었던 '촌지(寸志)'는 권위를 세우는 전형적인 수단으로 이용됐다. 대통령의 통치 자금은 개발독재 아래서 선택적으로 키워진 특혜 기업인 재벌들이 주로 바쳤다. 그런 기업인들은 청와대를 방문할 때면 으레 큰돈을 들고 갔다.

검찰이 불법 정치자금에 대한 수사를 기업으로 확대하자 전국경제인연합회가 불만의 목소리를 냈다. 재계의 이익을 대변하기 위해 만들어진 단체니만큼 제구실을 하는 게 당연한 것 아니냐고 생각할지도 모른다. 물론 원칙적으로 민주사회에서 모든 개인들은 자기 이익을 높이기 위해 단체를 조직할 결사의 자유를 갖는다. 그러나 어떤 이익단체도 그 활동하는 방식에서 제멋대로일 수는 없다.

재계의 돈은 군부의 무력과 같다

전경련이 이익단체로서 활동하기 위해 돈을 수단화한다면 어떻게 되겠는가. 그것은 군부가 자기 의사를 관철하기 위해 무력을 사용하는 것과 다르지 않다. 아니, 부자 집단이 돈으로 매수하는 부패는 군부가 무력을 쓰는 쿠데타보다 더 빨리 사회를 몰락하게 한다.

부자들이 자신의 의사를 정치에 반영하기 위해 그들의 무기인 돈을 이용하는 것이 금권정치다. 금권정치는 사회, 문화, 교육에 영향을 주고 종국엔 국민의식까지 지배하게 된다. 바로 황금만능주의라는 타락상이다.

언젠가 불법 정치자금에 대한 전경련의 입장은 새삼 우리나라 부패의 역사를 생각하게 했다. "억지로 돈을 갖다 바친 것도 억울한데 처벌까지 받게 됐다"라는 그들의 주장이 과연 타당한 것인지 따져봐야 할 때다. 더구나 전경련은 정당을 지정해서 정치자금을 내겠다고도 했다. 재계의 이익을 대변하는 정파에게 돈을 주겠다는 것이다.

정치 게임에서 돈은 실탄이라 불린다. 정치개혁이 제대로 단행되면 돈판 선거는 사라질지 모른다. 그러나 자금력이 풍부한 정파가 정치를 주무르는 현상은 어느 나라나 똑같다. 이때 중요한 것은 자금 제공자의 윤리관이다. 비뚤어진 사회윤리를 가진 기업주가 돈으로 정치를 좌지우지하는 것은 어떻게든 막아야 한다. 우리의 경우 정치자금을 대는 기업의 윤리가 어떤가.

그동안 재벌이 우리 사회의 여러 분야에서 행사한 영향력을 생각하면 그런 부패 행위가 얼마나 광범하게 퍼졌을 것인지 짐작하고도 남음이 있다. IMF 관리 사태 속에서 잇달아 파산하거나 부도 위기에 시달리면서 국가경제까지 공멸의 길로 몰아갔던 기업들은 대부분 정권에 로비 자금을 주고 성장한 특혜 재벌들이다.

과거 수사 대상이 된 기업들은 "표적 사정이 두려워서 돈을 주었다"라고 했다. 털어서 먼지 안 나는 사람 없다지만, 약점이 많은 기업일수록 선거 때 정치권에 내는 보험료도 크게 마련이다. 탈법적인 2세 경영 세습이나 금지된 내부 거래, 분식 회계 등을 일삼지 않는다면 사정을 두려워할 이유가 없다. 특혜를 받고자 하는 의도가 아니면 기업이 무엇하러 정치권력과 가까이 하려 하겠는가.

권력을 가진 자가 금품을 받는 것 못지않게 로비 자금을 제공하는 기업인도 부패에 책임이 크다고 보아야 한다. 선거 자금 수수가 관행화된 것은 사실상 경제개발 시기의 비윤리적 기업들에 의해서다. 검은돈을 불법적으로 공여한 비윤리적 기업들이 그것을 받는 정치인과 동등하게 처벌받지 않는 한 부패 근절은 이룩될 수 없을 것이다.

4. 검은돈 막는 10대 방안

1) 수입 과정의 합법성(정치자금법과 선거법 준수)

2) 수입 규모의 공정성

3) 다수 소액과 민주성의 원칙

4) 총 비용 제한의 원칙

5) 지출 방식의 합법성 원칙(불법 선거운동 방지)

6) 지출 수단의 투명화 원칙(수표와 신용카드 의무화)

7) 관리 계좌 단일화의 원칙(입출금의 투명화)

8) 정치자금 보고서 엄정 실사(實査)의 원칙

9) 불법 공여자 동시 처벌의 원칙

10) 내부 고발자 보호의 원칙

5. 맺음말: 형평성 맞추기 수사 안 된다

정치자금 제도의 개혁을 위한 입법 과정에서뿐만 아니라 사후 감시에서도 언론과 시민단체의 역할은 매우 중요하다. 이 개혁의 대상인 의원들이 입법권을 가졌다는 점에서 미국의 워터게이트 사건과 같은 충격적인 계기가 없이는 그것을 법제화하기란 기대하기 어려울지도 모른다. 이제는 선거와 정치 문화를 개혁하는 차원의 시민운동과 언론 감시가 정치자금 문제에도 겨누어져야 할 것이다.

그런데도 언론이 정치자금 문제가 불거지면 그것을 실정법에 의한 절대적 기준에 의해 따지고 비판하는 것이 아니라 여야 간 정쟁거리로 취급하는 태도를 보이고 있어서 문제다. 부패의 가장 큰 문제는 정형화된 규범이나 절대적 원칙을 잣대로 삼지 않고 상대주의 또는 비교윤리에 바탕을 두고 있다는 점이다. 흔히 선거 정국에서 가장 큰 이슈가 되는 정치 비자금 폭로전을 보더라도 각 후보 진영이 전략화하는 이런 비교윤리론의 입장을 언론이 그대로 보도하기 일쑤다.

예를 들면 여당 후보가 야당 후보의 비자금 수수를 폭로하면 야당 후보는 자신들의 혐의를 부인하거나 해명하는 것이 아니라 "여당 후보는 비자금을 나보다 훨씬 더 많이 받았다"라는 식으로 대응한다. 이는 정치적으로는 그럴듯한 전략일지 모르지만 원칙상 법적으로 '유죄'를 벗어날 수 없는 자백과 다를 바 없다. 그런데도 이를 정면으로 문제 삼는 언론이 없었고, 국민들 또한 그런 식으로 여야의 부패를 상쇄해 버리고 마는 데 익숙하다.

왜냐하면 여당 측이 정치자금을 더 많이 받는다는 것은 상식에 속하며, 따라서 야당을 그 문제로 공격하는 것은 공정성과 형평성에 맞지 않는다고 생각하기 때문이다. 이 형평성 개념대로만 한다면 상호주의나 비교윤리적 평가가 유일한 잣대일 수 있다. 그러나 법치주의 국가에서 이 같은 비교윤리관은 자칫 잘못하면 정치권 전체를 담합에 의한 공범으로 몰고 갈 수 있다. 1997년에 불거져 나온 정치 비자금 공방전이 바로 그런 예였다. 노태우 씨가 대통령 시절 야당 지도자에게 20억 원을 주었다는 사실이 밝혀지면서 정치권 전체가 공범이 돼버렸다. 모든 국민들이 야당에게 그만한 자금을 주었으면 여당에게는 그 몇 배를 주었으리라고 짐작했고, 정치자금 공여는 더 이상 시비의 대상이 되지 못했다.

미국의 원로 정치학자로 아시아 문제 전문가인 로버트 스칼라피노 버클리 대학 명예교수는 아시아의 정치 문화가 서구와 다른 점은 법률주의(legalism)가 아닌 상호주의(reciprocity)에 바탕을 두고 있기 때문이라고 주장했다. 그에 따르면 "서구와 아시아의 정치에 관한 하나의 일반화는 주의 깊은 관심을 요구한다. 현대 서구 정치는 '법률주의'에 기반을 두어 왔다. 이에 비해 아시아 정치는 '상호주의'에 바탕을 두어왔다. 양자 간의 차이는 엄청난 것이며 아시아 정치 체계를 법률주의로 바꾸는 것은 지난한 과제다." 이러한 지적은 곧 아시아 문화에는 보편적인 원칙과 윤리관이 없다는 것을 의미한다. 한국의 정치 비자금 폭로전이 터져나오기 직전에 발표된 이 글은 마치 한국의 정치 문화를 겨냥하고 있는 것 같은 느낌마저 들게 한다.

상호주의라는 말에 균형과 공평의 의미가 함축돼 있는 것은 사실이다. 그러나 이러한 상호주의는 인류 문명에 법률이 도입되기 이전 고대 및 원시사회에서 '귀에는 귀, 이에는 이' 식의 대응과 응징을 뜻하는 탈리오의 법칙마저 떠올리게 한다. 즉, 이대로 간다면 한국 정치권의 부패 문제에 대한 의식 수준은 법률과 규범을 모르는 원시적 생존 방법에 따르고 있다는 모욕을 면할 수 없을 것이다. 특히 부패 사건에 대해 언론뿐 아니라 검찰의 수사와 사법 처리, 여전히 흔한 여당과 야당 정치인에 대한 형평성 맞추기를 보면 우리는 아직 법률주의의 단계에 이르지 못했으며 비교윤리적 관념에서 벗어나지 못하고 있다고밖에 할 수 없다. 정치권의 비자금 수수에 대한 수사는 언제나 여야의 형평을 고려하는 정치적 수사

에 불과했지 법을 원칙적으로 적용해서 일벌백계하는 부패 근절책은 아
니었다. 언론과 시민운동 단체는 이 문제에 대해서도 각별히 유의해야
할 것이다.

김재홍

전북 익산 삼성초등학교, 남성중고교 졸업(1967)
서울대학교 정치학과 졸업(1976)
군 복무, 육군 병장 제대(1971~1974)
서울대학교 대학원 졸업, 정치학 박사(1987)
미국 하버드 대학교 니만펠로십(Nieman Fellowship) 수료(1995~1996)

서울대학교 문리과대학 대의원회 의장(1971)으로 반독재 학생운동, 제적 및
강제 입영(1971~1974), 동아일보 기자로 광주시민항쟁 보도 검열 거부 등 자유
언론 운동으로 신군부에 의해 강제 해직(1980) 등 민주화 운동자 2회 인정

동아일보 기자 공채 입사(1978)
서울대학교 정치학과 강사 및 서울대학신문사 편집국장(1982~1987)
동아일보 기자 복직(1988), 통일부·외교부·국방부·국회 출입기자
동아일보 논설위원(1998~2001)
관훈언론상 수상(1993), 관훈클럽 5인 운영위원(2000)
한국기자협회 기자상 심사위원(1999~2001)
한겨레신문 시평 칼럼니스트(2001~2003)
YTN 시사토론 사회자(2001~2003)
오마이뉴스 논설주간(2003)

경기대학교 정치대학원 정교수(2001~, 국회의원 임기 내 휴직 중)
한국정치학회 이사(1998~현재)
한국정치평론학회 창립회장(2003)

대통령자문 정책기획위원(2003~2004)
통일부·국방부·국가안보회의·중앙인사위원회 정책자문위원(1998~2002)
민주당 개혁특위 자문교수(2003)
열린우리당 17대 총선 공직후보자격심사위원(2003~2004)
제17대 국회의원(전국구, 열린우리당)
국회 정치커뮤니케이션연구회 회장(2004~현재)
국회 문화관광위원회 간사 겸 법안심사소위 위원장(2006)
국회 윤리특별위원회 위원(2006)
국회 정무위원회 위원(2006~현재)
한국신문윤리위원회 위원(2004~현재)

저서
『이데올로기와 反이데올로기』(1982)
『한국정치와 현대 정치사상』(1987)
『군부와 권력』(1992)
『한국정당과 정치지도자론』(1992)
『군 1: 정치장교와 폭탄주』(1994)
『군 2: 핵 개발 극비작전』(1994)
『박정희 살해사건 비공개진술 上: 운명의 술 시바스』(1994)
『박정희 살해사건 비공개진술 下: 대통령과 밤의 여자』(1994)
『박정희의 유산』(1998)

우리 시대의 정치와 언론

© 김재홍, 2007

지은이 | 김재홍
펴낸이 | 김종수
펴낸곳 | 도서출판 한울

편집 책임 | 김경아
편집 | 박희진

초판 1쇄 인쇄 | 2007년 7월 20일
초판 1쇄 발행 | 2007년 8월 1일

주소 | 413-832 경기도 파주시 교하읍 문발리 507-2 (본사)
       121-801 서울 마포구 공덕1동 105-90 (서울사무소)

전화 | 영업 (02) 326-0095 편집 (02) 336-6183
팩스 | (02) 333-7543
홈페이지 | www.hanulbooks.co.kr
등록 | 1980년 3월 13일 제406-2003-051호

Printed in Korea.
ISBN 978-89-460-3672-7   03340

* 가격은 겉표지에 있습니다.